书山有路勤为径，优质资源伴你行

注册世纪波学院会员，享精品图书增值服务

THE
STUDENT
LEADERSHIP CHALLENGE

Five Practices for Becoming an Exemplary Leader, Fourth Edition

学生领导力

成为典范领导者的五种习惯行为

（第4版）

［美］ 詹姆斯·M.库泽斯 巴 里·Z.波斯纳 著
(James M. Kouzes) (Barry Z. Posner)

徐 中 佛 影 付豫波 译

电子工业出版社
Publishing House of Electronics Industry
北京·BEIJING

版权贸易合同登记号　图字：01-2024-3903

图书在版编目（CIP）数据

学生领导力 ： 成为典范领导者的五种习惯行为 ： 第 4 版 / （美）詹姆斯・M.库泽斯（James M. Kouzes），（美）巴里・Z.波斯纳（Barry Z. Posner）著 ； 徐中，佛影，付豫波译. -- 北京 ： 电子工业出版社，2025. 8.

ISBN 978-7-121-50787-8

Ⅰ. C933-49

中国国家版本馆 CIP 数据核字第 2025NV3868 号

责任编辑：刘淑敏
印　　刷：天津千鹤文化传播有限公司
装　　订：天津千鹤文化传播有限公司
出版发行：电子工业出版社
　　　　　北京市海淀区万寿路 173 信箱　邮编 100036
开　　本：720×1000　1/16　印张：16.75　字数：253 千字
版　　次：2013 年 11 月第 1 版（原著第 1 版）
　　　　　2025 年 8 月第 3 版（原著第 4 版）
印　　次：2025 年 8 月第 1 次印刷
定　　价：68.00 元

凡所购买电子工业出版社图书有缺损问题，请向购买书店调换。若书店售缺，请与本社发行部联系，联系及邮购电话：（010）88254888，88258888。

质量投诉请发邮件至 zlts@phei.com.cn，盗版侵权举报请发邮件至 dbqq@phei.com.cn。

本书咨询联系方式：（010）88254199，sjb@phei.com.cn。

读《学生领导力》时，书中关于共启愿景、激励人心的逻辑，让我想起做运动员时"愿景"带给我一直向前的力量——克服每一堂训练肌肉的酸痛，支撑每一次摔倒后再爬起的勇气。

这份"愿景"的动力同样流淌在团队里——让我们甘愿放下小我，把各自的"想赢"，转换成"我们要赢"的信念，彼此支撑、共夺胜利！

推荐这本书给追光的你，它像一面镜子，照见热爱里藏着的领导力。愿你的热爱不仅能点燃自己，更能串联起一群人的向往，带着大家朝着共同的光，一步步把愿景走成脚下的路，让每个追光者都能在同行中，看见更壮阔的远方。

——杨扬　中国冬奥首金获得者，世界反兴奋剂机构副主席

大变局时代，人人需要领导力，培养领导力越早越好。著名领导力大师库泽斯和波斯纳的《学生领导力》是培养学生领导力的经典。他们基于成千上万的领导者最佳实践总结出的典范领导者的五种习惯行为，堪称

"领导力发展的操作系统"，既普适有效，又易学易用。相信同学们只要坚持不懈地实践，一定能显著提升自己的领导力。

——宫玉振　北京大学国家发展研究院管理学教授

在 AI 重塑世界的今天，技术能模拟逻辑，却无法复制唤醒他人价值观、激发集体信念的领导力本质。《学生领导力》精准提炼出跨越时代的领导力内核：以身作则的真诚、共启愿景的感召、挑战现状的勇气、使众人行的协作、激励人心的温度。

库泽斯和波斯纳将经典模型转化为学生视角的实操指南，直指核心：领导力无关头衔，是每个人在 AI 时代的"人性竞争力"。书中"十大承诺"与"五种习惯行为"构建了可落地的行动框架——从价值观明确到团队赋能，正是未来人才最需要的软实力。

"领导力可习得"是贯穿全书的信念。强烈推荐给所有愿以行动定义未来的年轻引领者。

——位晨　学而思教育科技集团执行总裁

自 2011 年以来，香港科技大学一直在我们的领导力发展项目中使用《学生领导力》框架。《学生领导力》是学生领导力发展中极具灵活性的资源，也是教育工作者将其融入教育项目中的理想选择。

——黄慧芬（Helen HF Wong）　香港科技大学学生事务处副处长
（课外活动）

《学生领导力》是所有学科培养学生职业能力的重要组成部分。

——阿德里安·波帕博士　贡萨加大学组织领导力系

多年来，我在与医学生共事的过程中，逐渐依赖于《学生领导力》中所阐述的领导原则。这本书基于扎实的研究成果，是学生发掘自身领导潜能的必备指南。我强烈推荐这本书给所有正在崛起的领导者！

——马克·古铁雷斯　领导力教育专家，斯坦福大学医学院

《学生领导力》无疑是学生和培养下一代领导者的教师们的首选读物。

——丹·穆赫伦　加州大学伯克利分校商学院、
法学院和公共政策学院教授

库泽斯和波斯纳以对话式的语气和互动的方式，将"典范领导者的五种习惯行为"以一种既感人又鼓舞人心的方式传达给学生。《学生领导力》一如既往地保证了研究的信度与效度，世界各地的大学生领导者领导案例，使内容充满活力。即使在研究这些材料十多年后，我发现新版依然充满了新的见解、例子和应用。

——迈尔斯·阿什洛克·伯克　加州大学圣巴巴拉分校学生事务副校长

《学生领导力》充满了有意义的、以行动为导向的故事和案例，展示了世界各地的年轻领导者如何发挥领导作用。这本书是关于"做领导"的，而不仅仅是学习领导。这是一个行动的号召，我保证如果你应用了书中描述的五种做法，你每天都会在你的世界中有所作为。

——加里·M.摩根　学生领导力卓越学院创始人兼首席执行官

译者序

在 AI 时代绽放自我创领非凡

徐中　博士

智学明德国际领导力中心　创始人

领越®领导力高级认证导师（Certified Master）

AI 时代呼啸而来，未来世界日益 VUCA（易变、不确定、复杂和模糊），人生的旅程不再是"登山"，而是"冲浪"！AI 越强大，人类越需要向善的领导力，在混沌的世界中坚持做正确的事。AI 时代的青少年要成为"驭龙人"，志存高远、诚意正心、绽放自我、创领非凡，从性格、心智、品格、能力和行为等全方位发展自己。

麦肯锡、领英等机构预测，到 2030 年，全球或将有超过 30% 的工作被 AI 替代，而且这种趋势还在不断加速。那么，AI 时代的人类需要具备什么样的关键能力？《人类简史》作者赫拉利指出：智人之所以成功，秘诀在于懂得运用信息，并把许多人联结起来……人类基本上有四类技能：

智力技能、社交情感技能、身体技能和精神技能。仅专注于智力技能是最糟糕的策略，因为这是 AI 最容易接管的。也许最重要的是第四类技能——**精神技能**，即培养你的心智，应对极端未知和动荡的世界。这是从心智模式（Mindset）层面培养一个人的思维模式、认知框架和行为模式，需要从童年开始、从挑战性的经历中习得，充分激发一个人的求兴频道，形成成长型思维和良好的行为习惯。

随着人类能力的急剧放大，向善与共的品格显得更加重要。2017 年，苹果公司 CEO 蒂姆·库克在 MIT 的毕业典礼上说："我并不担心机器会像人类一样思考，但我担心人类会像机器一样思考——没有价值观，没有同情心，也不考虑后果。"同样，哈佛商学院教授比尔·乔治在畅销书《真北》（第 3 版）中指出："头衔让你成为管理者（有职务者），品格使你成为领导者。人工智能将扩展我们使用大脑的方式，但它永远不会取代我们内心尊崇的基本领导品质，如**同理心**、**激情**、**勇气**、**价值观**、**直觉**和**使命**。作为领导者，我们必须开发我们的内在来应对复杂的挑战和困境。"

AI 时代，人人都是领导者，人人需要领导力！每个人都可以利用 AI 开发影响世界的产品或者创办自己的公司，人类更加需要向内探索，领驭自我，驾驭事业，顺应环境。我们更需要以"自强不息，厚德载物"的精神理念指引未来的航程。那么，学习领导力的最佳途径是什么？

2013 年 4 月 29 日，本书作者巴里·波斯纳教授来北京讲授"领导力教练"，一位领越领导力认证导师问他："**领导者是天生的还是培养出来的？**"

波斯纳教授说："**所有的领导者都是天生的，但卓越的领导者是培养出来的**（All leaders are born, But Exemplary leaders are made）。"库泽斯和波斯纳两位大师自 1982 年以来的持续研究表明，从根本上说，**领导力是一组每个人都可以通过练习而掌握的行为和实践**，如同"演唱技巧"，人人都能够唱歌，但只有经过严格而长期的训练，才能成为优秀的歌唱家。

我问波斯纳："领导力开发是否有最佳年龄和最佳方法？"

波斯纳说："**领导力开发越早越好，就像学英语的最佳年龄是多大呢？**Young is possible！领导不等同于职务，而是一种态度，是承担责任、尊重他人、创造卓越。学生领导力开发的关键是营造情境，让他们去承担责任、团结他人、创造卓越。与成年人领导力开发的不同之处是方法不一样，但领导的关键行为还是**以身作则、共启愿景、挑战现状、使众人行和激励人心五个方面。**"

由此可见，学生时期是学习领导力的黄金时段。清华经管学院杨斌教授在《非职领导》的推荐序中写道："我经常向青年学生鼓动说，大学校园其实是锻炼提升领导力的绝佳场合，因为校园生活、学生群体多是平层结构，这里没有走向职场后的很多头衔、资源。要想做成点儿事儿，就经常需要靠各式各样的自觉或激发出来的领导力来实现突破。即便在尝试中犯了错，大家的包容度也比较高，所以大学阶段真的可以把通过服务大家来提升领导力作为一个重要的目标。不夸张地讲，课程表之外的生活、实践、挑战，作为'非职情境'，都可能是最生动、最有效的领导力培养项目（Leadership Development Program）。"青少年时期是世界观、人生观和价值观形成的关键阶段，也是培养领导力的最佳阶段。

关于典范领导者的五种习惯行为，经常有人询问：这套西方的领导力开发课程适合中国国情吗？事实胜于雄辩，我们用过去三十多年数百家中国企业和大学采用这门课程取得的积极成果来做出回应，典范领导者的五种习惯行为具有普适性，它就像马斯洛的需求层次理论一样，是人类共通的行为标准。2024 年，我在北京访谈一位优秀的高三排球队队长如何理解领导力时，她随口就说："Lead by Example！"实际上，领导力的本质是影响力，是绽放自我、赋能他人、共创非凡。领导力包括三个方面：**领导自我、领导他人和领导业务。**领导自我是领导力的核心和基石。它与儒家倡导的君子人格"正心、诚意、修身、齐家、治国、平天下"在本质上是一致的。领导自我的核心是明确自己的使命、愿景和价值观，这是人生的"真北"！价值观错了，全盘皆错！

中国领导科学研究会原副会长刘峰教授在本书第 2 版的推荐序中写

道："细读书中学生领导者的成长案例，发现书中所列以身作则、共启愿景、挑战现状、使众人行和激励人心这五种习惯行为既适应成年领导者，也适应青少年领导者。我认为，这五种习惯行为既是领导者的特质，又是领导者的行为，更是领导的方法和艺术。鉴于青少年刚刚了解和接触领导活动，书中所总结的五种习惯行为也许更适合青少年作为领导力提升的指南。"

《学生领导力》是全球畅销书《领导力》（ *The Leadership Challenge* ）的学生版，建立在库泽斯和波斯纳两位大师 40 多年对数以万计的领导者和 500 万份测评问卷的实证研究之上，他们提炼出的"典范领导者的五种习惯行为"（ The Five Practices of Exemplary Leadership ）和践行方法，被誉为"领导力开发的操作系统"。在第 4 版中，两位大师以数智时代的最新故事、案例和图表，介绍了学生领导者在发挥领导力的最佳状态时的具体做法。本书深入浅出、通俗易懂，让学生可以聚焦如何实践这些领导方法。此外，学生还有机会做"学生领导者习惯行为调查问卷"，获得对自己的领导力优劣势的有效评估，并通过每一章最后的思考题，思考和探索成为最佳领导者的新方法。

过去十多年，作为领越领导力的高级认证导师，我每年给数以千计的各级领导者和 MBA 讲授典范领导者的五种习惯行为，每次都能够感受到领越领导力对他们的激发和启发，清晰回答了他们关切的问题：什么是领导力？领导力是天生的吗？领导力是领导者才需要的吗？领导力如何展现？领导力如何提升？我亲眼看到了很多学生领导者澄清了自己的使命、愿景和价值观，意识到自己其实已经在践行这五种习惯行为，只是还不够明确和频繁，从而变得更加积极自驱和率先垂范，更加善于沟通与协作，有效地改善了人际关系，大大增强了团队的凝聚力和工作效能。

展望未来三十年，中华民族伟大复兴的光荣与梦想在召唤。回想一百多年前，梁启超先生在《少年中国说》中写道："少年智则国智，少年富则国富；少年强则国强，少年独立则国独立；少年自由则国自由，少年进步则国进步；少年胜于欧洲则国胜于欧洲；少年雄于地球，则国雄于地球。"

如今，中国在读学生是互联网的原住民和 AI 时代的生力军，如何有效地培养他们胸怀天下、驾驭 AI 的领导力，是刻不容缓的重大课题！

遗憾的是，在目前的大学教育和中学教育体系中，领导力教育还只有清华大学等极少数学校在探索。究其原因，一是我们对于领导力教育的重要性认识不足，教学体系中尚未有明确的要求；二是缺乏相应的师资；三是缺乏相应的研究和课程体系。这需要政府、学校、家庭和教育专家一起行动起来，从各自的角度去努力。

记得多年前看过的一部电影《安德的游戏》，安德在得知自己在不知情的情况下指挥团队消灭了虫族时，深感懊悔。指挥官对他说："我们赢了！这才是最重要的。"安德说："不。我们赢的方式才重要。"这句话，一直回响在我的耳边。我们希望培养什么样的"安德"呢？

最后，感谢杨斌教授 20 多年来对于库泽斯和波斯纳的系列著作《领导力》《学习领导力》《非职领导》《学生领导力》等的关注和指导，使得这个系列书籍成为具有重要影响力的经典书系。感谢付豫波老师在 20 多年前的前瞻性判断和持续推动，使得领越领导力体系成为中国最受欢迎的领导力发展体系之一。

本书由我、佛影老师和付豫波老师联袂翻译，如有不妥，欢迎读者朋友批评指正。

于清华大学科技园学研大厦

2025.5

典范领导者的五种习惯行为

《学生领导力》是关于学生——像你一样的学生，如何动员他人成就非凡的书，无论是在教室、运动场、宿舍、学生会、各种俱乐部，还是在校园、社区和国家。本书讲解了学生领导者的五种习惯行为，如何带领他人朝着更美好的未来前进。你要通过践行这些习惯行为，把价值观化为行动，把愿景化为现实，把障碍化为创新，把分裂化为团结，把冒险化为回报。领导力就是创造机会，将挑战转化为非凡的能力。

《学生领导力》第 4 版距离上一版的推出已经 6 年。6 年来，我们一直致力于研究、咨询、教学和写作，探讨学生领导者的工作以及任何人（无论年龄大小）如何学习成为更好的领导者。我们很荣幸地看到《学生领导力》在教育行业受到了广泛欢迎，听到学生、教育工作者和实践者持续认可《学生领导力》的概念和实践价值。

《学生领导力》经受住了时间的考验，我们自 1982 年开始探索典范领导力（Example Leadership）以来，持续向人们提出相同的问题：**当你身为领导者处于个人最佳状态时，你做了什么？**

学生们在思考这个问题时，最常见又最深刻的认识之一是：领导力是一组任何人都能习得的、可识别的技能和能力，无论他们的年龄或职位如何。正如一位学生所说："在我的成长过程中，我一直以为领导者都具有某些特质和品质，而我似乎不具备这些特质和品质。我认为领导者是'天生的'，他们生来就是领导者。我认为领导力就是对这些人所做工作的描述。当你们让我描述我的个人最佳领导经历时，我惊讶地发现，我自己也具备这些领导能力。"另一位学生说，他学到了"任何人都可以成为领导者。我从来没有认为自己是一个领导者，但当我挺身而出解决困难时，我就找到自己内心的领导者"。

我们与成千上万的年轻人交流过，了解他们的故事、行为和行动，结合世界各地成千上万其他领导者的例子，揭示了"典范领导者的五种习惯行为"（The Five Practices of Exemplary Leadership®）框架。当他们作为领导者做到最好时，他们展现了**以身作则、共启愿景、挑战现状、使众人行、激励人心**等五种习惯行为。我们将在本书中详细介绍这五种习惯行为，并讨论如何实践它们以成为更有效的领导者。

《学生领导力》是以实证研究为基础的。我们从长期的研究中总结出"典范领导者的五种习惯行为"，并用真实的学生领导者的案例来加以说明。在本书中，我们以最新的故事、案例和图表，介绍学生领导者在发挥领导力的最佳状态时的具体做法。我们希望本书能够深入浅出、通俗易懂，让你可以聚焦如何实践这些领导方法。此外，我们还开发了"学生领导者习惯行为调查问卷"（SLPI®）测评，使你能够获得对自己的领导力优劣势的有效评估。当你获得了 SLPI®测评结果，你就可以决定采取哪些切实可行的方法来提升自己的领导力，并激发他人成就非凡。我们在每一章节的最后都留出了思考题，供你思考和探索成为典范领导者的新方法。

我们对领导力的研究和写作越多，就越坚信领导力是每个人都可以习得的，领导的机会无处不在。无论你身在何处，也无论你发挥领导力的机会有多少，我们都坚信，只要你愿意，你就能够发挥领导力。领导力与你的职位或头衔无关，而与你所做出的选择有关。

我们希望你在阅读本书的过程中认识到，你并不缺乏领导的机会，你的"未来"需要你发挥领导力。在你发挥领导力时，他人会注意到你，并希望你能帮助他们成为领导者。你不仅对自己成为优秀的领导者肩负重任，而且对帮助他人成为领导者也负有责任。也许你现在还没有意识到这一点，但你周围的人需要你竭尽全力，做最好的自己，让世界变得更美好。

为学生和年轻领导者提供了行动指南

你如何让人们自愿追随你？如何让人们为了共同的目标一起前进？如何激励人们努力工作以取得让每个人都感到自豪的成就？这些都是《学生领导力》中回答的重要问题。请把本书当作领导旅程中的行动指南吧！当你想要获得如何成就非凡的建议和指导时，你可以从中寻找灵感。当你想要知道作为一名领导者应该做什么时，你可以从中找到行动的方法。

我们建议你首先阅读"导论"，之后再阅读本书的其余部分，其余部分没有规定的顺序。你只要对某个内容感兴趣，就可以读下去。我们撰写《学生领导力》一书，就是为了帮助你发展领导力。请记住，这五种习惯行为都是必不可少的。虽然你可以任意选择阅读章节，但你不能跳过和忽视书中的领导力基本原则。

在"导论"中，我们通过分享"个人最佳领导经历"的故事来介绍我们的领导力框架——这是一个案例研究，讲述了一位学生领导者如何秉承自己的价值观，坚守承诺和行动，为自己的祖国和其他国家的性别平等教育做出贡献。典范领导者的五种习惯行为的概述总结了学生领导者在最佳领导状态时的典型行为，揭示了这些行为是如何产生影响的。学习和实践典范领导者的操作系统的一个主要好处是，它浅显易懂、实用有效，你不需要花费任何资金投入，也不需要获得任何人的批准。你需要做的就是做出承诺和不断地实践，使这五种行为成为你每天的习惯。

接下来的 10 个章节介绍了典范领导者的"十大承诺"——学生领导者成就非凡的基本行为。我们阐释了指导修炼五种习惯行为的基本原则，并提供了大量的案例、数据和研究证据。在每一章的最后，你可以通过思考题来发现改进的机会并提升你的领导力，通过思考从本章中学到的知识，决定如何学以致用。

最后一章的主题是关于如何持续发展你的领导力的。五种习惯行为为你提供了一个释放内在领导力的框架，你可以充分发挥领导力来成就非凡。领导力是一种可以学习和磨砺的技能。我们可以探索各种学习和磨砺的途径，同时，你也要知道，生活不是一帆风顺的。现在，正是你思考如何成为典范领导者的最佳时刻。

本书将有助于你与他人进行成功合作，产生新的创意和打造高绩效团队，建设健康的校园和繁荣的社区，并在全球范围内增进人们的相互尊重和理解。你可以通过发挥领导力来丰富你的人生。

我们每个人每一天都需要迎接领导力的挑战。我们知道，只要你有领导的意愿和方法，你就能成功迎接挑战。你必须下定决心。我们将竭尽全力，不断为你的领导力发展提供最前沿的有效方法，为你的行动和成就助力！

詹姆斯·M.库泽斯
加利福尼亚州奥林达

巴里·Z.波斯纳
加利福尼亚州伯克利

目录

习惯行为 1　以身作则

习惯行为 2　共启愿景

习惯行为 3　挑战现状

习惯行为 4　使众人行

习惯行为 5　激励人心

当领导者处于个人最佳状态时

　　玛德琳·普莱斯（Madeline Price）在澳大利亚昆士兰州农村的一个农场长大。高中毕业后，她与其他 15 名应届毕业生一起前往柬埔寨和泰国考察并从事志愿者工作。玛德琳在参观柬埔寨的一所学校时，注意到一年级教室里的 23 名学生都是男生。她问老师为什么没有女生，老师的回答让她震惊不已："男孩更有教育价值。"

　　一回到澳大利亚，她就意识到了这位老师的回答代表了一个在任何地方都可能会出现的问题。玛德琳说："我只是当时还没有意识到这一点。但是，'男孩更有教育价值'这句简单的话让我看到了国外和澳大利亚所面临的性别差异。"回到澳大利亚后，玛德琳对国内性别不平等现象愈发敏感，这让她意识到需要有人站出来。然而，一开始她在自己的朋友圈并没有找到乐于倾听她的想法的人。

　　她说："当我和朋友们谈起这件事时，很少有人能感同身受。我的朋友们都坚信，女性已经尽可能地获得平等了。倒不是我的朋友们不关心，只是他们没有意识到。"然而，对于玛德琳来说，尽管有人不同意她的观点，但性别不平等仍然是一个全球性问题。这个问题一直萦绕在她心头，她也没有停止尝试向他人谈论此事。

几年后，玛德琳在上大学期间参加了一个社区发展与领导力研讨会。玛德琳说："我在走进这个会场时就知道，我必须为解决性别不平等问题做点什么。"她提议为高中生和社区组织举办教育研讨会，让他们了解性别不平等问题在他们的生活中有多么严重，以及他们可以做些什么来消除这种不平等。

玛德琳说："我忍不住谈论并思考这个问题，即使我认识的很多人似乎认为性别不平等在澳大利亚不是一个大问题。"她创建了名为"女性平等计划"（One Woman Project）的组织，并招募志愿者帮助她组织和领导有关的研讨会。玛德琳说："这个组织名称源自这样一个想法：如果我们通过教育帮助一名女孩提升了自身的能力，就会让这个世界变得更好。"

"女性平等计划"受邀与学校和社区组织一起合作。当校园内发生性别歧视事件或者学校认识到性别不平等教育很重要时，学校就会邀请"女性平等计划"一起举办教育研讨会。此外，在新冠疫情发生之前，"女性平等计划"曾连续三年在昆士兰州举办最大的女权运动节，后来又延伸到在线的研讨项目。她们还出版了两份女权主义期刊，举办了多次的现场和在线活动。

"女性平等计划"早期面临的一项挑战是如何以学生们能够认同的方式来传播信息。玛德琳发现："只说'性别不平等是一个严峻的现实问题'是不够的，尤其是对高中女生而言。她们认为这是'个人的事情，与社会无关'。"学生们参与的最佳方式之一是找到自己的心声。她解释道：

> 他们还只是学生，没有太多的机会来表达"这是我对性或性别的看法"。在课堂上或教育研讨会上，人们很少听到学生的真实心声。我们希望听到他们对这些问题的回答，让他们知道有人

想要倾听他们的心声是非常重要的。这有助于他们分享自己的观点和感受。

"女性平等计划"还努力表明，性别不平等不仅仅是一个影响女性的问题，还涵盖了父权文化如何强化那些损害了男女平等的信念与行为。例如，在以"强悍"程度来衡量男子气概的文化中，人们要求男性要学会控制自己的情绪，因此，男性的自杀率和意外死亡率较高，出现心理健康问题的概率也较高。此外，玛德琳还招募男性志愿者加入"女性平等计划"，这有助于让男生直观地了解性别不平等并不是一个只影响女性的问题。玛德琳说："我想要找到一种方法，确保学生们认识到男性和女性都会受到这些问题的影响，确保我们的男性志愿者与女性志愿者一起走进学校来参与这些讲座，这将大大提高讲座的效果。"

在澳大利亚启动第一个性别不平等教育项目并非没有挑战。玛德琳说："在澳大利亚，之前没有人举办这样的教育项目。"这意味着该领域存在巨大的空白，也没有可供借鉴的模板。作为一名在校大学生，她想要在当地学校和社区解决一个敏感的问题。玛德琳让她所在社区的其他人都相信，他们的美好想法是可以实现的。在"女性平等计划"组织内部，玛德琳通过营造互相分享想法的氛围和培养志愿者的领导力来践行人人平等的原则。她努力改善组织结构，使其更加符合"女性平等计划"的原则：工作是建立在自主和同伴关系平等的基础之上，而不是上下级的管理基础之上。玛德琳说："我们的组织不是由某个人来领导的，而是人人都是领导者。我们不像其他组织那样等级森严。我们要想建设一个平等的世界，首先就要从我做起。"

如今，"女性平等计划"已经在 200 所学校展开项目。这些项目通过校内教育课程和研讨会，每年让 2.5 万名青少年受益。"女性平等计划"还走进农村地区的学校进行巡回访问，这些学校很少有机会接触到像"女性平等计划"这样的组织——包括玛德琳曾经就读的学校。澳大利亚的志愿者也在中国、坦桑尼亚和印度等国开展类似的活动。"女性平等计划"

还设立了一个基金，专门为有需要的志愿者提供支持——不管是支付一个月的房租，还是希望参加职业发展培训，即使这并不直接与"女性平等计划"项目有关。玛德琳说："我们将这些做法和组织方式结合在一起，使人们能够从组织中获得他们所需要的，从而能够全力以赴投入项目工作中。"

玛德琳的故事引出了一个根本性问题：领导力始于何时？答案是：无论何时，任何人都能抓住机会，成就非凡之事。任何人都可以做到这一点！玛德琳是这样对我们说的：

> 发起变革和实现变革没有固定的模式。你只是需要做出采取实际行动的决定，然后就坚定地去做。如果你真心想要实现性别平等的承诺，你真正需要的是迈出第一步的激情和动力。

玛德琳看到了机会并抓住它。最初是从柬埔寨回国后，她立刻开始与朋友探讨性别平等问题，然后是在上大学时，创建了"女性平等计划"组织。这个小小的机会转变成了重要的事业。玛德琳没有等待他人任命她为"领导者"。她发现了一个社会问题并对此充满热情，她找到了其他志同道合的人，开始采取行动并持之以恒。领导力就像生活中的其他技能一样，是可以通过教练辅导和实践锻炼来习得并强化的。如果你没有做成一件有意义的事情的渴望，那么再多的教练辅导和实践锻炼也不会产生重大的效果。

无论你是否担任正式职务，你都能发挥领导力。领导力是每个人的事，人人都是领导者。它与你是否担任学生会干部、俱乐部主席、项目总监、主管、总裁、首席执行官、军官或政府官员无关。领导力也与名声、财富和年龄无关，与你的家庭状况、来自哪个社区，或你的性别、民族或种族背景无关。它与你对自己价值观的认知和对周围人的了解，并通过每天言行一致地践行自己的价值观，赢得他人的信任和追随有关。

此外，玛德琳的经历表明，领导力就是将价值观和目标转化为行动。

当她所在社区的成员和所在大学的同学了解到"女性平等计划"项目后，很多人申请成为志愿者，希望参与该项目，因为她们都认同消除性别不平等的美好愿景。玛德琳说："同学们很快就加入进来，因为这是她们所相信的事业，她们和我一样，也有过类似的经历，她们知道对女性的偏见是错误的。""女性平等计划"的项目为她们提供了一个表明立场的机会："男女平等，让我们来实现它吧。"

玛德琳从志愿者的大力支持中学到了宝贵的第一堂领导力课程。玛德琳说："我做这件事情是为了激发那些和我一样有此热情的人一起奋斗。从那时起，'女性平等计划'项目已经发展成为定期的月度活动、会议和国际女性节活动——所有这些成果都来自志愿者们的热情努力。"玛德琳在"女性平等计划"组织内部营造了一种鼓励人们分享想法和愿望的氛围。例如，在每周的例会上，志愿者们都会就项目的实施提出自己的想法。有一次，一名志愿者提出了制作月历的想法，在月历上印上当地艺术家的作品，并通过出售月历来资助"女性平等计划"项目的一些活动，结果获得了巨大的成功。

玛德琳特别鼓励每一位参与其中的志愿者，因为她意识到这有助于激发人们参与实现自己的希望和梦想。更重要的是，她告诉我们，她觉得组织中没有指定的领导者是一件非常好的事情，这让每个人都能以不同的方式发挥领导力，让每位志愿者的领导力都得到锻炼和发展。玛德琳说："他们正是我想要的团队成员，他们愿意接受一个新想法并付诸实践，也积极寻找新的机会发展壮大。我希望他们能够主动接受新想法并全力以赴，积极思考'我怎样才能做得更好？'。"

"女性平等计划"项目的成功有赖于志愿者们的全力支持，玛德琳努力确保每个人都能乐在其中。她重视志愿者们的心理健康和关爱自己的重要性。为此，她为志愿者们安排了相关的研讨会，让他们学会识别自己和他人的职业倦怠症状，以保持积极的心态和状态。她说："与我们一起共事的每个人都是利用业余时间来参加的。"

　　他们中的大多数人是学生，少部分人是有全职工作的。换句话说，他们的学习或工作就已经让他们精疲力竭了。我们有一项政策——任何人都可以随时退出，没有任何问题的，也许是需要准备期末考试，也许是家里有需要，也许是其他原因。让志愿者保持高昂的热情和奉献精神的唯一办法就是让大家知道，他们需要首先照顾好自己，而我也努力鼓励大家这样做。

　　例如，玛德琳让参加某个会议的每一位志愿者都填写了一份自我关爱调查表。在这份调查表上，他们按照从 1 到 10 的评分标准对自己的健康状况进行了打分。玛德琳和其他团队成员会给每一位声称压力过大的志愿者提供如何缓解压力的建议和帮助。玛德琳说："志愿者必须首先照顾好自己。"

　　玛德琳还为志愿者们举办社交活动，如聚餐或其他团建活动，目的是让大家一起享受工作进展带来的快乐和促进团队协作。这些庆祝活动极大地增强了团队意识和同事友谊，有助于保持"女性平等计划"项目团队的高昂热情。玛德琳说："有很多人告诉我'我之前从来没有女权主义者的朋友，现在我可以和她们一起出去做有趣的项目了'。每个人都很高兴能见到彼此，并一起共事。"

　　玛德琳知道，团队每个人的贡献都需要得到认可，因为志愿者们承担着日常学生生活之外的责任。在他们的团建活动中，她会拿出专门的时间来表扬那些提出好建议的志愿者，表扬那些做出了杰出贡献的志愿者。玛德琳通过亲自参加这些团建活动，表明她仍然是他们中的一员，与每位志愿者一样都是团队的一员。

　　如今，玛德琳已不再担任"女性平等计划"的负责人，但她仍是"女性平等计划"的董事会成员，支持和指导团队成员实现组织的新发展。玛德琳说："我休假了一个半月，可当我回来时，组织依然井井有序、高效运转。整个组织持续、充分地展现了我们共同制定的价值观。我虽然在休假，但我赞同她们做出的每一个决定。"让她倍感欣慰的是，她努力灌输给"女性平等计划"组织成员的价值观已经获得了生命力，她现在可以放手了。"我觉得我已经不能再为'女性平等计划'提供新的想法，团队已经能够做得很好——如果我再领导下去，就会成为组织的负担。"

玛德琳在回顾她创建和运营"女性平等计划"的工作时说：

> 最让我感到自豪的是，团队成员与我有着共同的愿景，我们一起取得了令人难以想象的成就。但是，当我想到"女性平等计划"时，我不会想到我们所做的任何具体的事情。我想到的是与我相处时间最长的人，我与他们的对话，以及我们建立起的终生友谊。最让我感到自豪的是，我找到了与我有着共同理想的一群人，我们都想让这个社会变得更加美好。这就是我的内心感受。

玛德琳的经历印证了我们在很多案例中反复看到的一点：当你找到自己关心的事情，并投入其中，你就开始发挥领导力了！领导力并不一定需要组织、预算、制度、职位或头衔。领导力需要的是你去迎接挑战的意愿、对使命愿景的热情、在逆境中坚忍不拔的决心，以及让他人参与进来一起去成就非凡的愿望。

典范领导者的五种习惯行为

玛德琳在迎接领导力挑战的过程中，抓住了一个成就非凡的机会。虽然她的故事很独特，但本质上与无数人的故事并无二致。我们在全球范围内开展领导力的原创性研究已经有四十多年，当我们邀请年轻的领导者们讲述他们的个人最佳领导经历时，他们认为这些经历就是他们个人的卓越标准，与玛德琳一样的故事不胜枚举。我们发现这类故事随处可见，它证明了领导力与民族、文化或地域无关；与种族或宗教无关；与年龄大小无关。每个城市、每个国家、每个职能部门和每个组织都有领导者。我们在任何地方都能找到堪称榜样的领导者。

我们在分析这些领导力故事之后发现，那些引领他人踏上开拓之旅的人，无论在什么时代和什么环境下，都会遵循惊人相似的道路。虽然每个领导力故事都有其独特的表现形式，却有一些成就非凡的共同行为和行动模式可以清晰地识别出来。领导者在与他人一起成就非凡之时，他们在践行我们称之为"典范领导者的五种习惯行为"。

- 以身作则（Model the Way）
- 共启愿景（Inspire a Shared Vision）
- 挑战现状（Challenge the Process）
- 使众人行（Enable Others to Act）
- 激励人心（Encourage the Heart）

这些习惯行为并非只有我们所研究的人或少数成功人士在践行。领导力取决于你的行为，而非你的身份、权力或特权。任何迎接领导力挑战的人都会展现这五种习惯行为——把人们和组织带到他们从未到过的地方。这是超越平凡、成就非凡的挑战之旅。

典范领导者的五种习惯行为框架并非特定历史时期的偶然产物。它经受住了时间的考验。尽管四十多年来领导力的背景发生了巨大的变化，但领导力的内容却没有发生显著变化。领导者的基本行为和行动在本质上都是保持不变的，这一点具有重要的现实意义。我们认为，在可预见的未来，这个模型仍将保持不变。数十万学生的个人最佳领导经历和众多学者的实证支持，"典范领导者的五种习惯行为"是学习领导力的"操作系统"。以下是对典范领导者的五种习惯行为的简要概述，以及它们是如何形成其十大承诺的。

❑ 以身作则

职务是任命的，但为你赢得他人尊重的是你的行为。你要知道，如果你想要赢得他人的认同并实现目标，你就必须成为行为的榜样。你要有效地践行"以身作则"，就必须明确自己的指导原则。你必须通过找到自己的心声来明确价值观。当你了解自己的价值观和自己是谁时，你就能真实地表达这些价值观。

但是，你的价值观并不是唯一重要的价值观。你要找到自己的心声，并鼓励其他人也找到自己的心声，从而实现相互理解、建立共识。在每个团队、每个组织和每个社区中，每个人都有自己的原则和价值观。作为领导者，你要帮助大家澄清和明确共同价值观。你要让他人了解你对自己所说的话是当真的，就必须言行一致，行动比言语更重要！典范领导者通过使行动与共同价值观保持一致来践行以身作则。你的日常行为表明了你对自己的信念和组织的坚定承诺。你表达某件事情重要的最佳方式之一，就是"言行一致"地去做这件事。

❏ 共启愿景

学生们将他们的个人最佳领导经历描述为这样的时刻：他们为自己和他人展望一个激动人心、极具吸引力的未来。他们对未来充满了憧憬和梦想。他们对这些梦想怀着坚定不移的个人信念，并坚信自己有能力实现这些非凡的愿景。每一个组织、每一场社会运动、每一个重大事件都始于一个愿景。愿景是创造未来的力量。

领导者通过想象激动人心和崇高的可能性来展望未来。你在启动一个项目之前，就必须了解过去，设想未来的成果应该是什么样的，就像建筑师绘制蓝图或工程师制作模型一样。但是，你不能强迫大家投入一个新的未来，你需要做的是激发大家参与进来。你需要描绘共同的愿景，感召他人为共同的愿景去奋斗。为此，你要与他人交流，更重要的是倾听他们的心声，了解他们的动机。你要帮助他人认识到他们是这个伟大愿景的一部分，实现这个愿景需要每个人的共同参与。当你对愿景表达出足够的热情和兴奋时，你就能点燃他人的热情。

❑ 挑战现状

挑战是成就卓越的熔炉。每一个最佳领导力故事都涉及改变现状。没有一个学生的最佳领导力故事是通过保持现状来实现的。这些挑战可能是发起一个创新的活动，以不同的方式解决一个问题，重新思考团队提供的服务，创建一个环保项目，成立一个新的学习小组，促成全校性的或政策性的重大变革，或者促使一项新的活动成为学校的传统；也可能是克服日常的障碍和应对挑战，如找到解决群体冲突的方法，或完成一个重要的研究课题。无论具体情况如何，所有的个人最佳领导经历的故事都是关于克服逆境，抓住机会，不断成长、创新和进步的。

领导者是勇于探索未知世界的先锋。然而，领导者并不是新创意、新项目、新服务或新流程的唯一创造者或发起者。创新更多来自倾听，而不是讲述，它来自不断向外寻找新的创新方法。你需要抓住机会，主动出击，向外寻找创新的改进方法。

创新和变革需要不断地尝试与冒险，因此，应对尝试的潜在风险和失败的一种方法就是不断取得小小胜利，从经历中学习。领导者总是善于从错误和失败中学习。生活就是领导者的实验室，典范领导者利用生活进行尽可能多的实验。学校是学习如何成为最佳领导者的绝佳培养环境。

❑ 使众人行

伟大的梦想不会因为某个学生的行动而变成有意义的现实。实现伟大的梦想需要团队的共同努力。它需要牢固的信任和持久的关系，需要团队协作和人人负责。没有哪位领导者能靠单打独斗成就非凡事业。领导力源自团队的共同努力。

领导者要通过建立信任和增进关系来促进协作。你必须让所有团队成员都参与进来，并以某种方式让所有利益相关者都参与进来。你要明白，如果人们感到自己软弱、不受重视或被疏远，他们就难以发挥出最佳状态，也不会长期坚持下去。当你通过增强自主意识和发展能力来赋能他人时，他们就更有可能全力以赴，超水平发挥。当你专注于满足他人的需要而非一己之需时，就能建立起人们对你的信任。人们越是信任你，就越是相互信任，就越是敢于冒险、不断进步、勇往直前。当学生们感受到信任，可以选择自己的工作方式，可以掌控工作中的一切，并掌握充足的信息时，他们就更有可能充分发挥自己的能量，创造出非凡的成果。你要通过建立起相互信任的关系，将他人变成自己的领导者。

❑ 激励人心

攀登高峰的过程是艰辛而充满挑战的。人们可能会感到疲惫、沮丧和失望，常常想要放弃。你要真诚地关爱他人，让他们坚持下去，激励他们不断向前迈进。

你要通过表彰个人的卓越表现来认可他人的贡献。认可可以是一对一的表达，也可以是当众表达。认可可以是引人入胜的表达，也可以是简单的表达。你要成为一名典范领导者，就必须对人们的贡献表达赞赏，并通过创造一种集体主义精神来庆祝价值观的实现和胜利。你要亲自参加表彰和庆祝活动并做个性化的表达。表彰和庆祝活动不一定要充满乐趣，尽管在表彰他人的成就时可能会有很多的乐趣。表彰也不一定是正式的奖励。表彰是在创造一种"正式"认可的仪式，但前提是参与者认为这种仪式是真诚的。认可是有价值的，也是重要的，它将人们所做的一切与集体庆功联系在一起。领导者要确保人们理解他们的行为是如何与自己和团体的价值观相联系的。那些发自内心的、真诚的庆祝活动和仪式，会给团队带来强烈的认同感和团队精神，从而帮助团队渡过难关。

典范领导者的十大承诺

典范领导者的五种习惯行为是我们在分析了数千个个人最佳领导力故事之后总结出的领导力模型。当学生领导者处于领导力的最佳状态时，他们通常是在**以身作则、共启愿景、挑战现状、使众人行、激励人心**。

展现这五种习惯行为的 10 个具体行动是学习领导力的基础，我们称之为典范领导者的十大承诺。它们是你需要采取的行动，也是需要你带动他人采取的行动。

典范领导者的五种习惯行为和十大承诺

五种习惯行为	十大承诺
以身作则	1. 找到自己的心声，明确共同价值观 2. 使行动与共同价值观保持一致，为他人树立榜样
共启愿景	3. 展望未来，想象令人激动的、崇高的各种可能 4. 描绘共同愿景，感召他人为共同的愿望去奋斗
挑战现状	5. 通过积极主动和从外部获取创新的方法来寻找改进的机会 6. 进行尝试和冒险，不断取得小小胜利，从经历中学习
使众人行	7. 通过建立信任和增进关系来促进协作 8. 通过增强自主意识和发展能力来赋能他人
激励人心	9. 通过表彰个人的卓越表现来认可他人的贡献 10. 通过创造一种集体主义精神来庆祝价值观的实现和胜利

这十大承诺是解释、理解、欣赏和学习领导者如何与他人一起成就非凡的指南。在接下来的章节中，我们将通过真实的案例、调查研究、实证数据和实际应用，对每一项承诺进行深入探讨。

在此之前，建议你花几分钟时间完成"学生领导者习惯行为调查问卷"（SLPI®）测评。你可以通过这个测评，了解那些你认为自己最得心应手的领导行为，尤其要注意那些你可能还没有完全理解、还没有经常实践的领导行为，你需要刻意练习和提升。

在接下来的章节中，你将有更多机会思考自己的领导行为，并反思你的领导行为和行为方式如何产生不同效果。你将会对每一种习惯行为和每一项承诺进行深入学习，并看到许多像玛德琳这样的学生的真实领导经历案例，他们勇敢地迎接了领导力的挑战，并动员他们的团队和组织取得了非凡的成就。五种习惯行为和十大承诺是学习成为典范学生领导者的操作系统。

读书笔记

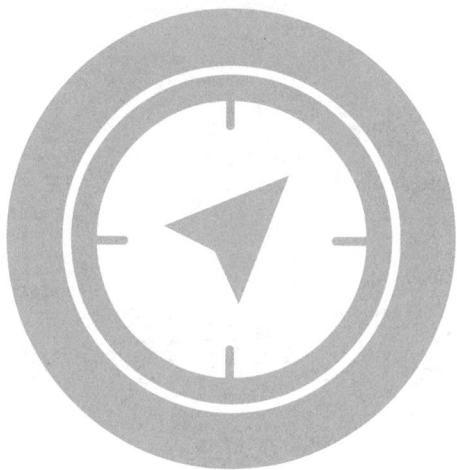

习惯行为 1
以身作则

在成为典范学生领导者的道路上，你需要迈出的第一步是向内探索。这是寻找你是谁和你的信念是什么的第一步。领导者坚持自己的信念。他们言行一致。他们也会确保其他人坚守共同价值观。言行一致才能树立信誉。

在接下来的两章中，我们将探讨作为一名学生领导者需要做到：

➤ 找到自己的心声，明确共同价值观。

➤ 使行动与共同价值观保持一致，为他人树立榜样。

明确价值观

你首先需要认清"我是谁？"。任何想要追随你的人都会首先想要了解你是谁？从本质上来说，领导力是一种关系，是领导者和追随者之间的关系。你想让他人与你一同踏上征程，就首先要让他们了解你的一些事情，了解你是谁，了解你的立场和信念。当你开始探索"我是谁？"，并且有能力、有意愿表达出来时，你的领导之旅就开始了。

例如，约翰·班格霍夫（John Banghoff）9 岁跟随父亲第一次观看大学橄榄球比赛时，他就知道自己未来想要加入大学的乐队。他在上大学的第一年就加入了乐队，约翰说："那种感觉就像梦想成真，我高兴得飘飘然。最酷的是听到台下有人呼喊自己的名字。"然而，没过多久，乐队的领导者就把约翰和他的新队友们带到了看台下面，在那里他们通过一个小酒瓶轮流喝酒。之后，他们被带到一个派对上，并体验了乐队捉弄新成员的传统"迎新"方式。约翰说："这是我人生中最糟糕的一晚，当我看到这些我仰慕的人喝酒并捉弄我和其他新乐队成员时，这让我严重怀疑自己是否想要成为这个乐队的一员。"

约翰在去留的选择之间痛苦挣扎，这促使他深入思考什么对他最重要。他的个人价值观与乐队的价值观是否一致？他在询问自己"我是谁，我最在乎什么？"的过程中，发现了自己的重要价值观：成为团队的一员、有机会实现自己对音乐的梦想，以及表达对参与乐队的感激之情。约翰告诉我们：

> 我意识到，我仍然想要参加乐队，我想要获得吹小号的机会，我应该珍惜和感谢乐队提供的这个机会，而非纠结于那些不尽如人意的部分。

约翰逐步澄清了自己的价值观之后，很快就找到了与他秉承相同信念和关切的其他乐队成员。约翰说："我一谈到价值观，就意识到还有其他人和我有同样的感受。我们可以一起关注乐队积极的一面，同时想想如何应对那些负面的情况。"然而，他们还没来得及采取太多行动，乐队欺凌新人的传统就被曝光成了新闻，最终导致学校解雇了乐队指挥。

对乐队中的每个人来说，那是一段充满挑战的日子，约翰说："我们感觉失去了方向，我们因为个别人的错误而遭受集体惩罚。我们不确定能信任谁，而乐队里那些我们熟知且敬重的领导者，也只是在努力维持局面。"乐队感觉失去了方向，人心惶惶，完全不像约翰曾经渴望加入的那个令人向往的团体了。

在这场危机中，约翰和他的几个同伴被选为乐队下一届的领导者。在新任命的乐队指挥的支持下，约翰和其他团队成员一起设计了乐队的文化方案，明确提出了新的价值观："**追求卓越、高度尊重、充满感恩。**"约翰说："这些价值观为我们提供了行动指南，当我们发现有些事情与这些价值观不一致时，我们就会重申这些价值观，使行动与共同价值观保持一致。"即使在困难时期，团队成员也能相互理解并心怀感恩，这有助于乐队保持卓越的表现，再次在全国崭露头角。

在推行新的价值观和习惯行为的过程中，约翰协助举办了关于乐队新文化方案的研讨会，开展如何在现实生活中践行乐队价值观的练习。约翰回忆说："虽然重新定义乐队价值观的过程并不容易，但看到大家都认同新的价值观，我感到很有成就感。"演出季结束时，在乐队为社区演出并为成员颁奖的年度音乐会上，约翰因帮助乐队在危机后重新团结起来而获得了"最鼓舞人心乐队成员奖"。约翰说："那天晚上，在开车回家的路上，我哭了。我在乐队经历的第一个晚上和最后一个晚上都流泪了，但这是两种完全不同的情况，由于完全不同的原因。正是低谷和高光的旅程让我成为一个领导者。"

我们收集的所有个人最佳领导力故事都表明这样一个核心主题：像约翰一样的学生，他们明确自己的价值观，并以此作为行动的指南，使他们有勇气做出艰难的选择，在困难的道路上勇往直前。人们期望领导者明确自己的价值观，在原则和良知问题上敢于坦率表达。你要敢于坦率表达，就必须知道要说什么。你要坚守自己的信念，就必须了解自己所坚守的信念是什么。你要说到做到，就必须明确说到做到的是什么。你要做到以行践言，就必须知道自己想要说什么。

以身作则是我们在本书中讨论的典范领导者的五种习惯行为中的第一种。你要有效地践行以身作则，就必须首先明确价值观。在开启你的领导力之旅时，以下两点至关重要：

- 找到你的心声。
- 明确共同价值观。

你要成为一名典范学生领导者，就必须充分理解那些驱动你的深层价值观——信念、标准、行为准则和理念。你必须自由、诚实地选择指导自己决策和行动的原则。你必须展现真实的自我，以清晰展现自我的方式，真诚地传达自己的信念。

　　此外，你必须认识到，当你在讨论指导你决策和行动的价值观时，并不仅仅是代表自己发言。当你热情洋溢地表达对学习、创新、服务或其他价值观的承诺时，你不仅仅是在说"我相信这一点"，你还代表整个团队在做出承诺。你是在表明"我们都相信这一点"。因此，你不仅要明确自己的指导原则，还要确保每位团队成员都对共同价值观形成共识。此外，你还必须让其他人对这些价值观和标准负责。

找到你的心声

　　如果有人问你："你的领导哲学是什么？"领导哲学就是指导你决策和行动的信念体系（你的核心价值观、原则和信念）。你现在准备好如何回答了吗？如果没有，你应该努力做好准备。如果准备好了，你就需要每天去践行和重申。

　　你要想成为一名值得信任的领导者——做到言行一致，你首先需要找到自己的心声，它最真实的表达出了"你是谁"。如果你找不到自己的心声，你就会照本宣科地使用他人的语言，它听起来就像在念某个演讲家写好的文字，或是在模仿一个与你完全不同的领导者的语言。如果你不能言为心声，而是复述他人所说，那么从长远来看，你将无法做到言行一致。你将不能真正立信树威。

　　你要找到自己的心声，就必须探索自己真正关心什么、什么定义了你、什么让你成为你自己。你需要探索内在的自我。你只有按照你认为最重要的原则进行领导时，你才是真实可信的。否则，你只是在表演。安吉尔·阿科斯塔（Angel Accosta）曾在一家名为"服务每一名学生"的组织工作过，这是一家非营利组织，旨在提高低收入学生的学术志向和学习成绩，使他们能够为上大学做好准备，从而获得上大学的机会并在大学取得成功。

　　安吉尔来自多米尼加共和国，在六个孩子中排行第五，由单亲母亲抚养长大。母亲做了多份工作，攒下了足够的钱，带着全家来到美国。安吉尔告诉我们："我是家里第一个高中毕业的，我们家没有人上过大学，这并不容易。"

> 我一直喜欢读书，但我经常被人嘲笑。如果我谈论自己读的书，朋友们都会取笑我。我承受着巨大的压力，却只能保持沉默。

他还面临着来自家人的巨大压力——家人充分认可他的潜力，认为他们知道他应该学什么。当安吉尔决定主修人类学时，家人一开始并不理解，但最终，安吉尔赢得了家人的支持，他也坚持了下来。安吉尔说："我家人的一个价值观是永不说'不'，孩子要服从家长的意志，但我坚持了自己的主张。现在，我正在帮助我的侄女们找到她们自己想要学习的方向。这很艰难，但我自己经历过，我知道什么是最重要的。我理解她们所面临的问题。当我告诉她们我的故事时，她们似乎更愿意倾听。她们相信我。"

迈克尔·吉布勒（Michael Gibler）大学期间在一家激光枪战竞技场和电玩城兼职，他发现自己的处境与安吉尔有些相似。迈克尔在第一次公司绩效考核中获得优秀，被提升为经理助理。他很兴奋，但这种兴奋感很快就消失了，因为他发现同事们并不真正尊重他这个"领导"。他说："同事们不听从我的安排。无论怎样恩威并施，他们都不想改变。"

迈克尔很快意识到"我必须明确自己想要成为什么样的经理人，明确自己的价值观，并忠实于这些价值观"。他认为排在前列的价值观是合作、协作和友情。他认识到"己所不欲，勿施于人"。他决定不再对同事发号施令，也不要求他们做自己不愿意做的事情。他说："我不会坐在办公室里看着他人在晚上下班前打扫卫生。我不再提要求，即使不是我的分内职责，我也会帮助同事去做。"几周之后，迈克尔发现"每个同事都行动起来了"，因为同事们看到了他的担当和言行一致。

领导他人始于领导自己，你只有弄清楚了"你是谁"这个根本问题，你才能领导他人。当你明确了自己的价值观，找到了自己的心声，你就找到了掌控人生所需的内在自信。汤米·巴尔达奇（Tommy Baldacci）说，他在大学期间有过许多的领导经历，他发现很多人没有投入时间进行自我反思，因此，他们对自己的价值观和领导哲学缺乏认知。他告诉我们：

> 你要想知道如何领导他人，就必须知道自己要去哪里。你要知道去哪里，就必须知道自己是谁。你要真正了解自己，就必须对自己诚实。我通过认识自己，从专业角度找出了自己的激情所在。如果我不了解自己，我就不知道自己在哪里、要去哪里。

我们的研究证实了汤米的看法。学生领导者评价自己相较于同龄人的领导力与"谈论自己的价值观和行动原则"的频率之间存在正相关。在那些极少或偶尔谈及自己的价值观和行动原则的学生领导者中，只有十分之一的人认为自己的领导力比同龄人强。在那些经常或总是谈论自己的价值观和行动原则的学生领导者中，超过十分之六的人认为自己的领导力比同龄人强。

❑ 价值观引领

价值观影响着你生活的方方面面，包括：你的道德判断，你对他人的反应，你对家人、朋友、学校和社区的承诺，以及你的个人目标。价值观为你每天有意识或无意识地做出的数百个决定或选择设定了界限。请相信：你每天都会做出数百个选择。通常，人们只会做出符合自己价值观的选择。但有时，一种"无所谓"的态度会冒出来，然后你就会做出糟糕的选择。问题是，你能识别出这种态度是什么时候开始的吗？你能否阻止自己屈从于这种无所谓态度，从而听从自己的心声吗？当你的心声响亮而清晰时，你就最有可能听从自己的心声。

价值观是你做人的基本原则。它是你行动的指南。它为你确定优先事项和做出选择提供依据。它告诉你何时说"是"，何时说"不"。它还能帮助你解释所做出的选择以及做出选择的原因。例如，如果你相信团队多样性有利于完成任务，那么你就应该知道，如果有不同意见的人在提出新想法时总是被打断，你该怎么办。如果你重视团队协作胜于个人成就，那么当你的队友单打独斗而不传球给他人时，你就知道该怎么做。如果你重视独立和主动胜于顺从与服从，那么当你认为好朋友或权威人士说错话的时候，你就更有可能提出质疑。你所做的最关键的选择都涉及你的价值观。你不会做出与价值观背道而驰的选择，也很少会采取这样的行动。如果你这样做了，一般也是出于服从而不是自愿承诺的考虑。

艾伦·叶（Alan Yap）在想要兼顾自己所有的兴趣爱好时碰了壁——他没能做到兼顾，直到他深入思考了自己的价值观后才明白原因。澄清价值观有助于厘清做事的优先事项，这让他取消了一些活动，全身心地投入真正重要的事情中。例如，他决定竞选阿尔法卡帕（Alpha Kappa Psi）学生社团的领导职位。艾伦说他在当选后就努力寻找领导组织的方法。他必须找到自己的心声，想清楚"我想成为什么样的领导者？"，他认为最佳的领导方式就是践行自己的价值观。艾伦的领导经历表明，价值观是领导旅程中的指南。它为你提供了行动方向，为你的日常生活导航。你要想知道自己的方向，明确价值观至关重要。你对自己的价值观越清晰，你和团队成员就越容易坚持并致力于所选择的道路。在充满挑战和不确定的时期，我们尤其需要行动指南。当每天都涌现出可能让你偏离正轨的挑战时，你需要一些标志来告诉你你在哪里，并指引你回到正确的道路上。

索菲亚·布鲁姆（Sophia Bloom）很早就明确了自己的个人价值观。她说，在她的成长过程中，她的家人都崇尚社会公正。但是，他人的价值观并不一定就是你自己的价值观。在高中和大学期间，索菲亚开始投身于社会公正事业，例如，参加和发起校园俱乐部和校园活动，建立一个食物救济站。索菲亚说："我意识到，当我觉得自己在做有意义的事情，让世界更美好时，我会感到最快乐。"

索菲亚以自己的价值观指导行动，有意识地在大学里寻求独特的机会，想方设法地发展自己的能力，实现她渴望的改变。例如，她曾在联合国实习，她认为自己将来可能会在联合国工作，无论是在全球范围内缓解和消除贫困，还是倡导女性权利。索菲亚在西班牙的巴塞罗那完成了暑期实习，与当地酒店、旅馆和公寓合作，为无家可归者提供住宿。在为无家可归者提供住宿之后，他们还致力于开展以赋能为基础的工作技能和实用生活技能培训。此外，索菲亚还参加了学校的国际学者项目，更加专注于学习如何成为一名更好的世界公民，以及参与国际社区工作。

索菲亚通过寻找最热衷解决的问题，找到机会进一步提高了自己的领导力，并朝着改变世界的终极目标前进。索菲亚说深刻理解自己的价值观有助于指导她寻找机会：

我想，因为这是我最喜欢做的事情，所以我很自然地投入其中，我觉得我有可能在这些组织中有所作为。我觉得我的生活真的很棒！我很幸运！如果我出生在其他地方，我就不会有这么多机会。我觉得有机会帮助他人获得他们想要的是一件很有意义的事情。这会让世界会变得更美好、更幸福——如果世界变得更美好，我也会更幸福。

你的个人价值观驱动你的投入。明确的个人价值观能够激发你的动力，提高你的工作效能。你对自己的价值观越明确，就越能指引自己克服不确定性，越能坚持下去，更加努力地工作。它指引你明确你所从事的工作、你所在的组织是否适合你。如果你从心底里觉得自己不属于某个组织或某个项目，你就不会坚持下去。这也是一些人在他们加入的团队中难以长期工作下去的主要原因。你的投入必须与你的个人价值观保持一致。如果你对自己的价值观非常清楚，你就能够很好地做出选择，包括确定组织的原则是否符合自己的原则。

同样，卓有成效的学生领导者会"谈论指导自己行动的价值观和原则"。如图 1.1 所示，当领导者经常或很频繁地谈论自己的价值观和原则时，五分之四的团队成员都会认为这个领导者是卓有成效的。

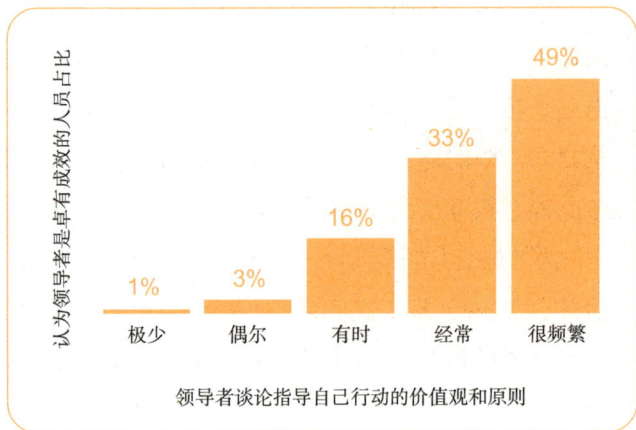

图 1.1   卓有成效的领导者会谈论指导自己行动的价值观和原则

❑ 用自己的语言表达心声

人们只有表达自己真实的心声，才能说出真心话。如果你只是模仿他人说话，人们就不可能对你做出承诺，因为人们不知道你是谁，也不知道你的信念是什么。

领导力书籍中的领导技巧和工具——包括本书，并不能代表你去表达什么才是你想说的话。一旦你有了想说的话，就必须将其表达出来。你必须能够清晰地表达自我，让每个人都知道，发言的是你，而不是其他人。

你会发现很多科学的和实证的数据来支持典范领导者的五种习惯行为的重要性。然而，请记住，领导力也是一门艺术，就像其他艺术形式一样——无论是绘画、音乐、舞蹈、表演还是写作，领导力也是一种个人表达方式。你要想成为一名可信的领导者，就必须学会以独特的方式来表达自己。雅各布·菲尔波特（Jacob Philpott）就是一个很好的例子。

雅各布在大学一年级结束后，申请了"向上攀登计划"（Upward Bound Program，UB）的住校辅导员职位。UB 是一项由联邦政府资助的教育计划，专为来自低收入家庭和第一代进入大学的高中生而设。雅各布在高中时代就参加过这个项目。在面试过程中，当他被问及为什么想要成为该项目工作人员时，雅各布用自己的亲身经历回答了这个问题："我有过参加该项目的经历，我知道我为什么想要回来担任住校辅导员。我想帮助同学们做好上大学的准备，为他们提供更好的学习体验，同时在一个优秀的团队中工作。"

　　雅各布告诉我们，他的动力源自他的核心价值观。明确自己的价值观有助于找到自己的心声，并能以自己独特的方式表达自己。当你听到自己使用发自内心的语言和文字，而不是他人的语言和文字时，你的真实感就会油然而生。例如，雅各布在参加项目的第一天就发现了这一点：

　　　　我有机会说出自己的心声。我们聚在一起，请每个人介绍自己并讨论我们的目标。我借此机会分享了我在项目中的经历、我学到如何明确自己的价值观，以及帮助我顺利完成大学学业的技能。

　　所有与会者都有机会分享自己的故事。虽然每个故事都各具特色，但它们都围绕着与人建立联系、成长、学习和走出舒适区等共同主题。雅各布说："我明确了自己的价值观，找到了自己的心声，这让我能够分享自己的故事，也让其他人有勇气分享自己的故事。我们从这次分享中形成的共同价值观指导我们完成了计划。"

　　贝拉·罗维蕾（Bella Rovere）的一位同社团密友在她担任大学学生会主席几周后因校内意外事故去世，她面临着艰难的抉择。作为学生会中少数几个认识这位去世女生的人之一，贝拉可以带头就朋友的去世发表声明，这可以引起极大的关注，她也可以因为悲伤过度让社团的其他成员来处理这件事。

　　贝拉最后决定还是由自己来处理这件事——作为社团的领导和朋友，她必须确保自己的行为是发自内心的。贝拉意识到，让他人来谈论她的朋友不太合适。她很了解她的朋友，而且她在这所大学担任过多个社团的领导职务，她对学校在悲剧发生后应该做些什么比较清楚。她说："作为一名社团领导者，我必须做点什么来纪念我的朋友！我的职位可以让我做一些事情。"

贝拉花了好几天时间就她朋友的去世发表了一份声明。她承诺与学校一起改进学校的安全措施，包括主持学生小组讨论，征求他们认为学校需要采取哪些措施来改善安全状况的建议。

这是一个非常重要的领导力转折点，如果我选择不亲自处理这件事，没有人会责怪我。但我问我自己，我想让他人来处理这件事吗？还是我对自己作为领导者有足够的信心，以及我知道我的朋友想要什么，我可以尽我所能地挺身而出？我很难找到恰当的措辞表达它，但我很高兴自己站出来且做到了。

就像雅各布和贝拉一样，你不能用他人的价值观或语言来进行领导，也不能用他人的经验来进行领导。你只能从自己的经验出发进行领导。你只有展现自己真实的领导风格、行为方式、语言特征，你才能进行真正的领导，否则那就不是你——那只是一种行为而已。人们不会追随你的头衔或技巧。他们追随的是你这个人。如果你总是戴着面具，不能示人以真，你怎么指望他人愿意追随你呢？你要成为领导者，就必须清醒地认识到，你不必复制他人，不必照他人的剧本去做，也不必模仿他人的行为风格。相反，你可以自由地选择想要表达的内容和表达的方式。你需要真实地表达自己，让他人一眼就能认出那是你。

明确共同价值观

领导力不仅与你的价值观有关，还与你所领导的人的价值观有关。如果说你的价值观驱动着你的行动承诺，那么，你团队成员的价值观也驱动着他们对组织和团队的行动承诺。当他们忠于自己的信念时，他们的参与度会大大提升。尽管明确自己的价值观至关重要，但了解他人的价值观并建立共同价值观同样重要。

我们的研究表明，增加"领导者确保人们支持已达成共识的价值观"这一行为的频率，会影响人们自豪地告诉他人他们对领导者的看法，如图 1.2 所示。当人们表示领导者只是有时践行这种行为时，只有极少数与这位领导者共事的人会为自己的组织深感自豪。将近十分之九的人表示，他们会为那些经常或总是确保人们支持已经达成共识的价值观的领导者所领导的组织感到自豪。

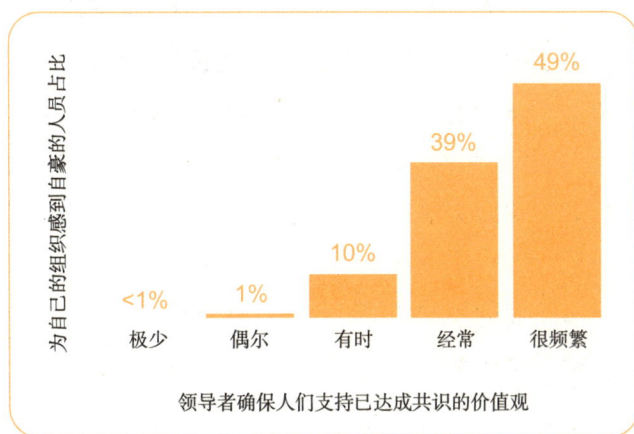

图 1.2　人们与那些明确共同价值观的领导者共事会深感自豪

贝瑟妮·弗里斯塔德（Bethany Fristad）认为，她的内心深处有一些重要的东西正在萌发。在高中时，她不太参与各类活动，没有人生目标，也没有人生方向。在大学一年级时，她的想法开始发生变化。随着她在新学校和当地小镇社区结交了一些新朋友，她开始认识到自己可以为社区服务。她召集了一群同学，成立了一个致力于帮助贫困儿童的非营利组织。他们将其命名为"萤火虫"（"Firefleyes"），象征着它能够点燃人们心中和眼中的火焰。贝瑟妮随后又招募了更多有志于帮助贫困儿童的人。

"萤火虫"项目成员相信，他们可以通过音乐、体育、艺术、书籍和手工帮助儿童找到自己的心声，促进他们茁壮成长。为了推广这一理念，他们筹集了足够的资金前往塞拉利昂，建立了第一个"创造王国"项目。"创造王国"项目在本质上是一个游戏室，孩子们在这里可以通过各种艺术、手工和音乐来发展自己的创造力。

贝瑟妮通过阐述自己的信念，找到了许多支持者和愿意参与的人，他们在如何帮助孩子们取得好成绩方面有着相同的信念，并看到了这件事情的价值。

如果贝瑟妮不清楚自己想要实现的目标和理由，尤其是在这样一个全新的大型活动中，其他人很容易会认为她的想法不切实际而放弃参与。贝瑟妮坚持了下来，她相信其他人也都想要帮助那些需要帮助的人。她知道，大家都理解创造力对于激发孩子们发现梦想的价值。她说，最重要的是要帮助同学们了解如何将他们的价值观转化为具体的行动，从而造福他人。

共同价值观是建立高效、真诚的工作关系的基础。典范的学生领导者，比如贝瑟妮，尊重团队中每个人的独特性和个性，同时也强调共同价值观。他们不需要让每个人在所有事情上都保持一致，这是不现实的。而且，完全保持一致会抵消多样性带来的真正优势。

尽管如此，领导者还是要持续努力使得人们尽可能达成一致，人们的团队协作必须建立在拥有一些共同价值观的基础之上。如果没有共同价值观，那么领导者和其他人到底要树立什么样的榜样呢？如果团队成员在基本价值观上的分歧持续存在，结果就会带来激烈的冲突、错误的期望和能力的削弱。领导者要通过明确共同价值观，确保每个人都能保持一致——对"我们"的价值观进行展示、强化和相互问责。人们一旦明确了领导者的价值观、自己的价值观和共同价值观，他们就知道对自己的期望是什么，并可以依靠他人。

❑ 给人们关心的理由

尽管领导者必须坦率地阐明他们所坚持的原则，但他们所秉持的价值观必须与追随者期望的价值观保持一致。如果他们宣扬的价值观不能代表整个团队，那么他们就无法让大家团结一致。团队成员必须对彼此的期望达成共识。领导者必须就共同的事业和共同的原则促使团队成员达成共识。领导者必须要建立一个具有共同价值观的群体。因此，领导者的承诺就是组织的承诺，无论这个组织是三人的项目团队、十人的球队、一千人的社团、七千人的校园、两万人的公司，还是二十万人的城镇。除非大家就需要遵守的承诺达成一致，否则组织、成员和领导者都有可能失去信誉。

对共同价值观的认同为人们提供了一种共同语言。当个人、团队和组织的价值观相一致时，团队协作就会产生巨大的能量。人们的承诺、热情和动力都会大大增强，人们才有理由关心自己的工作。当个人对自己所做的事情深感兴趣时，他们就会更有效率，更有成就感。他们会持续致力于团队的工作，更加投入，也更有可能积极参与。他们在工作中的挫败感也会大幅减少。

学生领导者会投入时间与社团成员讨论共同价值观。在现实中，投入足够时间这样做的领导者还很少。通常，探讨价值观的最佳时机往往是在学年伊始、社团刚成立或新成员加入时。领导者要经常进行持续性的对话，提醒人们思考工作的理由，它可以重新激发人们的投入积极性，让他们感到自己是团队中的一员。

你经常与团队成员进行持续性的对话，可以强化什么是重要的。请想想你作为新成员加入一个组织的时候，有没有人跟你说过这个组织的宗旨是什么？你是否问过"我们这个组织最看重什么？"，如果问了，答案是否非常清楚？如果没有询问，你怎么知道这个组织是做什么的？组织的价值观将指导组织所做的一切，因此，团队定期投入时间讨论这些价值观至关重要。我们知道，对任何领导者来说，一开始都是具有一些挑战性的。

卡拉·科泽尔（Kara Koser）在一所城市重点大学担任住校辅导员的经历说明了这一点。她想要找出如何才能最好地满足多样化的住校生的需求，但她没有把握提出任何足以引起所有人兴趣的活动。她意识到，她首先必须倾听自己内心的心声，然后再分配时间倾听他人的心声。卡拉明白，有些人认为谈论对他们重要的事情会让他们感到害怕，他们需要一些时间才能轻松地分享。卡拉采用了一种她称之为"前导和后导"的方法。她说这其实就是既要分享自己的观点，又要认真倾听他人的观点，亲自聆听对他人来说什么是重要的。卡拉说："这种领导方式很微妙，表达和倾听都很重要，因为它们都是以群体的利益为出发点的——就我而言，是以我所在社区的居民的利益为出发点的。"

卡拉持续与住校生交谈，了解他们的需要和愿望。他们交流得越多，大家就越愿意分享。卡拉努力创造一种环境，让人们可以自由、轻松地建言献策。她鼓励住校生畅所欲言，因为她知道，如果既能尊重他人的价值观，又能表达自己的价值观，那么对所有人来说都是最好的。他们通过这些对话，更好地了解了彼此和希望共度美好时光，他们建立起了更强的社区意识，并找到了共同价值观。

在另一个案例中，格兰特·希勒斯塔德（Grant Hillestad）加入了一个名为"今日学生，未来领袖"（Students Today Leaders Forever，STLF）的组织，并很快参加了 STLF 的活动之一——"传递爱心之旅"（Pay It Forward Tour）。这个活动是从一个城市到另一个城市开展不同的服务项目。学生们乘坐包租的大巴车前往大大小小的城市，了解各种社会问题。大家希望在这个过程中，发现更多关于自己、自己的社区和世界的信息。

格兰特说，在组织第一次旅行时，项目组把每个城市的计划安排都分配给了不同的人，以便让他们从经历中学习和成长。尽管他们也担心有些方面的准备工作做得不够充分，但因为组织非常重视在实践中学习，所以，他们只好顺其自然。格兰特说："我们真的很担心，如果到了某个城市，却什么都没准备好该怎么办。如果出现这种情况，整个旅行活动就可能被人摒弃。我们下了很大决心才明确说：'不，我们的任务是通过服务社会展现领导力。我们必须相信这一切都会得以实现，我们每个人都可以学会如何实现这个目标，而不仅仅是少数人实现这个目标。'"

格兰特和卡拉的经历说明，你必须澄清与你一起共事、互动的人的价值观。当人们发现自己的价值观与团队的价值观一致时，他们就会更加投入其中。当人们感到团队成员拥有共同价值观时，团队内部沟通的质量和准确性，以及决策过程的完整性都会显著提高。人们越信任彼此，感受到的压力和担忧就会越少。人们会因为全身心地投入工作中而更加努力、更有创造力。

❏ 逐渐磨合，形成团结

当领导者围绕共同价值观建立共识时，追随者就会更积极、更有成效。你不能强迫大家团结一致。相反，你可以通过让人们参与共创，确保他们感受到你对他们的观点真正感兴趣，他们可以与你畅所欲言。你要想敞开心扉分享自己的想法和愿望，让他人相信你会以关心且建设性的态度寻求共识。

你要通过鼓励对团队共同价值观进行持续讨论，避免让大家浪费时间和精力去弄清自己应该做什么和不该做什么。当人们不确定自己的角色时，往往会注意力不集中，或者使团队偏离主题。他们可能会停止参与，甚至完全离开团队。因价值观不合而产生的争论或误解，会消耗精力，进而影响领导者的工作成效以及团队的参与度。"我们的核心原则是什么？"以及"我们的信仰是什么？"这些问题不容易澄清。即使确定了共同价值观，人们对价值观陈述的含义可能也很难达成一致。例如，一项研究表明，仅就"诚实正直"这个价值观，人们就有 185 项不同的行为期望。

宋怡向我们讲述了她在中国大学的一门课程项目。她被随机分配到一个陌生的小组。从大家的自我介绍来看，宋怡觉得他们几乎没有什么共同点。同学们的专业不同，也来自不同的地区或国家，兴趣爱好也各不相同。宋怡建议大家找出自己在这个小组中最看重的东西："我们每个人拿起笔和纸，写下我们认为优秀团队最重要的五个特征。"写完后，每个人分享了自己写的内容和选择这些价值观的理由，并举例说明了这些价值观的重要性。宋怡向我们讲述了这一行动和讨论对她与小组成员的影响：

通过个人价值观的分享，我们发现了一些共同价值观——责任、守时、效率、工作质量和幽默感，这些共同价值观指导着我们本学期接下来的行动。

这是一种将个人价值观融入团队共同价值观的好方法。由于共同价值观是由我们小组成员共同选择的，因此，每个人都能理解和认同这些价值观，并愿意遵循这些共同价值观。

正如宋怡的经历所表明的那样，共同价值观的形成需要经历一个过程，而不只是一纸宣言。领导者不能把自己的价值观强加给团队成员。相反，他们必须积极地让大家参与到共同价值观的确定过程中来。如果领导者能让更多的人积极参与价值观的确定，那么，团队成员就会更加认同和践行这些共同价值观。共同价值观来自倾听、欣赏、建立共识和解决冲突。领导者要让人们理解并认同共同价值观，就必须参与到这一过程中。强迫永远不能带来团结。

共同价值观远不是标语口号。它们是拥有这些价值观的人对什么是重要的强烈支持和广泛认可。团队成员必须能够列举出共同价值观，并对如何践行这些价值观有共同的理解。他们必须知道自己的价值观是如何落实在行动中的，以及他们的努力是如何促进团队成功的。例如，在宋怡同学的团队中，做一个负责任的团队成员意味着每个人都要尽最大努力完成分配的工作。守时意味着开会不迟到，不浪费队友的时间。

让每个人在价值观上保持一致有很多好处。它能确保小组成员言行一致，使得个人信誉和小组声誉都很好，让大家在招募、挑选和指导新成员时更有准备。无论新成员是在学期开始还是期中时加入小组，了解和公开讨论这些共同价值观有助于每个人在参与小组活动时做出更明智的决定。让每个人都认同共同价值观，可以建立承诺和归属感，而这正是领导者最终希望每个人都能实现的共同目标。

思考与行动：明确价值观

成为典范领导者的第一步是明确自己的价值观——探寻那些指导你在通往成功和有意义的道路上做出决定和采取行动的基本信念，而这就是你的领导哲学。在这个过程中，你需要探索自己的内心世界，那里才是你真实心声的源头。你必须踏上这段自我探索之旅，因为这是成为一名可信赖的领导者的唯一途径。你的个人价值观驱动着你对组织和事业的投入度。如果你不清楚自己的价值观，就无法做到言行一致。如果你不相信自己所说的话，也无法做到言行一致。

尽管明确个人价值观对所有领导者而言都至关重要，但仅有这一点还不够。领导者不仅代表自己发声，还要代表追随者发声。大家必须就共同价值观建立共识，让每个人都致力于维护这些价值观。共同价值观让人们有理由关心自己的工作，从而对他们的工作态度和表现产生重大而积极的影响。建立价值观的共识是一个过程，而不是一个声明，团结与承诺是通过对话和辩论形成的。

学生领导者还必须让自己和他人对共同价值观负责，下一章将更深入地探讨这一话题。

☐ 思考

"以身作则"始于全力以赴建立价值观共识，即找到自己的心声并明确共同价值观。关于典范领导力，你从本章中学到的最重要的观点或经验是什么？

_____

_____

_____

_____

以下是你可以采取的一些行动，以兑现你对"明确价值观"的承诺：

- 思考指导你行动的价值观，并用自己的语言阐述其含义。
- 询问他人，让他们描述为何选择参与当前的活动或加入当前组织，以及为何对这些活动或这个组织如此关注。
- 创造机会，让团队成员彼此讨论个人价值观。
- 引导团队从对个人价值观的讨论中找出共同价值观。
- 想办法让共同价值观可视化，这有助于确保人们遵守这些价值观。
- 定期回顾团队的共同价值观，确保其依然有效，必要时可以进行调整和重新确认。
- 当有新成员加入团队时，清楚说明团队所秉持的共同价值观，并确保其他成员也对此清晰明了。

❑ 行动

在你对所学内容、自己有待改进之处，以及上述建议进行反思之后，在此写下你的计划，至少采取一项行动来帮助自己成为更优秀的领导者：

_____

_____

_____

_____

_____

_____

_____

树立榜样

泰勒·伊夫兰（Tyler Iffland）在上高中时是足球队队长，原本以为自己会在大学继续踢足球。但当他意识到投身足球运动会占用太多学习时间后，这个愿望很快就改变了。尽管如此，泰勒仍想加入一个团队。泰勒说："我意识到自己仍然想要发挥领导力。对我来说，加入男生联谊会（fraternity）是找到新团队的好办法。"大学三年级，泰勒当选为一个分会主席，他面临着一项艰巨的挑战：让他所在的地方分会与全国性男生联谊会至关重要的价值观重新接轨。例如，泰勒所在分会的学习成绩在全校七个分会中排名第六，分会需要解决这一问题。为此，泰勒知道要做到这一点，他必须采取激进的行动。

首先，他必须为男生联谊会珍视的价值观树立榜样。泰勒花了很多时间思考男生联谊会的目标和使命，他认为男生联谊会最重要的价值观体现在为社区做善事和追求学术卓越，促进成员之间建立深厚的友谊和良好的关系。因此，泰勒组织大量的慈善捐赠活动，为成员们参与集体活动创造了新机会。泰勒确保自己参加每一次活动，有时甚至会推掉其他的社交活动，以此向团队成员表明，他全力以赴地致力于组织的使命。同时，他还努力投入校园的学术活动中。泰勒在分会主持学习小组活动，强调主动参与学习的重要性。他还积极参加课外学术活动，例如，帮助指导学校的其他同学学习。泰勒还参加了一个课外领导力研习项目，强化在课堂学习和课外活动中追求卓越的方法。泰勒努力为大家树立榜样。

泰勒知道，要想在分会中实现持久的变革，他需要来自分会成员的支持和展现强大的领导力。作为一名大三学生，泰勒得动员即将毕业的大四学长们，他们中的许多人更关注毕业后的未来，并不想全身心参与分会的所有活动。泰勒认为，大四学长们为分会其他成员树立领导榜样很重要，这有助于在低年级成员中推广坚定的领导信念与行为。他说，他本可以放弃他们，把精力集中在那些更加认同分会价值观的成员身上，但他仍然坚信这些学长们的潜力。尽管临近毕业，他们可能很难继续专注于联谊会事务，但泰勒不想放弃让他们积极参与的想法。

他想出了一个主意，那就和所有高年级学生坐在一起，向他们说明为什么他们应该继续参与其中。他请来了已经毕业的校友，让他们帮忙说明为什么积极参与并持续投身于联谊会活动至关重要。泰勒说："我想让大家明白，这是他们留下宝贵财富的机会，能参与到比自身更宏大的事业中。我想让他们看到，这些校友就是他们刚加入分会时敬仰的前辈，而现在他们有机会成为低年级成员眼中同样的榜样。"在会议上，泰勒还阐述了他对联谊会成员们的期望，希望他们能维护组织的价值观。他解释道：

> 我确保我们都非常清楚，最初是什么让我们相聚在一起，以及为了实现目标我们需要做些什么——专注学业，做好慈善。

这个策略奏效了。一个学期之后，高年级学生都成为他所希望的典范带头人。此外，在他担任主席的任期结束时，根据分会的总体平均绩点排名，他所在的分会已经从第六位上升到第三位。泰勒说："我们虽然没有达到期望的水平，但这已经是一个巨大的飞跃。"

很多像泰勒这样的学生领导者认识到，行胜于言。他的领导经历诠释了以身作则的第二项承诺：**领导者要树立榜样**。他们抓住每一个机会树立榜样，向他人展示自己对所秉持的价值观和理想的坚定承诺。他人只有看到你言行一致、率先垂范时，才会相信你是认真的。你只有通过以身作则才能发挥领导力。这是你证明自己忠于承诺的最佳方式，也是你展现个人价值观的最佳方式。

我们的研究一致表明，信誉是领导力的基石。人们希望追随那些值得信任的领导者。是什么造就了一个领导者的信誉呢？当被要求从行为角度定义信誉时，人们往往认为它是"言行一致"。"树立榜样"这一章是关于"行"的部分。它体现了做你所说，遵守承诺，言行一致。

要想成为典范学生领导者，你就必须践行自己和组织所秉持的价值观。你必须将自己和他人的主张付诸行动。你必须成为他人学习的榜样。而且，因为你领导的是一群人，而不仅仅是你自己，所以你还必须确保团队成员的行为符合组织共同价值观。你的一项重要工作是让大家了解团队或组织所代表的价值观及其重要性，以及其他人如何真诚地为组织效力。作为领导者，你要教导、指导和引导他人，使他们的行为与共同价值观保持一致，因为你也要对他们的行为负责，而不仅仅是对自己的行为负责。

你为他人树立榜样，就需要：

- 践行共同价值观。
- 教导他人践行共同价值观。

在践行这些价值观的过程中，你会成为团体或组织的榜样，进而营造一种文化氛围，让每个人都致力于践行共同价值观。

践行共同价值观

　　领导者是组织共同价值观的使者。他们的使命是向他人展示组织价值观和行为标准。我们的研究清晰表明，学生对领导者能力的评价与领导者为他人树立榜样的程度直接相关，如图 2.1 所示，五分之四的学生表示，与同龄人相比，那些经常或很频繁地"率先垂范树立榜样，以期他人效仿"的领导者拥有卓越的领导力。

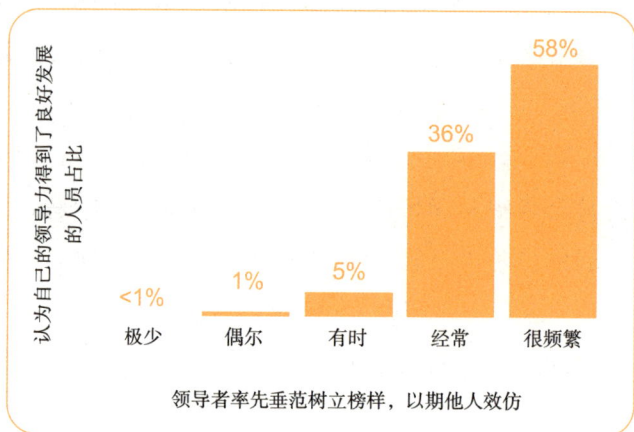

图 2.1　卓有成效的领导者会为大家树立榜样

　　德拉·杜索（Della Dsouza）面临的领导力挑战可能与大多数与人合租公寓的大学生类似：如何保持厨房整洁。在合租公寓中，厨房经常是一片狼藉，成堆的垃圾、堆积在水槽里的餐具，这经常带来争执与指责。这些争执只会加剧室友之间的矛盾。德拉告诉我们："我总是得提醒他们尽自己的那份责任。一开始，不管我说多少次，都不管用。"

　　因此，德拉决定主动采取行动，她虽然不是天天打扫厨房卫生，但是至少有空就打扫卫生。

　　她首先会把餐具放到正确的地方。她一看见垃圾桶满了，就会主动去倒掉，只要有空闲时间，她就会把厨房打扫得干干净净。一个月之后，她说："我发现室友争执少了，水槽里的餐具也少了。有的时候，我还没来得及倒垃圾，就有室友主动去倒了。宿舍里的每个人都开始主动承担打扫卫生的责任。没有人要求，也没有新的规定。只是我采取的简单行动，就引发了这样的结果！"对德拉来说，这就是践行共同价值观的意义所在：

> 我必须以身作则。我必须成为行动者，而不是说教者。我意识到，室友们一直在相互观察。当他们看到你言行一致时，你就是一个有效的领导者。这就是为什么当我做了这些事时，我的室友们也会跟着做。

作为一名领导者，你始终具有影响力。人们会留意你的一举一动，以此判断你是否对自己所说的话认真负责。你需要留意自己做出的选择和采取的行动，因为它们会暴露出你对事情的轻重缓急安排，以及你是否言行一致。

山姆·贝斯金（Sam Beskind）是在大一的时候入了他所在的一级联盟学校篮球队的。与其他队友不同的是，他没有获得篮球奖学金。但山姆知道，他想要加入球队并发挥自己的影响力。他认同球队的核心价值观：无私、投入和坚强。他或许不像一些队友那样被广泛看好，但他明白，如果自己践行这些原则并为队友树立榜样，就能给球队带来积极影响。

在大一升大二的那个暑假，山姆与队友们一起前往意大利，与来自世界各国的球队进行比赛。在那里，山姆得知自己获得了大二学年的篮球奖学金，之后又获得了体育奖学金，这在当时是罕见的。他说："大一那年，我经历了很多对体能要求极高的训练，精神上也备受挑战，所以这份奖学金是对我的努力的巨大回报。我真的特别开心。"山姆还补充说，是他最好的朋友之一告诉他获奖的消息的，这更让他热泪盈眶。

山姆分享了他是如何找到方法将原本只能用语言表达的东西传达给队友的：

这并不是说我某一天工作格外努力，或者突然表现得特别出色。我觉得是因为我真正融入了自己在团队中的角色，并且努力做到无私奉献。我会和队友们一起热身，在机场我会帮忙提行李。我知道自己在队里资历最浅，所以我尽可能多地阅读书籍，这样就能从不同方面为团队提供帮助。我每天早晚都在努力训练，力求进步。我想向队友和教练展现出一种始终如一的态度，哪怕某天状态绝佳，晚上我还是会在体育馆练投篮。就算哪天倒霉透顶，也不会沮丧到第二天就不来训练。正是诸如此类的事情，最终赢得了队友和教练的尊重。

正如山姆所言，践行价值观最好的方式就是，你如何分配时间，你关注什么。同样重要的是你经常使用的语言（词汇和短语）、提出的问题，以及你对关于自身行为反馈的接纳程度。你的行动让你对共同价值观的践行变得可见且具体。这些行动为你提供了表明自己在原则问题上立场的机会。尽管这些行动看似简单，但你要记住，有时候你需要跨越的最大距离，就是从说到做的距离。

❏ 明智地分配时间和精力

你如何分配时间，是最能直观体现对你而言什么重要的指标。人们以此来判断你是否符合自己所宣扬的标准。在你认为重要的事情上投入时间至关重要，这表明你言行一致。无论你的价值观是什么，都必须始终如一地展现出来。如果你想让人们相信这些价值观意义重大，它们就必须体现在你的日程安排中。

假设你所宣扬的价值观之一是团队合作。你本应在周五下午与你的毕业设计项目团队碰面，了解大家的研究进展，但这时你的一位朋友邀请你当天下午开车去他家的海滨别墅共度周末。你是会因为想要成为一名优秀的团队成员而参与团队讨论，还是会因为不想错过在海滩度过的周末而选择和朋友一起去呢？或者，你的俱乐部决定举办一场洗车筹款活动，届时会有不少人去帮忙。而同时你有一场重要的考试需要复习。你会怎么决定呢？这类选择并非一目了然，也不容易做出，但最终，你的时间分配反映了你做事的优先级。你的选择反映你的价值观，它表明你是分心或是陷入了利益冲突。

这些问题同样适用于团队。想想你参加的会议和议程内容。你们大部分时间都在讨论什么？实实在在地参与，并始终让自己的行动与言行保持一致，比你通过任何其他方式传达的信息，无论是在社交媒体上、短信中，还是经由他人传达的信息，都更能说明你看重什么。作为领导者，你的行为向他人表明了你真正重视什么，以及哪些只是说说而已。

在一所本科生人数近 3 万人的大学竞选学生会主席是一项竞争非常激烈的工作。学生们投入了几个月的时间，花费了数千美元来提高自己的知名度。这些活动的目的是促进学生之间的竞争，而且这种竞争并不总是良性的。正如丽兹·肖（Lizzie Shaw）告诉我们的那样："当你身处在像我们一样疯狂的竞选活动中时，彼此的争吵是难以避免的，因为总是存在竞争的较量。"

丽兹认为自己需要专注于竞选活动，以及当选后能带来的积极改变。但这并非易事。她很难忽视其他学生或竞选对手的负面评价。一款名为 YikYak 的社交媒体应用程序可以让学生与方圆五英里内的任何人进行匿名联系，并发布有关他们的信息。在竞选期间，YikYak 上发布的各种评论很不友好。一开始，丽兹被负面情绪所影响。但丽兹知道，陷入社交媒体的诽谤无助于她获胜，也无助于她关注如何给学校带来积极的改变——这是她想竞选学生会主席的真正原因。在朋友们的支持下，丽兹找到了消除负面情绪的方法。丽兹说："我直接删除了这款应用，尽量不让它打扰我。"

当竞选团队的工作人员拿着 YikYak 上的评论来找她时，丽兹会说："我不想听到这些。这对我和任何人都没有帮助。我不想关心他人对我做了什么或说了什么。"她决定忽略这些负面评论，这不仅仅是她个人对社交媒体做出的选择，她也鼓励竞选团队的成员忽略这些社交媒体上的评论。丽兹说："我非常坚定地设定了期望的行为清单。每次开会，我都会在 PPT 的最后一页明确列出行为清单，如果有人参与了这些行为，我不会让他继续留在我们的团队中。"如果竞选团队成员关注对手的言行，丽兹会要求他们将注意力重新放到自己的行动上。她要求大家要有效地把自己的时间投入在竞选活动或自己的职责上，而不是关注他人的负面情绪或传播自己的负面情绪。

丽兹的专注获得了回报：她赢得了选举的胜利，并向她的团队和学校证明，她更关心如何为大家服务，而不是卷入社交媒体的闹剧之中。

当你像丽兹那样抓住机会传递积极的专注信号时，你就能让他人看到和感受到你对团队及其价值观的承诺。虽然这看似简单，但这样的行动却能证明你在原则问题上的坚定立场。像丽兹这样的领导者会很关注如何集中自己的时间和注意力，向他人展示自己对团队、任务和共同价值观的认真态度。你不能只是说说而已。你必须身体力行、撸起袖子加油干，而不是袖手旁观。

❑ 注意你的语言

学生领导者理解并关注自己的语言，因为他们懂得语言的力量。语言不仅能表达一个人的信念，还能唤起人们希望与他人共同创造的形象，以及人们对他人行为的期望。联谊会成员之间互称"兄弟"或"姐妹"的传统就是一个很好的例子。它强化了联谊会系统中所珍视的家庭意识和忠诚感。你的语言对他人如何看待自己、看待周围的人以及你们共同参与的活动具有强大的影响。

研究人员已证实，语言在塑造思想和行为方面的强大作用。他人的寥寥数语，就能改变人们所表达的信念。在美国东海岸的一所大学，曾发生过一起备受关注的事件：一封仇恨邮件被寄给了一名非裔美国学生。在该大学进行的一项研究中，研究人员随机拦住正在校园中行走的学生，询问他们对这一事件的看法。在学生回答之前，一名假扮成其他学生的研究伙伴会上前，给出类似这样的回答："嗯，那个人肯定是做了什么才活该收到这样的邮件。"不出所料，第一名被询问的学生，其回答往往与假扮学生的回答相似。随后，研究人员又拦住另一名学生，问同样的问题。这次，假扮者给出了另一种回应，比如："我们校园里容不下这种行为。"同样，被询问的学生也重复了假扮者的回答。

　　这项经典研究有力地说明了语言对人们回应周围事件的影响力是多么巨大。语言有助于构建人们对世界的看法，所以留意措辞至关重要。想想"枪支管控"与"枪支安全"这两个表述，是如何构建政治辞令框架的。语言框架为思考和谈论事件及观点提供了背景，并将听众的注意力聚焦于话题的特定方面。"注意你的语言"如今有了全新的含义，它不再是老师因你用词不当而责备你的那种语境。现在，它意味着要为他人树立思考与行动的榜样。

　　例如，在一个关于语言如何影响人们的有趣实验中，研究人员告诉参与者，他们正在玩"社区游戏"或者"华尔街游戏"。在这两种情形下，人们按照相同的规则玩同一个游戏；唯一的区别是，实验人员给同一个游戏取了两个不同的名字。玩"社区游戏"的参与者中，70% 的人一开始就采取合作方式，并且自始至终都保持合作。而被告知在玩"华尔街游戏"的参与者中，情况正好相反，70% 的人不合作，而原本合作的 30% 的人，看到其他人不合作后也停止了合作。请记住，这里唯一不同的只是游戏名称，而不是游戏本身！

　　这个实验有力地说明了为什么你必须密切关注你所使用的语言。你只要给任务或团队起一个带有行为暗示的名字，就能影响人们的行为。如果你想让人们像团队成员一样协作，那就使用能产生团队感的语言。如果你想让人们表现得像一个社会的公民，那么你就必须用相应的方式来谈论他们，而不是把他们当作等级制度中的下属。如果你想让人们欣赏他们组织中的多样性，你就需要使用包容性的语言。如果你想让人们勇于创新，你就需要使用能够激发探索、发现和发明的语言。

❏ 提出有针对性的问题

提问让人深思。你所提出的问题，如同绘制出人们追寻答案的路径，引导人们专注于探寻解答。你问的问题传达出团队的优先考量，也表明了你心中所想。这是又一个实实在在的指标，能体现出你对自己所宣扬信念的认真程度。问题会将注意力吸引到那些值得关注的价值观上，以及应该在这些价值观上投入多少精力。

提问还能帮助人们摆脱思维定式的束缚，从而实现自我提升。它拓宽人们的视野，丰富人们的回应，让人们承担回答的责任。提出有针对性的问题，会促使你专注倾听周围人的发言，这样做也显示出你对他们想法和观点的尊重。如果你真心在意他人的意见，就需要向他们提问，尤其是在发表自己的看法之前。通过询问他人的想法，你能促使他们参与到最终决策的过程中来，从而提高对该决策的支持度。

请反思一下，你在会议、一对一交流、电话、邮件和短信中通常会问的问题。这些问题如何有助于阐明共同价值观并促使大家对其做出承诺呢？你希望每个团队成员日常关注什么呢？要有意识、有目的地提问。你日常所问的问题，应成为当你不在场时，团队成员自我提问的范例。为了表明团队成员遵循共同价值观并依据这些价值观做决策，你需要从团队中获取哪些信息呢？如果你希望大家关注诚信、信任、社区服务、安全或个人责任，应该提出哪些问题呢？

无论共同价值观是什么，都要想出一些常规性的问题，让大家思考这些价值观，以及他们每天为践行这些价值观做了什么。当然，前提是你自己要清楚如何回答你提出的问题。

❏ 寻求反馈

你要用问题来挑战他人，促使他们将自己的行为与团队的价值观联系起来，并主动寻求团队成员的反馈，了解你的行为是如何影响他人的感受和他们的表现的。如果你不征询反馈意见，就永远不会知道他人如何看待自己的表现。你如果不知道自己的言行是否一致，就无法真正做到言行一致。大量的证据表明，卓越的领导者在领导过程中深知自己的内心感受，也非常关注外界与他人的感受。他们具有很强的自我觉察和人际觉察。他们能够见微知著，从中了解到自己的言行是激发他人发挥出了更高的水平，还是削弱了他人的工作积极性。

作为领导者，你有责任不断征询他人的反馈："我在某件事上做得怎么样？"如果你不问，就没人会告诉你。获得反馈并非易事。一般人不会征询他人的反馈，大多数人也不习惯提供反馈。这两者都需要高超的技巧。如果你能让他人安心地给你反馈，你就能更容易地让他人接受你的真诚反馈。最有效的反馈具有以下特点：**反馈是具体的而不是笼统的，是对事不对人的，是主动征求的而不是强加的，是及时的而不是滞后的，是描述性的而不是评价性的。**举个例子，不要询问"今天的会议怎么样？"，你可以说："作为领导者，我希望努力做好的一件事就是鼓励大家建言献策。在今天的会议中，我就试着这么做了。你觉得怎么样？我还能在哪些方面做得更好？"虽然你可能并不喜欢得到的某些反馈，但这是你了解自己作为领导者做得如何的唯一途径。

人们说，与"想要了解自己的行为如何影响他人的表现"的领导者一起共事，自己的工作效率会显著提高。如图 2.2 所示，领导者征询反馈意见的频率越高，成员的工作效率就越高，人们对领导者的满意度也越高。满意度的提高取决于领导者是否利用各种方式征询大家的反馈。

你要邀请他人反馈，而不是要求他人反馈。更好的做法是，将你的请求表述为寻求建议。营造一种乐于接受反馈和建议的氛围至关重要。回顾过去不是为了追责，而是对发生了什么保持好奇，对你如何实现团队目标和践行共同价值观保持好奇。当你定期征询大家反馈"最近发生了什么？"，关注"我们能够从中学到什么？"时，错误就会大大减少。但要记住，如果你对他人的建议无动于衷，他人就不会再给你建议了。

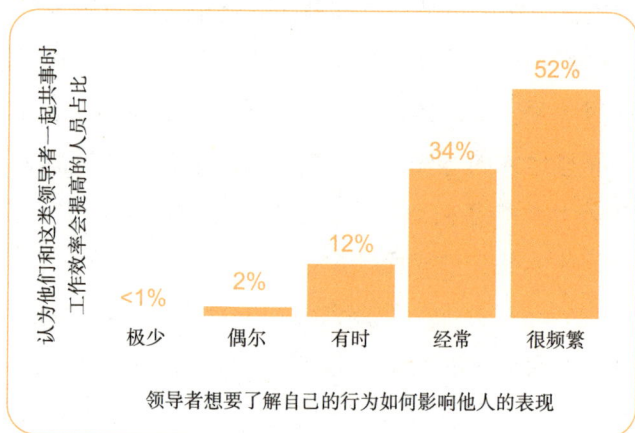

图 2.2　当人们与寻求反馈的领导者一起共事时，工作效率会提高

　　亚历克斯·戈尔卡（Alex Golkar）的个人最佳领导经历源自一个课程项目。他所在的学习小组最初对这个项目的意见不一，大家互相指责。亚历克斯告诉我们："我被迫去寻找自己的心声，以身作则，践行我希望组员效仿的价值观。"当小组成员逐渐找到了相处之道，开始进行相互尊重的对话时，亚历克斯主动征询大家对他在项目中的角色进行意见反馈："我意识到，好的领导者在接受反馈意见时，也要像征询反馈时那样坦然。"紧接着，团队成员转向亚历克斯，询问他对小组进展情况的意见，以及他们如何才能在项目中更有效地合作。亚历克斯表示，当出现冲突时，"我们建立了一个非正式的相互反馈系统，以确保我们不会重新陷入无益的争论之中"。

　　人们常常担心坦率和诚实的反馈会暴露自己的脆弱。提供反馈的人可能会觉得有些冒险，甚至会担心遭到报复、伤害他人的感情或破坏关系。坦诚反馈是有风险的，但学习和成长的好处远比紧张或尴尬的坏处更有益。学习成为更好的领导者需要有强大的自我觉察能力，能够接受自己的脆弱。学习成为更好的领导者需要获得反馈。征询反馈表明你愿意做正确的事，也能让其他人虚心听取他们能为共同利益做什么。

教导他人践行共同价值观

你不是团队或组织中的唯一榜样。无论是谁，无论在什么情况下，每个人都应该成为言行一致的榜样。你的职责是确保所有人都履行他们的承诺。人们时刻在关注你如何让他人践行共同价值观，如何协调和纠正他人的不当言行。践行共同价值观不仅体现在你的一举一动之中，也体现在每个团队成员、合作伙伴的一举一动之中。因此，你需要寻找机会树立榜样，扮演好老师和教练的角色。

肯齐·克兰（Kenzie Crane）负责美国南部一所大学的女生联谊会成员招募工作。她负责指导来自 16 个分会的 24 名招募顾问。她们的工作是招募学生，并帮助她们找到最适合自己的女生联谊会分会。尽管所有的招募顾问都已经是某一个分会的成员，但要让她们做到不偏不倚还是很不容易的。因此，肯齐必须树立榜样，向大家展示什么是客观中立，也要教导他人在工作中表现出客观中立。她每周都会召集大家，通过角色扮演的方式探讨如何客观公正地回答被招募人员提出的各种问题。

她还与大家一起努力改变人们把女生联谊会仅仅看成社交团体的成见，让女生联谊会成为专注于社区参与、学习内容丰富和致力于个人成长的组织。为了让大家相信这一点，她们必须展示出女生联谊会为个人发展带来积极影响的成功案例。肯齐的首要任务是确保招募顾问知道如何展示这一点。她说："这意味着，我不仅要在培训和角色扮演环节始终如一地传达这一观点，还要让所有人知道如何去做。"

学生领导者深知，人们会从领导者如何处理计划外事件和计划内事件中汲取经验教训。他们知道，人们会从校园、课堂、食堂和社交媒体上流传的故事中学习。肯齐经常运用角色扮演的方法帮助招募人员为可能遇到的情况做好准备。同样，你也需要想方设法地向他人展示你对他们的期望，并确保他们主动担责。为此，你要通过直面问题、讲述故事和寻找机会强调你希望他人重复的行为。

❑ 应对关键事件

你不可能计划好一天中的所有事情。即使最严谨的领导者，也无法阻止意外事件的发生。这就是现实生活。关键事件或突发事件，尤其是在面临压力和挑战的时刻，是每个领导者必然面临的挑战。这些挑战为领导者和团队成员提供了重要的学习机会。关键事件为领导者教导大家学习恰当的行为规范和认清事情的轻重缓急提供了宝贵的机会。

德文·墨菲（Devin Murphy）在担任大学住校辅导员期间，一场毁灭性的龙卷风袭击了附近的一个小镇，造成了大量人员伤亡和房屋损坏。她立刻向全校求助，她说：“当我们意识到这次灾害的严重程度时，我们希望每个人都行动起来。”学校方面已经决定提供帮助，向暴风雨中的幸存者开放学生公寓。由于学校正值暑假，大多数学生已经离开学校，因此，许多公寓都是空的。但在受灾家庭入住之前，所有宿舍都需要打扫。德文联系了她在学生生活部的朋友泰勒·泰利（Taylor Tyler），她们一起制订了一个行动计划。德文告诉我们：“我们知道还有很多同学留在校园里，他们会愿意提供帮助的。”

这是一所拥有众多艺术专业学生的校园。戏剧专业的学生知道如何齐心协力为一场演出做准备；美术专业的学生明白如何投入大量时间，尽一切努力完成他们的项目；音乐专业的学生习惯长时间排练。这可不是一群害怕吃苦的人。我们校园有着“齐心协力、努力奋斗、完成目标”的风气，所以我们一直在想方设法地发挥这种优势。

德文和泰勒在脸书上创建了一个页面，征集志愿者帮助打扫公寓。在短短的 24 小时内，他们就招募到了足够的人手，清理出了 69 套公寓，并为疲惫不堪的市民做好了准备。德文说：“我们获得的支持还不止于此。”

另一位学生朋友凯丽莎·桑德斯（Kelissa Sanders）暑假在州首府实习。她说服那里一家很受欢迎的连锁烧烤餐厅为龙卷风幸存者捐赠食物。他们在发起和持续援助社区的过程中，体现了学校倡导的价值观。

有时候，关键事件并没有像龙卷风造成的灾害那样严重。它们只是领导者工作中遭遇的一些事件，这些事件为领导者提供了即兴发挥的机会，展现自己如何坚守价值观。虽然这些突发事件难以预料，但请记住应对它们的方法——言行一致地践行你的价值观，展示什么对你最重要。在关键时刻，你必须坚守自己的价值观，为他人树立榜样，让大家重新认识共同价值观，以此作为团结协作的共同基础。在这一过程中，你要知道共同价值观是如何影响你的行动的。你要成为践行价值观的榜样。你要通过表明自己的立场，展示共同价值观需要每个人坚守承诺、言行一致。

❑ 讲故事

讲故事是一种强有力的沟通工具，可以让人们快速理解什么是重要的，什么是不重要的，什么是有效的，什么是无效的，什么是可以做到的。领导者可以通过故事来定义文化，传递共同价值观，并让大家齐心协力。

拉娜·科拉耶姆（Rana koryem）在埃及完成本科学业之后，她意识到在埃及让女性接受教育很难，因此，她要努力激励那些她能够接触到的孩子去上学。拉娜在一所公立女子小学找到了这样的机会。

在埃及，公立学校是为最贫穷的孩子提供教育机会的。她们所受的教育有限，许多女孩很早就辍学结婚或照顾家庭。拉娜决心帮助女孩们认识到，她们还有其他的选择，她们可以实现自己的理想。拉娜告诉我们："我来自一个富裕的家庭，当我开始谈论我的教育经历时，她们感觉很遥远。她们认为我很富有，和她们不一样。于是，我给她们讲述自己的故事，让她们知道其实我和她们并没有什么不同。"

拉娜与她们分享了自己为了求学和追逐梦想所冒的风险。当她在讲述自己的故事时，女孩们开始被吸引，想起了自己曾经的害怕或孤独时刻，认识到拉娜和她们在本质上并没有什么不同。

她说："我告诉她们我去美国学习时，是第一次离开家人和祖国。"我告诉她们自己有多想家，在一个完全陌生的环境中学习和生活有多紧张。她谈到自己在结交新朋友时有多社恐，以及她是如何下定决心勇敢地相信自己的。她与大家分享了自己所面临的各种偏见。她说自己通过克服恐惧和结交新朋友，学到了很多东西，收获了许多友谊和丰富的经历。她还询问大家在孤独或害怕的时候，是如何鼓起勇气战胜恐惧的。拉娜说："我们每个人的故事都不一样，但人类的情感体验是相同的，我们通过分享这些故事，拉近了彼此的距离。"

在随后的几个月，拉娜每周都会去学校与学生们分享同一主题的故事。拉娜说：

> 这些故事总是展示我从教育经历中学到了什么，只要你决定学习和付出努力，你就能获得无限的发展。我想让她们看到自己的潜力，无论她们身处何种环境，无论她们是男是女，也无论她们家里是否有钱。只要她们下定决心并愿意学习，她们就能实现梦想。我告诉她们，我的大学教育让我感到自己作为一位女性很强大，她们也很强大。

分享故事是领导者实现价值观和愿景的有力方式。拉娜的故事强化了自立和独立的价值观，这是她所珍视的，也是她希望激励年轻女孩们去做的。讲故事为人们提供了一座桥梁，将她们的经历与你所传达的信息联系起来，并提供了一个树立榜样而不是说教的机会。

讲故事还有一个长远好处。它迫使你密切关注身边发生的事情。当你能写出或讲出一个听众能认同的人的故事时，他们很可能会看到自己也在这样做。人们很少会厌倦听到关于自己和熟人的故事。这些故事会不断重复，故事中的经验教训也会广为流传。

❏ 通过制度和流程强化落实

学生领导者深知，强化基本价值观对于建立和维持他们想要的团队文化至关重要。请想想你是如何招募新成员的，你是如何做出某些关键选择的，你在何时分享信息，你如何分享信息，你为他人提供了哪些帮助，你是如何衡量绩效的，你是如何奖励他人的，以及你是如何对表现优秀的人进行认可表彰的。这些行动和流程都显示了你重视什么和不重视什么，它们必须与你想要倡导的共同价值观和行为标准保持一致。

集体运动就是一个很好的例子。请考虑一下橄榄球队员头盔上贴着的"擒抱次数"的标识，以及每名队员都要整装待发的传统，即使他们只是在替补席上热身，也要保持纪律性。诸如此类的做法都体现了作为团队一员需要遵守的价值观，并感召了一种集体认同感。

各类组织的招募和引导新成员的方式也表明了这一点。当马卡拉·林（Makana Lin）在大四接任电竞俱乐部总教练时，正是新冠疫情的高峰期。电竞俱乐部作为一个视频游戏俱乐部，已经将所有团队活动搬到了网上，主要通过 Discord 软件进行交流。虽然 Discord 软件可以让俱乐部成员继续交流，甚至发展壮大，但也给俱乐部带来了额外的挑战。

马卡拉说："我希望大家像一个团队那样共同奋斗，取得好成绩。我现在是负责人，我有责任带领大家创造一个团结奋斗的氛围，激发每位成员积极参与。"

为此，马卡拉创建了一个训练分组，培养和提高成员们的电竞技能，为参加全国锦标赛做准备。为了强化共同的目标，他将在线的俱乐部训练视为每个人的赛事。他将俱乐部成员分为校队和姐妹队（类似于美国职业棒球大联盟中 AAA 棒球队的运作方式），创建赛后练习课程，并进行赛后观看回顾。尽管电竞俱乐部活动在新冠疫情之后完全搬到了网上，但他们仍然保持着一个团队的氛围，认真对待每一次训练和比赛。

此外，马卡拉还从自己在高中打棒球的经验中发现，队服对大家的心理有很大的影响。他说："在高中棒球队中，队员们一起在更衣室里穿上队服准备比赛，大家就感受到一种强大的凝聚力和战斗力。我希望我们的电竞队在比赛时也能有这种感觉。"最后，他们的电竞队在全国锦标赛上取得了优异成绩。

思考与行动：树立榜样

作为学生领导者，你总是站在舞台中央。无论你是否意识到，大家都在关注着你，谈论着你，评估你是否可信和可靠。因此，你如何树立榜样至关重要。

领导者会通过各种方式传递信号，追随者则会根据这些信号来解读哪些事情可以做，哪些事情不可以做。你如何支配时间，是体现你真正重视何事的最佳指标。如果你明智地投入时间，就能获得显著回报。你关注的事物、使用的语言、提出的问题以及寻求的反馈，都是让他人准确感知你价值观的有力方式。

但重要的不仅仅是你个人的行为。人们还会依据追随者的行为与团队共同价值观的契合程度来评判你，所以你必须教导他人如何成为践行价值观的榜样。关键事件，即在所有小组、团队和组织中偶发的事件，提供了绝佳的教育契机。它们为你创造了实时传授经验教训的机会。关键事件的处理方式，往往会成为关于践行共同价值观的故事，而故事是最具影响力的教育工具之一。记住，得到强化的行为才会持续发生。如果你期望某些行为得以重复，就需要调整制度和流程，以强化和奖励与共同价值观相符的行为。让人们了解自己的表现，也能为他们提供指引，确保他们沿着正确的道路前行。

❏ 思考

典范领导者以身作则的第二项承诺是鼓励大家树立榜样，使行动与共同价值观保持一致。关于典范领导力，你从本章中学到的最重要的观点或经验是什么？

_____

_____

_____

_____

以下是你可以采取的一些行动，以兑现你树立榜样的承诺：

- 要明确自己的承诺，并切实履行诺言。
- 审视过往经历，识别和确认自己做选择背后的价值观。
- 就自身行为产生的影响，主动征求反馈和建议，并依据所获信息做出改变与调整。
- 提出有针对性的问题，使人们始终聚焦于最为重要的价值观和优先事项。
- 通过令人难忘的故事来宣传行为榜样，展现人们当下应有的行为方式。
- 当出现个人或整个团队偏离共同价值观的情况时，主动提出这些事例，并确定需要采取哪些措施来重新践行价值观。
- 尽你所能，强化你期望再次出现的行为。

❏ 行动

在你对所学内容、自己有待改进之处，以及上述建议进行反思之后，在此写下你的计划，至少采取一项行动来帮助自己成为更优秀的领导者：

_____

_____

_____

读书笔记

习惯行为 2
共启愿景

领导者着眼未来。他们憧憬未来的可能性。他们深知，如果大家为了一个共同的目标齐心协力，就能实现独特的成就。他们还帮助他人看到令人振奋的未来可能性。领导者为愿景注入活力。他们传达希望与梦想，让他人清晰理解，并将其视为自己的愿景。

在接下来的两章中，我们将探讨作为一名学生领导者需要做到：

▶ 展望未来，想象令人激动的、崇高的各种可能。
▶ 描绘共同愿景，感召他人为共同的愿望去奋斗。

展望未来

迪维亚·帕里（Divya Pari）在印度攻读生物技术学位三年级时，自愿担任了生物技术系出版的杂志 *Nucleo* 的编辑之一。该杂志由生物技术系学生会的成员创办、设计和管理，深受全校 1 200 多名生物技术系学生的欢迎。

迪维亚除管理当年杂志的内容创作和编辑的各项工作之外，还向开设生物技术课程的其他大学推销了 100 多本未售出的杂志。最终，总共印刷和销售了约 600 本杂志。鉴于迪维亚的出色表现和丰富经验，她受邀担任下一期杂志的主编。她告诉我们："我用了大约八个月的时间，带领一支由大约 30 名生物技术专业的学生组成的团队完成了这项工作。"

但是，迪维亚对杂志的未来发展有着更广阔的构想，而不是仅仅重复以往的工作。她说："我看到了为我们学校和全国的生物技术专业学生群体服务的机会。"

我希望将杂志办成一份在印度所有生物技术专业学生中广受欢迎的学生杂志，一个能为所有生物技术专业学生提供合作机会的工具，一种通过广告收入为学生生物技术项目筹集资金的手段。我越想越兴奋。

我可以清楚地看到实现这个愿望的可能性，从这个项目中受益的人，以及我在这个充满复杂和挑战性的过程中的独特作用。这个过程中的每一项工作都让我兴奋不已，我满怀激情地期待着每一天的到来。我被自己的愿景深深鼓舞，并努力去实现这一目标。

迪维亚面临的第一个挑战是说服由 30 名学生组成的团队相信这个梦想是可以实现的。为此，她让团队研讨需要做些什么来提高杂志的影响力和质量。为了提高影响力，他们必须建立自己的营销网络，并争取其他大学的学生来协助营销。为了提高杂志质量，杂志的内容要更加以学生为中心，要通过调查学生读者的需求来确定方向。在增加收入方面，除了向赞助商募捐，还可以出售广告版面。关于提高印刷质量，重点是要减少早期版本中的错误。迪维亚说："我通过在脑海中勾勒出一个详细的计划，鼓起了必要的信心，并与团队成员一起讨论如何实现这个计划。"

迪维亚组织了一次全体团队成员参加的会议，她分享了自己对杂志的愿景：打造一本全国生物技术专业学生都爱读的顶尖学生杂志。"我向大家说明了我们目前所做的工作，实现这个梦想需要付出什么，以及为什么这个梦想意义重大。"她告诉我们。

许多同学的第一反应是："要销售 2 000 多本杂志？卖广告位？在其他大学售卖这本杂志？你疯了吗！"

当团队成员怀疑你的想法时，你可能也会怀疑自己和自己的计划。我以坚定的信念和激励性的讲话说服了大家。我说："我们只有在做从未做过的事情时，才能突破极限、获得成长，习得新的技能。我们要么像其他学生杂志那样例行公事地完成任务，要么做一些与众不同、超越自我的事情，它让我们在未来回首大学生活时会由衷地感到自豪！"

迪维亚详细介绍了计划的每一个步骤。迪维亚说："这并不是我个人的想法，而是团队成员希望投身于一项比自身更伟大、充满激情的工作，这激励他们加入了这个愿景。尽管大家知道我们并没有所有问题的答案，因为我们无法预见所有的问题和挑战，但大家还是报名参加了。"她还认为，她的使命感、激情，团队似乎也同样强烈地表现出来了，她说服了大家去实现梦想。迪维亚说："在接下来的 8 个月里，我们保持了持续的激情，全力以赴去实现目标。"

第二年春天杂志发行时，受到了各高校管理人员的称赞；学生们表示，*Nucleo* 杂志质量上乘，价格合理，甚至可以定价更高！"我们卖出了近两千本，"迪维亚告诉我们，"团队成员欣喜若狂。我们真切地感到满足和充实。"

迪维亚的故事说明一项新的举措，无论是单个项目、全校计划还是学生运动，是如何从一个人的梦想开始的。不管你如何称呼它——愿景、目标、使命、印记、梦想、抱负、愿望，或者计划等，它们在本质上是相似的。如果你想成为一名典范领导者，就必须能够为自己和他人展望你们想要实现的未来。当你做到这一点，并对自己想要做出的改变充满热情时，你就迈出了实现愿景的第一步。但是，如果你不关心未来，如果你对自己的希望、梦想和愿望一无所知，那么你取得领先的机会就会大大减少。你甚至可能看不到眼前的机会。

典范领导者高瞻远瞩，他们憧憬未来，眺望遥远的地平线，看到即将到来的机会。他们认为伟大的目标是可能实现的，平凡中能孕育非凡，愿景使得整个社团、团队、组织或更大的社区受益。他们能够描述一个理想的、独特的、未来的共同愿景。

愿景不仅仅属于领导者，它是大家的共同愿景。每个人都有梦想、愿望，都希望明天更美好。共启愿景能够吸引越来越多的人参与，激发人们维持更高水平的积极性，使大家能克服更大的困难。领导者必须确保自己看到的未来也能够被其他人看到。

共启愿景的第一项承诺是通过掌握这两项基本要素，为自己和他人展望未来：

- 想象各种可能性。
- 找到共同的目标。

领导者要以终为始，找到一个共同的目标让大家为之奋斗，并使其变成现实。有了共同目标，就能激发大家将愿景变为现实。

想象各种可能性

哈佛大学心理学教授丹尼尔·吉尔伯特（Daniel Gilbert）写道："人类是唯一会思考未来的动物。人类大脑最伟大的成就是能够想象现实世界中不存在的事物和场景，正是这种能力让我们能够思考未来。"人们希望在领导者身上看到的一个基本特征是具有前瞻性。在我们的研究中，大多数学生领导者都把具有前瞻性看成他们愿意追随的人身上所应具备的重要特征。一般来说，人们并不期待自己的同龄人具备这种特征。然而，我们四十年来关于领导者特征的全球研究数据表明，是否**着眼未来被视为领导者与非领导者的最大区别**。

领导者是梦想家、理想主义者和各种可能性的思考者。正如迪维亚的经历所表明的那样，所有的组织，无论大小，都始于这样一个信念：今天的梦想终将变成现实。正是这一信念支撑着领导者度过很多艰难时刻。领导者最重要的工作之一就是把激动人心的可能性想象变成共同愿景。

当我们询问同学们的愿景来自何处时，他们往往很难描述这个过程。

当他们给出答案时，往往更多的是一种感觉，一种本能反应，一种预感。通常没有明确的逻辑或理由。你要澄清自己的愿景，就像明确自己的价值观一样，是一个自我探索和自我创造的过程。这是一个充满直觉和情感的探索过程。

克尔斯廷·科尔（Kirstyn Cole）在回顾自己的最佳领导经历时说："作为一名领导者，往往需要走到悬崖边上，有时会感到害怕。但你不应该害怕以不同的视角看待问题，因为有的时候你的观点是必要的，它能让你发挥领导作用。"作为领导者，要弄清楚自己想把他人带向何方似乎很难。你可能想等待"正确答案"的出现。然而，正如克尔斯廷所指出的，正确答案很可能就在你的内心深处。你要找到正确答案，就必须相信自己，相信自己对某个想法的直觉，这种直觉似乎让你无法释怀。你对某件事情有强烈的感情，必须去一探究竟。愿景反映了你对人性、科技、经济、科学、政治、艺术和伦理的基本信念和假设。

未来愿景就像文学和音乐的主题，是你想要传递的中心思想，是你想让人们记住的频繁重复的主旋律。每当它重复时，都会提醒大家关注整个主题。每个领导者都需要一个主题来帮助他组织整个活动。请回想一下，对于雅各布·菲尔波特来说，这个主题是帮助低收入学生做好上大学的准备；对于贝瑟妮·弗里斯塔德来说，这个主题是改善贫困儿童的生活；对于肯齐·克兰来说，这个主题是丰富加入女生联谊会的女生的经历；而对于迪维亚·帕里来说，这个主题是出版一本一流的、能够创收的学生杂志。他们能够看见自己希望发生的事情，也能够看见现在不存在或没有发生的事情在未来如何成为现实。

有几种方法可以帮助你提高想象令人激动的可能性的能力，并发现你和他人生活的中心主题。当你有意识地关注你想把自己和他人带向何方时，你就能更好地想象未来。这就要求你**反思过去**，**关注当下**，**展望未来**，**表达激情**。

❑ 回顾过去

这看起来似乎有些矛盾，你要在展望未来时，首先回顾过去。回顾过去可以让你跳出眼前的局限，帮助你看得更远。理解过去可以帮助你识别自己的人生主题、模式和信念，它们决定了你现在为什么认为某些愿望很重要，为什么实现这些愿望是你的首要任务。学生团体经常会研究前人是如何做事的，并重复他们的做法。但他们发现要实现新突破并不容易，学习曲线很陡峭，令人气馁。但是，回顾过去并不是简单重复以往的做法。领导者不会满足于复制以往的做法，他们视过去为学习的背景和发展的平台。

克里斯蒂安·格布沃多（Christian Gbwardo）在加纳求学期间，创办了领导力实验室（The Leadership Lab），以打击非洲的腐败现象。他创办该组织的原因是他对周围不诚实现象的反思。当他思考这种情况是如何产生的时候，他认识到那些掌权者"成长过程中只接触过腐败和贪婪，因此，认为这就是政府管理的本来面目"。

> 我的父亲告诉我们，腐败分子只为少数人服务，却剥夺了许多人的利益。我从小就明白，我们需要互相帮助，而不是互相索取。我认识到，阻止这种趋势的唯一办法就是让年轻人从小接触良好的教导。他们需要看到有另一种方式存在。

这并不是说，过去就等于未来。就像我们在开车的时候看后视镜一样，当我们深刻回顾我们的整个人生，我们就能够更好地了解自己和这个世界，在展望未来的时候，我们可以把未来看成一张白纸，可以画最新最美的画。你可以尝试想象一个从来没有去过的地方，无论是真实的还是虚拟的，这时候你会有什么样的感受？在展望未来之前回顾过去会让你的探索之路变得更有意义。

❏ 关注当下

每天的压力、变化的速度、问题的复杂性，以及全球市场的动荡，往往会让你的思想被禁锢，让你觉得自己既没有时间也没有精力去关注未来。创造未来需要更加专注当下。你必须摆脱自动驾驶般的惯性生活方式，以为自己知道需要知道的一切，总是通过老眼光来观察世界，而没有注意到周遭世界已经发生了巨大变化。你必须活在当下，提高自己的能力，构思出新的、创造性的办法来解决当今的问题。你必须停下来，看一看，听一听。

克里斯蒂安仔细审视了高中生目前参加的课外活动，探讨了如何将"领导力实验室"打造成具有吸引力的项目。他考察了自己所在大学的学生项目，以及在美国留学时参加的此类项目。他考察了这些项目的设计初衷、提供的服务和受欢迎程度，从中汲取经验教训，为在非洲打造自己的项目做准备。

现在，当你在倾听团队、俱乐部或小组成员的谈话时，你发现他们在聊哪些热门话题？他们需要什么和想要什么？他们说哪些方面应该改变？他们是否突然不再谈论某些事情？这些信号告诉你的团队发展方向是什么？

你要展望未来，就必须发现事情的趋势和模式，能够欣赏整体和部分。你需要能够同时清楚地看到团队所处的当前形势和未来更大的可能性。你必须既见森林又见树木。你可以把想象未来看成一个拼图游戏。你既看见了一些碎片，又弄清楚了它们是如何一个个地组合成一个整体的。同样，展望未来，要求你从日常积累的一个个数据和细节中找出它们如何形成了未来愿景。展望未来不是凝视算命先生手中的水晶球，而是关注你身边发生的细微事情，从中找出预示未来的某种模式。

❑ 展望未来

　　当你停下脚步，仔细观察和聆听当下的信息时，你也需要抬头眺望远处的地平线。高瞻远瞩不同于按期完成当前的项目。领导者必须想象未来会发生什么。你必须关注新的发展——组织内外的变化，如新技术、校园趋势以及地方、国家和世界上发生的新闻。你要去预测山那边和拐角处可能出现的情况，你必须展望未来。

　　关于领导者应该把目光投向多远的未来，并没有一定之规。事实上，在学校环境中，大多数学生领导者的时间周期是一个学期，或者一个学年，或者最远到大学毕业。相比之下，企业管理者至少需要展望未来几年——中层管理者需要展望未来五年或更长的时间，而高层管理者则需要展望未来十年甚至更长的时间。最重要的是，无论你目前在做什么，都不要忽视大局和全局。

　　成就卓越的机会在未来。领导者在应对当前迫切需求的同时，要不断问自己："现在有什么新的变化？""下一步是什么？"就像迪维亚、克尔斯廷和他们的同事一样，你今天做出的选择要与未来的目标相一致，今天做出的决定要为未来做好准备。例如，国际象棋大师会研究过去的棋局，指导当下的走棋，目的是改进战术，取得未来的胜利。伟大的学者、运动员、电子游戏玩家和领导者也具有这种类似的思维特征。

　　实现愿景需要时间。创建一个新成员招募与迎新流程可能需要六个月。打造一个校园里最受尊敬的学生组织可能需要几年。把公司打造成最佳工作场所之一可能需要十年。要让街区变得安全，使孩子们能够独自出行，也许要穷尽一生。让被野火摧毁的森林恢复生机，可能需要一个世纪。解放民众，或许要历经几代人。重要的是追求有意义的改变，而非实现改变所需的时长。

　　山姆·贝斯金德（Sam Beskind）在参加一个面向学生运动员的公民社团时，已经是篮球队的领导者。山姆希望未来有更多的队友参与公民社团活动，他们能够做很多有益的事情。山姆坚信，成为一名好公民是积极影响未来的最佳方式，他想告诉其他人，参与其中并带来改变是有可能的。山姆说："我觉得这是一个真正的好机会，不仅要说出来，还要言行一致。"

山姆与一个名为"全民投票，暂停赛事"（该组织游说在选举日停止比赛和训练，以促进学生运动员参与投票）的组织合作，编写了一本公民行动手册。山姆说："我们编写了这样一本手册，无论你只有五分钟、十五分钟，还是三小时，无论是否处于选举周期，都能从中找到可完成的活动选项。"这本手册分为三个部分：学习、参与，以及作为一个社区进行集会。其中一些活动示例包括：参观当地的民权博物馆；邀请一位教授共进午餐，借此了解影响所在社区的特定话题；如果时间有限，哪怕只是观看一个关于当地热点问题的五分钟视频也可以。

尽管第一步进展顺利，但山姆着眼未来，认为他们需要大胆设想，举办一场规模盛大的活动，以激发学生对公民意识相关理念的兴趣。"我们能不能把来自众多不同领域的世界领袖汇聚一堂，让他们分享自身经历呢？"他想，"如果我们的梦想很伟大，为什么不尝试邀请未来的 NBA 名人堂成员斯蒂芬·库里（Steph Curry）来演讲呢？"尽管活动时间是在秋季，山姆还是在年初就开始筹划。山姆没有利用暑期去实习，而是去招募运动员和演讲者，并起草采访他们的问题。他们一起列出了一份包含了 25 位理想邀请对象的名单，并努力建立与这些人的联系。山姆的一位教练与斯蒂芬·库里交情匪浅，于是通过他向库里发出了邀请，库里同意了。最后，山姆还邀请了康多莉扎·赖斯（Condoleezza Rice）、科里·布克（Cory Booker）和塔拉·范德维尔（Tara Vanderveer）等名人。这次活动是在线举办的，"比萨到投票站"组织为全美 2 000 多名参加线上观看此活动的学生运动员捐赠了比萨。

山姆说，他收到的反馈非常特别。有几十条学生留言在谈论这次活动是多么有趣，多么鼓舞人心，多么温暖人心。山姆意识到："显然，这项工作还没有做完。"山姆说，这次活动的意义并不仅仅是为学生运动员举办一次很酷的活动，而是让他们了解领导力和公民参与运动的价值。他还着眼未来，想方设法地让他的同龄人参与公民活动，发挥他们的领导力——

这样，他们就能一起建设一个更美好的未来。

　　作为一名学生领导者，你有机会培养自己高瞻远瞩的能力，当你未来步入职场时，你就有了高瞻远瞩的经验。你可能会认为在学校领导他人的时间相对较短时，展望未来似乎并不重要。然而，我们知道，无论身处何种环境，领导者都必须始终保持前瞻性。即使你领导他人开展的项目可能只持续一个季度、一个学期或一个学年，你仍然可以想象在它结束时，你希望看见的那个成功画面。展望未来的能力需要在实践中培养，它是你终身受用的领导能力。为什么不从现在开始培养呢？

　　你需要花大量时间去思考在解决完当前的问题，完成当前的任务、作业和项目之后再做什么。"下一步做什么？"应该是你经常询问自己的重要问题。作为一名学生，你是生活在一个短期目标导向的文化氛围中，常常是在考虑我如何完成这篇论文（或这次考试，或这个学期的任务）。如果你没有思考完成一个大项目后接下来要做什么，那么你就和普通人一样了。领导者的工作就是要思考下一个项目，然后是再下一个。你必须创造时间和空间来思考人生的下一步，无论是眼前的学校生活，还是未来的校外生活。

　　你无论是通过阅读、参加校园的讲座、与校外的其他人讨论他们所面临的问题、收听国际新闻、浏览各种博客，还是观看不同类型的 TED 演讲，作为领导者的一项重要工作就是要深刻理解社会发展的方向。那些心甘情愿追随你的人希望你能够关注未来、高瞻远瞩。如果要让你的未来更加美好，你就要在今天花更多的时间去思考明天。在反思过去、关注当下、展望未来的整个过程中，你还需要与那些打动你的事物、你关心的事物和你热爱的事物保持联系。

❑ 表达激情

　　激情与注意力相辅相成。如果你对未来的可能性没有激情，就没有人能想象出那些令人激动的事情。展望未来要求你深刻感受内心深处的激情。你必须找到那些让你愿意付出大量时间和精力的重要东西，你愿意为此承受各种挫折，做出某些必要的牺牲。每个人都有自己的关注点、愿望、问题、主张、论点、希望和梦想，这些核心问题可以帮助你组织自己的愿望和行动。每个人都有一些对自己来说比其他事情重要得多的事情。无论你关注的是什么，你都需要说出它们的名字，你才能与他人谈论它们。你需要停下来问自己："什么能够点燃我的激情？什么能够激励我每天早起？什么事情让我魂牵梦萦、永不放弃？"

你应该用这种思维来确定你想要参与什么活动。你参加这项活动是因为要在简历上体现拥有加入某个团体的经验，还是真正热爱这项活动。领导者希望做一些有意义的事，与众不同的事，他人没能完成的重要的事。这种意义和目标必须发自内心。没有人能把自我激励的愿景强加给你。就像我们谈到的价值观一样，在你期望他人认同共同愿景之前，你必须明确自己的愿景。杰德·沙芬伯格（JD Scharffenberger）向我们讲述了他作为棒球队队长的经历：

> 我意识到，激励队友的最简单方法就是自己真正投入并展现我对棒球的热爱。
>
> 我坚信，当他人看到我对未来的执着追求时，他们也会被我们所能取得的成就所吸引。如果我每天不公开表现出我的运动激情，他们就不会深受鼓舞并积极投入。

长期以来，研究人员一直在讨论人的两种动机——外在动机和内在动机。人们做事情要么是因为外部控制——如果成功就能获得有形的奖励，如果失败就会受到惩罚，要么是因为内在的欲望。他们做某事是因为被迫还是因为想做，是为了取悦他人还是为了取悦自己。研究人员发现，内在动机最有可能产生非凡的成果。外部激励可能会带来服从或反抗，自我激励则会产生承诺和远超预期的成果，甚至还有其他的好处。自我激励的人即使没有外在激励，也会朝着目标持续努力。我们经常可以在体育比赛中看见这样的例子。即使明显会输掉比赛，但队员们仍然会全力以赴，因为他们有内在的动力。而那些受外部激励驱使的人，一旦没有了奖惩，很可能就会停止努力。

山姆·贝斯金德反思道："如果你不是在做自己真正感兴趣的事情，你就不会成为一个好的领导者。你必须找到自己真正感兴趣的东西。"你的激情可以通过潜心研究和努力工作来发现。在谈到自己的经历时，山姆认识到，虽然他在参加"全民投票"活动之前就对公民参与运动很感兴趣，但直到他更多地参与其中后，他才对这项运动产生了高度的热情。他说："我认为，一旦你参与到某件事情中，你就会产生激情。"你会愿意在自己感兴趣的事情上全力以赴，动力和激情就会与日俱增。

领导力可能还包括愿意承受平凡。山姆说："很多事情一开始并不被认为是很有意义的，直到它们突然变得有意义。"当他刚开始从事公民参与运动时，他收到了一些来自同伴的善意嘲笑。他们问他："山姆，我们今天又要讨论投票吗？"山姆意识到，如果你真正关心某件事，并向人们展示你关心的理由和吸引人之处，那么它最终会打动他人的。就像山姆一样，如果你能让其他人对某一事件或行动感兴趣，他们很可能也会变得对此充满热情。

典范学生领导者追求名利之外的东西。他们关心的是如何有所作为。如果你对某件事情没有深厚的感情，你怎么能指望他人能产生感情呢？如果你不充满活力且激情地投入，你怎么能指望他人投入呢？如果你没有坚定的承诺和树立榜样，你怎么能指望他人忍受长时间的艰苦工作和做出个人牺牲呢？

当你感受到自己的激情时，你就知道自己正在做一件有意义的大事。你的热情和动力会感染他人。首先，表达愿景的关键是要找到你真正相信的东西。一旦你坚信某个东西，你就能够超越当前的角色限制，展望未来的各种可能性。

来自学生领导者及其支持者的研究数据证明了这一论点。从图 3.1 中的数据可以看出，近十分之九的学生表示，当他们的领导者经常或很频繁地"讲述我们所做工作的崇高目的和深远意义"时，他们就会感到自己的工作意义非凡。研究还表明，"领导者在谈论可能实现的目标时，总是保持积极乐观的态度"与学生们感到自己在创造非凡之间密切相关。

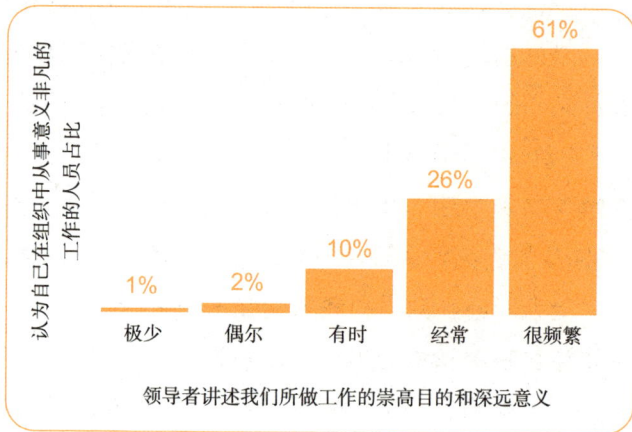

图 3.1   领导者带着激情和目标进行沟通，会让人们感觉自己的工作意义非凡

找到共同的目标

人们通常认为，领导者唯一的责任就是高瞻远瞩。毕竟，关注未来是领导者工作的一部分，这是可以理解的。人们会有这样一种看法，即领导者是独自踏上探索组织愿景和未来旅程的。

但这并不是追随者希望看到的。他们的确希望领导者具有前瞻性，但是，他们不希望领导者把自己的愿景强加在他们身上。他们不希望仅仅看到领导者的愿景，他们还希望看到自己的愿景和愿望如何实现，自己的希望和梦想如何达成。他们希望看见自己出现在领导者所描绘的未来图景中。领导者的关键任务是共启愿景，而不是宣扬他们的个人理想。这就要求你带领大家找到共同的目标，让人们参与进来。

早在中学时代，婕德（Jade Orth）就开始学习领导力。她认为，当时学到的关于回馈的经验对她今天的工作非常重要。早年的经历帮助她明确了自己的愿景，那就是与大学校园里的一群学生一起发起一项回馈社区的活动：参加退伍军人节表彰当地退伍军人的仪式。婕德的家庭成员中有几位曾在军队服役，她首先与大家分享了为什么她强烈地认为举办这样一个仪式非常重要。在婕德所在的大学城，没有举办任何活动来表彰退伍军人，而他们付出了巨大的牺牲，却很少得到人们的认可和赞赏。

婕德和同学谈到他们可以把退伍军人日纪念活动变成现实，她与大家分享了让这项活动成为学校内一年一度的盛事的愿景。一支持这个想法的志愿者队伍建立起来，大家开始就如何持续开展这个项目交流想法。有些想法是不可行的，有些想法则是可行的，但团队成员一直都在讨论他们的愿景。婕德知道，大家不能只是停留在讨论层面。他们分享和讨论的目的是聚焦如何做成非凡之事，而不是关注谁的想法被采纳了。

婕德发现了每个领导者都必须明白的一点：不管方向和方法是多么正确，没有人喜欢被告知该做什么或该去哪里。人们希望参与到制定愿景的过程之中。绝大多数人都是和婕德一样的团队成员。他们希望与领导者一起共创。他们希望大家一起梦想，一起创造属于他们的未来。

领导者需要放弃自上而下制定愿景的想法。婕德意识到：

> 美好的愿景不一定出自我自己，也不应该是我个人的想法。参与分享想法的人越多，我们就能获得更好的创意。我们必须承认，一个 5~7 人的小组，肯定会有不同或相互冲突的意见，但我们抱着群策群力的共创态度进行对话，取得了很好的效果。

你要鼓励大家一起讨论未来，而不是自己一个人唱独角戏。你不可能让人们心甘情愿地迈向他们根本不想去的地方。不管梦想有多美妙，如果人们看不见实现自己的希望和愿望的可能性，他们就不会心甘情愿、全力以赴地追随。你必须向人们展示，未来的愿景如何能为他们服务，他们的具体需求将如何得到满足。

我们向学生们问了两个问题：他们的领导者在多大程度上"向人们阐释如何通过实现共同的目标来满足自身的利益"；"他们在与这位领导者共事时，是否觉得自己的工作意义非凡"。这两个问题之间的关系如图 3.2 所示。当领导者没有引导他们看清个人利益和愿景的联系时，几乎没有学生感觉到自己是在从事意义非凡之事。相反，如果领导者经常或很频繁地与学生沟通，告诉他们在实现共同目标的同时也能实现他们的个人利益，那么，大约五分之四的同学认为自己的工作意义非凡。

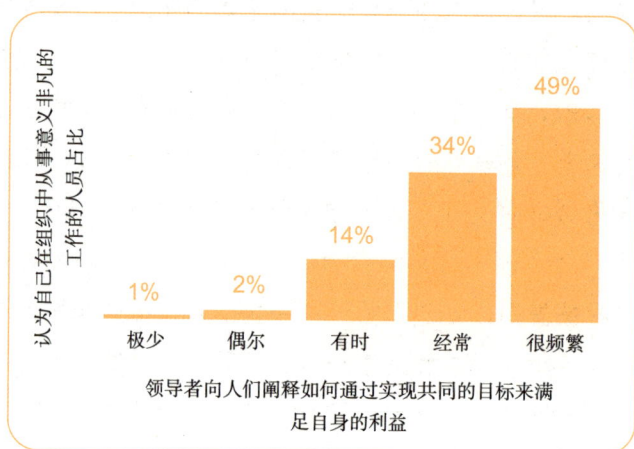

图 3.2   当领导者把个人利益和愿景联系起来时，人们会觉得自己的工作意义非凡

婕德清楚地知道自己希望实现什么目标，她也努力确保其他人持有相同的想法，或者把他们的想法融入共同的愿景中。后来，许多人参与了退伍军人节庆祝活动的发起，包括学生、学校管理者和当地的退伍军人。婕德说，她知道自己必须信任他人和他们对事业的投入，而不是发号施令：

> 我定期与团队成员进行沟通，确保大家持续支持这个项目，使我们的愿景化为现实。我知道自己有责任让大家专注于我们的愿景。我认识到，每个人都能为团队带来一些特别的东西，我希望相信并尊重每个人对我们未来发展的想法。这才是团队协作。

❑ 深度倾听

你要通过听取团队成员的意见，采纳他们的建议，体会他们的感受来了解大家。婕德就是这样做的。然后，你就可以站在大家面前自信地说："我听到你们说想要实现这些目标。我们所有人都相信这一共同的事业，你们的需求和利益将会得到满足。"从某种意义上说，领导者是在举起一面镜子，向他人展示他们想要获得的是什么。

婕德面临的挑战之一是，她在学校加入了两个团队，一个是领导力课程团队，另一个是学生会团队，这两个团队在活动中存在一定的利害冲突。她在充分了解这两个团队是如何看待自己在活动中的角色之后，帮助他们走到了一起，开展合作。她经常与这两个团队讨论工作计划和实施细则，以及他们感兴趣的事情。她说："我想确保两个团队都尽可能地感到满意，充分发挥自己的作用，实现自己的愿望。"我通过大量倾听他人的意见做到了这一点。

你要增强倾听他人心声的能力。任何美好的愿景都不是来自水晶球的预测，而是源自与团队成员的共创，来自在课堂上、校园活动中和用餐时与其他学生的交流，来自在走廊上、会议中和社交媒体中的积极交流。当阿尔文·陈（Alvin Chen）帮助学校启动首个国际学术夏令营时，有很多事情需要他去做，其中大部分对他来说都是第一次。阿尔文说："倾听是任何领导者最需要做好的工作之一。"他说自己和团队成员是在"边做边学"。他的心得体会是："每个利益相关者都有自己的心声，你永远都不应该低估或轻视他们的意见。"

阿尔文和婕德的案例表明，最好的学生领导者都是善于倾听的人。他们认真倾听他人的意见和感受。他们会提出有意义的问题，听取他人的不同想法，为了共同利益而不固执己见。领导者通过认真倾听，就能够了解他人的需求、价值和梦想。关注他人利益不是一项无关紧要的能力，而是一种真正珍贵的人际能力。

❑ 找出人们为之投入的理由

当你深入倾听他人心声的时候，你就能够找到让他人努力工作的意义。研究发现，人们在一个组织中努力工作的主要原因是他们喜欢与自己共事的人，他们发现自己的工作具有挑战性、意义感和使命感。当你注意倾听他人的愿望时，你就会发现有一些共同的主题把每个人联系在一起，这些主题会给工作和生活带来意义。事实证明，学生和所有同龄人一样，他们都希望：

- 追求与自己一致的价值观和目标。
- 对他人的生活产生重大影响。
- 做创新性的工作。
- 专业化的个人学习和发展。
- 建立亲密和积极的关系。
- 自主决定自己的工作和生活。
- 感觉到信任和被认可。

的确，人们强烈希望要有所作为，不负韶华。他们想要在这个世界上留下自己的印记，他们关心存在的意义。在大学中的组织、团队和俱乐部，学生们也有这样的愿望。优秀的学生领导者善于通过展示社团工作的意义和成员们的重要作用来满足大家的这种愿望。即使在一个学习小组中，也是如此——除完成作业之外，还有什么能激励你和他人全力以赴吗？当你能清晰地传达团队的共同愿景时，就能让团队成员的工作变得有意义。领导者能够提升人们的精神境界。

艾拉·特普（Ella Tepper）是大学的校园理事之一，学校正在制订一项计划，让学生了解学生会能为他们做什么以及他们如何参与其中。之前，这类活动的宣传主要是通过免费食品和赠品来展开的。艾拉决心让这项活动变得更有意义。

> 我也是一名学生，当我有机会参加这样的工作时，我想要收
> 获很多。我希望学到更多的知识和真正有用的经验。我想努力为
> 大家创造一种更好的讨论学生会工作、提出问题和快乐学习的
> 环境。

艾拉首先与学校办公室主任探讨了她的想法。然后，她迅速与更多人进行了沟通，目标是创建一个活动，让学生们在离校时能够很好地了解和赞赏学生会为他们所做的一切。大家围绕如何创建一个讨论学生会工作意义的对话空间，想出了很多好点子，例如，活动赠品要有持久价值，讨论要真正有意义。他们提出了一个类似环球旅行的想法。让每个学生获得一本"护照"，到不同社团的展台前面去提出问题和建议，一旦他们走访完所有的展台，就会获得一袋学习用品。

艾拉说，团队设计的这种方法吸引了同学们参与对话，还为参与的同学提供了有用的纪念品。

> 我不可能想出他们提出的所有好点子，他们想方设法地让学
> 生们有机会提出问题和进行有意义的对话，这非常好！他们努力
> 帮助学生认识到学生会的价值。我虽然是领导者，但正是他们的
> 努力让活动取得了成功。

人们想要成就非凡的事业，而不是执行一个计划。否则，你怎么解释人们为什么会自愿去重建遭受海啸蹂躏的社区，从得克萨斯州奥斯汀千里迢迢骑车到阿拉斯加州的安克雷奇，帮助筹集抗癌资金，在龙卷风过后，从倒塌的建筑物废墟中救人？在上面这些情形中，人们都不是在执行计划。他们想要做有意义的事情，它比计划中的目标和里程碑更有吸引力。这并不是说，执行计划对于实现伟大的梦想并不重要，它绝对是重要的。我们只是说，计划并不是人们报名参加的目的。

❑ 在快速变化的世界中展望未来

在这个瞬息万变的世界里，学生们经常会问："我连下周会发生什么都不知道，怎么能对下学期或下一年的事情有愿景呢？"这个问题直接触及了愿景在人们生活中的作用。在这个越来越动荡、不确定、复杂和模糊的世界里，对于人类的生存和成功而言，愿景比在平静的、可预测的、简单的、清晰的时代更加重要。

请想象一下，你正在沿着太平洋海岸的高速公路行驶，在一个阳光明媚的日子里，从旧金山向南行驶。山丘在你的左边，海洋在你的右边。在一些地方，公路距离海面只有几十米。你可以看到 100 多米远的地方。你正以限速的最高速度行驶，一只手搭在方向盘上，听着震耳的音乐，毫不在意其他的一切。在路的拐弯处，毫无预兆地，一层浓雾出现在你的眼前。你会做什么呢？

我们多次向人们询问过这个问题，以下是他们的回答：

- 减速。
- 打开远光灯和雾灯。
- 双手握紧方向盘。
- 打开挡风玻璃刮水器。
- 坐得笔直或伸长脖子看着前方。
- 关掉音响

然后你经过下一个弯道，浓雾逐渐消散，天又晴了。这时候你会做什么呢？放松自己，加速前行，关掉车灯，打开音响，欣赏窗外的美景。

这个类比揭示了澄清愿景的重要性。在浓雾弥漫和天气晴朗时，哪种情况下车开得更快一些呢？如果不拿自己或其他人的生命冒险，你能够开多快？如果有人在雾中开得比你快，你会有什么样的感受？答案显而易见，你更愿意在视线清晰时开得快些。当你能够看得更远的时候，你才能更好地预测道路上的弯道和颠簸。毫无疑问，生命中总有这样的时候，你发现自己好像在雾中行驶。这时候，你感到紧张，不知道前面会有什么危险。这时你放慢了速度。但随着道路越来越清晰，你最终可以加快速度，继续前行。

领导者的一项重要工作就是拨云见日，让人们看清前方的路，预测前进的方向，并留意沿途可能发生的危险。简而言之，你要成为一名领导者，必须能够预见未来。环境的快速变化更需要你做好这一点。人们只愿意追随那些眼光超出今天的问题、能看到光明未来的领导者。

思考与行动：展望未来

愿景的最大作用是汇聚人们的能量。你要想让每个人都看见未来，就必须向他们描绘和传递一个激动人心的、崇高的未来愿景。澄清愿景源自回顾过去，关注当下，展望未来，这条道路上的引导系统就是你的激情——你内心真正最关心的是什么。

你必须在要求他人追随自己之前明确自己的愿景，你需要牢记，你不能够强迫他人去他们不想去的地方。愿景要富有吸引力，让每个人感觉到自己的利益与它休戚相关。只有共同的愿景才具有使大家持之以恒地为之献身的魅力。你要倾听大家的声音，了解他们的希望、梦想和愿望。

共同愿景还需让所有人都着眼于未来。所以，愿景不仅仅是一个任务，更是一项事业，它能够让人们过上期望的更加美好的生活。无论你是领导一个项目团队、一个协会、一个运动队，还是领导一次全校性活动，抑或是全国性学生运动，共启愿景都为所有参与者制定议程、指明方向和目标。

❑ 思考

共启愿景要求领导者通过想象令人激动和崇高的可能性来展望未来。关于典范领导力，你从本章中学到的最重要的观点或经验是什么？

_____

_____

_____

_____

_____

以下是你可以采取的一些行动，以兑现你对共启愿景的承诺：

- 明确你最关心的是什么、什么在驱动你前行以及你的热情所在。
- 当你思考自己想要达成的所有目标时，你能否解释为何这些目标对你如此重要？是什么让这些愿望对你和他人都具有意义？
- 明确你和同龄人最为关注的重要问题及其原因。对他人认为对其未来重要的事情保持好奇。
- 当你与团队中的其他人谈论他们对未来的希望、梦想和抱负时，留意他们回答中的模式和主题，找出其中的共同之处。
- 重新审视你和他人正在做的事情，将其视为一项事业或使命，而不仅仅是一项任务、项目或活动。
- 想出办法让他人参与到创造可能性的过程中来，不要把它变成一个你单方面下达指令让别人执行的过程。

❑ 行动

在你对所学内容、自己有待改进之处，以及上述建议进行反思之后，在此写下你的计划，至少采取一项行动来帮助自己成为更优秀的领导者：

_____

_____

_____

_____

感召他人

艾玛·比克福德（Emma Bickford）在大学四年级前的那个夏天，意识到自己担任队长的垒球队在新赛季面临着许多挑战。多年的新冠疫情打乱了常规赛季，球队的凝聚力和斗志有所削弱。她说："我知道比赛结果并不能完全反映我们是否还是一支优秀球队。因为这是我和同届队友在校的最后一年，所以我想自己没有借口退缩。我们必须全力以赴。"

尽管艾玛对自己的最后一个赛季寄予厚望，但她知道建立一支有凝聚力的团队不能仅靠自己，如果没有队友们的支持，她将一事无成。团队成员都需要像艾玛一样追求成功、相信能够获得成功。艾玛说："一旦我们有了奋斗的目标，明白了为何而战，就会给我们带来巨大的信心，引领我们取得想要的团队成果。"

艾玛召集全体队友，说明自己的想法：为了在即将到来的新赛季中充分发挥潜能、取得好成绩，球队需要一组大家共创和认同的价值观来指导行动和工作。艾玛说："我们首先需要搞清楚我们的目标是什么，如果我们没有明确的目标，就不知道自己要去哪里，就会各自为政。"

整个夏天，艾玛和队友们通过视频通话和短信交流，决定通过共创价值观来建立引领性的团队精神。在第一次团队会议上，艾玛做的第一件事就是分享她对新赛季的愿景——让团队变得更强大、更敬业、更快乐、更协作，不仅仅是为了赢球。她还描绘了一幅队友们在比赛中激情四溢、全力以赴的画面。除球队的胜负之外，一个伟大的赛季是什么样的、对大家意味着什么。在谈到对本赛季的展望时，艾玛充满了激情和向往，她让队友们深切感受到她是多么关心大家对垒球的热爱。

然后，艾玛给大家分发了写着一系列价值观的单页。每个队友都要从中选出自己认为重要的十个价值观，然后再减少到五个，最后选出最重要的三个价值观。当艾玛和大家回顾这些调查结果时，她发现有三个价值观始终出现在最前列：**卓越、沟通、信任/尊重**。

但是，当每个人都确定了自己的个人价值观后，团队的工作还没有结束。艾玛知道这还不足以形成共同价值观。团队需要一起来定义每一个价值观，即这些价值观对每个人意味着什么，以及如何在行动中体现出来，这样队友们才能去践行这些价值观。艾玛说："每个人对尊重或卓越的定义有所不同。重要的不是产生共同价值观，而是形成一个大家公认的定义。如果我们感觉他人的某种行为是不尊重人的，而对方并不认为这是不尊重，就会出现矛盾。"

在任何一个群体中，总有些队友比其他队友更愿意发表意见。在第二次会议上，艾玛首先发出了一份匿名的谷歌表格，要求队友们提交自己对价值观的定义。艾玛说："因为是匿名填写，所以每个人都畅所欲言，各抒己见。"

在第二次会议上，大家讨论了每个人对共同价值观的个人定义——因为团队有25个人，这个过程花了很长的时间。艾玛说："很多时候，有人会举手说'我觉得那个定义不合适。这不是我们所秉持的理念'，因为大家对价值观的含义有不同的理解。"但艾玛通过反复确认每个人的意见，形成了大家公认的共同价值观。她们在这个过程中更加紧密地团结在了一起，并最终激发了每位队员的参与热情，为在本赛季取得好成绩奠定了基础。通过使用匿名的共享谷歌文档，让每个人的心声都被听到了。艾玛说："这个过程不仅让十个性格外向的队员充分表达了她们希望看到的本赛季团队状态，也让队里最害羞的人清楚地表达了她们希望看到的本赛季团队状态。"

在会议结束时，团队达成了以下价值观定义共识：

- **卓越**，就是要付出百分之百的努力，成为最好的队友，无论是为跑垒全力冲刺，还是邀请队友留下来陪你加练。
- **沟通**，这不仅在球场上至关重要，在直面并以尊重的态度处理团队冲突时同样关键，而不是暗自纠结或对问题说长道短。
- **信任和尊重**，体现在说到做到、言行一致，相信队友在所有互动中都具有大局观、为团队着想。

艾玛制作了两张价值观及其定义的海报：一张小海报随队参加比赛，另一张大海报张贴在球队的训练场里。这样，即使队友们没有有意识地持续关注这些价值观，她们也会收到来自环境的无意识提醒，指引她们在赛场上展现这些价值观。艾玛说，即使球队输掉了比赛，但只要大家在比赛过程中展现出了这些团队目标和价值观，就意味着胜利。

艾玛说："共创价值观这个过程促进了我们之间建立信任，因为在谈论我们对价值观的定义时，我们必须展现自己的无知和脆弱。"这次经历提高了大家表达同理心、尊重和沟通的能力，从而使球队在本赛季更团结、更快乐和更成功。得益于凝聚力的增强，球队在本赛季取得了圆满的胜利。艾玛说球队不仅比往年更快乐，而且获得的第三名也是她们有史以来取得的最好成绩。

艾玛成功地将自己对大学最后一个垒球赛季的憧憬变成了现实，但如果没有队友们深入共创她们的价值观并付诸实践，她们是不可能取得这么好的成绩的。艾玛说："如果你只是想当然地认为别人和你有相同的价值观，事情很可能不会顺利发展。"但是，如果没有艾玛对最后一个赛季可能实现的目标的憧憬，以及她将这份热情传递给队友的能力，队友们也不会愿意为之付出努力。点燃他人的热情，是实现非凡变革的第一步。

在我们收集到的个人最佳领导力故事中，人们谈到发挥领导力需要让每个成员都参与到愿景中来，像艾玛一样，感召他人参与到梦想中来。领导者必须与大家沟通团队的项目和方案，在组织向目标前进的过程中为大家提供支持。他们知道，要实现非凡的成就，就必须让每个人都相信并致力于一个共同的目标。

感召他人的一部分是要让大家对目标达成共识，领导者对愿景的激情至关重要。我们的调查研究表明，追随者除期待领导者有前瞻性外，还希望他们的领导者能够激发他人。人们需要巨大的能量和激情来支撑他们对一个遥远梦想的追求。领导者是这个巨大能量的重要源泉。人们不会追随一个缺乏激情的人。学生们只愿意支持那些对所追求的目标充满热情的领导者。

无论你是想要动员球队的队友，还是要动员与你共同完成课堂作业的同学，你要感召他人都必须做到以下两点：

- 描绘共同的理想。
- 赋予愿景活力。

感召他人就是点燃人们对一个目标的激情，带领人们克服重重困难，坚持不懈地奋斗下去。你要在组织中成就非凡，就必须超越理性，让你的心和脑与追随者融为一体。这就要求你要先从理解他们对有意义的和重要的事情的强烈渴望开始。

描绘共同的理想

在每一个最佳领导力故事中，学生领导者都谈到了理想。他们表达了想要改变所处环境现状的强烈愿望。他们追求宏大、有意义且重要的目标，追求前所未有的成就。即便在看似最平凡的课堂作业中，他们也希望做到最好。

愿景就是希望、梦想和抱负，蕴含着超越现实、成就非凡的强烈愿望。它雄心勃勃、充满乐观主义精神。你能想象一位领导者在感召他人时说"欢迎大家和我一起来做点平凡的事情，做其他人也在做的事情"吗？这不可能。愿景引导人们想象各种激动人心的可能机会，无论是简单地使用一种新方法来开展一项传统活动，还是像艾玛那样，感召一群人加入进来，努力去实现一个共同的理想。

当你与团队成员沟通未来愿景时，你要谈论他们将如何成就非凡，以及他们将如何对他人和工作产生积极影响。你要向他们展示他们的长期愿望是如何在实现共同愿景的过程中得以实现的。你要谈论工作的更高意义和目的。你要描述一个令人信服的成功图景，当人们加入这个共同的事业中时，未来会因他们而不同。卡梅伦·麦卡锡（Cameron McCarthy）是她所在大学拳击队的队长，也是全美大学拳击协会的冠军，她说：

> 我说服人们加入拳击队，因为这项运动可以增强他们的自信心，让他们在大学毕业后在事业上脱颖而出。我还说，加入拳击队并不容易，需要你的勇气。那些愿意接受挑战的人加入了进来。

❑ 让人们感受到工作的意义

典范领导者不会把自己的愿景强加于人，他们描绘出人们内心已经存在的愿望，唤醒人们的梦想，激发人们的活力，感召人们相信自己一定能成就非凡。当他们在沟通共同愿景时，会把个人的理想带入其中。特别是在困难时期，真正能推动人们前进的，是他们感受到自己在从事一项激动人心的事业。人们想要知道他们正在做的事情有多重要。

珍·马什（Jen Marsh）描述了她在一个帮助儿童学习阅读的特殊项

目中担任志愿者的经历。她工作的第一天，坐在一把小椅子上，一个小男孩走过来问她："你为什么把暑假浪费在这里？"起初，她对这个问题感到惊讶，但后来她意识到，他只是想知道她是否会留下来。她回答说："我真的很想来这里，我愿意做你一天的阅读伙伴。"听到这个回答，孩子的眼睛瞪大了，甚至露出了一丝微笑。珍意识到：

> 我不可能让这些二、三年级的学生因为我的愿望而去阅读，相反，我必须帮助他们自己去完成这件事。我必须让孩子们对阅读感到兴奋，让他们知道这项成就对他们以后的生活有多么重要。所有的孩子都认为阅读是一件困难的苦差事，他们会尽量避免阅读。他们不知道如何阅读，而说服一个人参加一项需要投入精力的活动是很困难的。起初，我对孩子们感到失望，他们也让我很紧张，但我很快意识到，要让我的愿景成为我们的愿景，还需要时间。我需要更好地了解孩子们的想法，而这只有通过与他们面对面交流才能实现。

领导者的工作是要帮助人们认识到他们所做的事情的意义比他们想得要大，甚至比他们的导师、班集体、学校或机构所认为的更重要。他们的工作可以说是高尚的、令人振奋的。领导者相信，他们的工作能让他人的生活变得更好，他们是在为更大的利益工作。珍回忆说："我永远不会忘记，当我看见第一天遇到的那个孩子独自阅读完一整本书时，我的激动之情难以言表。"

> 当他看着我的眼睛，看到我为他成功阅读完一本书感到欣喜时，他终于明白了我为什么要来他的学校做阅读志愿者。他立刻感受到了我的自豪，作为回报，他将自己的学习成果介绍给了同学们。在我们为了共同的理想走到一起之后，领导的责任就交到了学生手中，他们开始自我领导。我们共同将曾经无法完成的苦差事变成了一项新的愉快活动。

❑ 以独特为傲

典范学生领导者会描述让他们的团体、组织、俱乐部、团队或项目脱颖而出与成就非凡的理由。令人信服的愿景要与众不同，将"我们"与"他们"区分开来，从而吸引和留住团队成员。人们离开一个团体，往往是因为他们不知道或不理解这个团体与其他做类似事情的团体有何不同，有什么独特的优势。当人们了解自己在哪些方面与众不同，可以在人群中脱颖而出时，他们就会更愿意报名参加，并自愿全力以赴。

你要确保每个参与其中的人都觉得他们所做的工作是独特的，并相信无论他们的头衔或职责是什么，他们都起到了至关重要的作用，这样才能让人们对参与团队的愿景感到兴奋。人们感到自己工作的独特价值，就会产生自豪感。它增强了团队中每个人的自尊和自信。当人们为自己能参与团队工作感到自豪，并觉得自己所做的事情很有意义时，他们就会变成充满激情的宣传大使。当人们为自己是团队的一员而感到自豪时，他们就会更加忠诚，也更有可能招集自己的朋友加入团队。当校园和社区也为拥有你这样的成员而自豪时，他们就会热情欢迎你和支持你。

大卫·陈（David Chan）深知如何提升个人和集体荣誉感。他所在的新加坡大学决定启动一个新的"学院制"系统，旨在培养同学们更强的集体主义精神，为学校生活增添更多的多样性。大卫与一个委员会合作探索各种想法，使新的学院与众不同，从而增强学院同学的团结和自豪感。他说："各个学院最初并没有独特的方式来代表自己。我们强烈地认为，院服和院徽具有非常重要的正式的身份象征。"大卫和委员会继续将学院服装、徽章和其他识别标志融入几乎所有的学校活动中，从学校的开学典礼到教师节活动，"创造一种我们追求的学院活力和学院文化"。

大卫的经历表明，创造独特性使一个小群体拥有自己的愿景，同时仍然可以为更大的共同愿景服务。虽然一个大组织中的每个小组，无论是在宗教机构、学校还是志愿者协会，都必须与组织的整体愿景保持一致，但每个小团队都可以在整体中追求自己小团队的目标。

❏ 让你的梦想和其他人的梦想相协同

当特拉姆·达奥（Tram Dao）向我们讲述她的领导经历时，她首先说："当我们考虑的是共同目标，而不是自身利益时，我们更容易与他人分享我们的愿景。"她凭借在社区大学担任辅导员的经验，承担了培训下学期新辅导员的工作。她没想到这件事是如此具有挑战性。尽管她向他们展示了自己是如何向学生讲解资料和回答问题的，但是，当这些新辅导员面对学生时，仍然发现他们自己还没有准备好如何帮助有需要的学生。特拉姆在看到他们遭遇的困难后，不禁思考，作为一名导师和领导者，她到底应该做些什么？她深入反思了自己当辅导员的初衷，就是帮助有困难的学生，回馈学校，为学校做贡献。"我想象着学生们考试回来后告诉我，他们做得很好，他们能够理解并自信地完成考试。我为他们带来了改变。"

特拉姆希望新辅导员可以秉承同样的信念，于是她把大家召集在一起，询问他们为什么要当辅导员。她发现"他们的理由和我差不多"。

> 这是我们所有人的共同目标，我与他们分享了我的愿景，希望他们能够在脑海中看见未来学生成功的画面。如果我的方法不适合他们，他们也不必照搬。我鼓励他们发挥创造力，采用更适合自己的方法。我们的梦想不是让我们自己变得优秀，而是让我们辅导的学生如何变得更优秀，如何在考试中取得好成绩。我们通过为共同的梦想而努力，最终取得了理想的成绩。

是什么让人们参与其中？像特拉姆这样的学生领导者是如何学习感召人们的理想、打动人们的心灵、提升人们的精神境界的，领导者如何才能学会吸引人们，并与他们的价值观、愿景和梦想对话？一个经典的案例是马丁·路德·金的《我有一个梦想》演讲，它被列为 20 世纪美国最佳公开演讲榜首。美国以他的生日作为国家纪念日，他的演讲一再被传诵，无论是老人还是孩子都能从中感受到一个清晰而令人振奋的愿景的强大力量。

请想象在那个炎热潮湿的日子，你站在这样一个热血沸腾的场景之中——1963 年 8 月 28 日，马丁·路德·金站在华盛顿特区林肯纪念堂前的台阶上，面对着 25 万名民众，他向全世界宣告了他的梦想，这也是全人类的梦想。请想象你同数万民众一起倾听金博士的演讲，大家一起热烈鼓掌和欢呼的情境。假如你是一名记者，你会怎样理解这篇演讲为什么具有如此强大的力量，以及金博士是如何打动这么多人的？

过去数十年，我们让成千上万的人聆听了金博士的这个著名演讲，然后让他们告诉我们听到了什么，感受如何，以及为什么这篇演讲今天依然如此感人肺腑。下面是他们的一些回答：

- 他诉诸共同的利益。无论是现场听众，还是后来听闻这场演讲的人，大多都能找到自己的共鸣点。
- 他谈到了家庭、教会和国家的传统价值观。
- 他运用了许多听众能够产生共鸣的图景和生动描述。
- 他所引用的内容可信度高。很少有人会质疑美国《宪法》或《圣经》。
- 演讲极具个人色彩。他提及了自己的孩子，以及自身的奋斗历程。
- 他的演讲涉及每个人，例如，提及了国家的不同地区、各个年龄段以及主要宗教群体。
- 他大量运用重复手法，比如多次提及"我有一个梦想"和"让自由之声响彻云霄"。
- 他围绕一个主题以不同方式加以阐述。
- 他积极乐观且满怀希望，同时也很务实。
- 他将关注点从"我"转移到了"我们"。
- 他演讲时真情流露，充满激情。

这些思考揭示了赢得他人支持的一些成功关键。你要让他人为你的梦想而兴奋，你需要谈论意义和目的。你要向他们展示如何实现自己的梦想。你需要将你的理念与他们的价值观、抱负、经历以及他们自己的生活联系起来。你要让他们明白，这不仅关乎你，也是关乎他们以及他们的需求，还有他们所属的社群。你必须把关于未来的令人鼓舞的愿景与人们的个人愿望和过去联系起来。你必须相信自己所说的话，并全力以赴。为了争取他人的支持，你需要将愿景变为现实。

当然，你不是马丁·路德·金，雪莉·李（Sheri Lee）也不是。然而，雪莉作为学校年鉴的编辑，要让团队同事齐心协力，激励大家全年努力工作。请想一想，雪莉在与年鉴工作同事沟通时，她使用了哪些与金博士相同的沟通技巧：

> 我很喜欢年鉴这项工作，因为它将成为我们一生的财富。我们负责记录和保存本学年发生的所有重要事件，我们要确保在年终时制作出一本极富意义的年鉴。
>
> 请想一想，每当你翻看今年的年鉴时，你就会发现自己的劳动成果记录在这本册子中，很多人也会激动地看到自己这一年的精彩瞬间被记录在册。当你多年后回首往事时，你会为自己创造出如此独特的作品而感到自豪。

请思考你可以如何使用这些沟通技巧来让你传递的信息令人难忘和鼓舞人心。

赋予愿景活力

激励他人的一个方法是感召他人的理想。另一个方法就是赋予愿景活力，使其鲜活起来。为了赢得大家的支持，你必须帮助人们认识并切实感受到自己的利益和愿望是如何与组织的愿景紧密相连的。你必须描绘一幅引人入胜的未来图景，它能让人们感受到一幅激动人心和令人鼓舞的未来美好生活和工作的画面。这是激发人们全力以赴献身于组织愿景的唯一良方。

许多人并不认为自己能鼓舞他人，而且在大多数组织中，确实很少有学生因这样的表现而得到鼓励。我们的研究显示，尽管人们知道清晰的、令人鼓舞的愿景的巨大力量，但与典范领导者的其他四种习惯行为相比，人们还是不太善于描绘共同的愿景。因为描绘未来愿景需要袒露领导者的内心情感，人们往往会感到困难，低估自己满怀激情地进行有效沟通的能力。

人们对自己"无法鼓舞他人"的认知，与他们在谈论个人最佳领导经历、理想未来，甚至是刚刚度过的假期、刚刚赢得或目睹的精彩体育赛事时的表现形成鲜明对比。当人们讲述非凡成就或重大成功时，几乎总是情感充沛。在谈及对美好未来的强烈渴望时，情感表达往往也会自然而然地流露出来。当他们对某件事充满热情时，就会表露自己的情感。

大多数人把鼓舞人心的行为神秘化。他们似乎认为它是超自然的，是一种天赋或魔力——通常被称为魅力。这种误解比缺乏鼓舞人心这一天赋对人们的制约更大。共启愿景并不需要你成为一个具有超凡魅力的人，它需要的是你要相信愿景能够实现并且提高自己传播信念的技能，你要用你的激情给愿景注入活力。你如果要去领导他人，就必须认识到你内心的热情和外在的表现是你获得他人认可的最佳助手。你不要低估自己的才能。

当艾玛希望队友们通过定义共同价值观来凝聚团队时，她需要让队友们像她一样认真对待这件事情，而不是在会议前匆匆花五分钟填写自己的价值观。艾玛说："我不只是把价值观清单发下去，让大家选择排序。我希望我们通过参与定义每个价值观来建立团队共同价值观，我们需要找到团队为何而战。"她充分发挥自己对垒球的热爱和定义价值观的热情，帮助球队在本赛季取得成功，并让队友们更加热爱这项运动。艾玛说："我喜欢打垒球，喜欢和队员们一起去打比赛，团队协作、共同成长、建立长期的友谊！我对垒球的热情和澄清价值观的练习有助于团队成员积极地参与和接受它。"

重要的不是艾玛说了什么，而是她如何用行动来激发队友的参与。艾玛在发言时，总是与队友进行眼神交流，并认真倾听他人的发言，积极回应队友提出的问题。艾玛说："我努力成为最好的倾听者，如果一个害羞的队员看到领导者真的在关注他、对他说的话感兴趣，那么他可能会更主动地发言和参与。"

当我们第一次介绍自己的价值观时，我说尊重是我最珍视的东西之一。我敞开心扉，向队友展示我的脆弱。我想让他们知道我信任他们，他们也可以和我一起展示自己的脆弱，信任我。我认为是彼此信任让我们走到了一起，让我们更加了解彼此，也让我们知道如何相互沟通。

❏ 使用象征性语言

领导者深知象征性语言在传达共同身份认同和赋予愿景生命力方面的力量。他们运用隐喻和类比，提供实例、讲述故事和轶事，勾勒生动画面、引用名言并背诵口号。他们让团队能够想象各种可能性——去聆听、感知并认识这些可能性。

仅以一种象征性语言——隐喻为例。隐喻无处不在——有艺术隐喻、游戏和体育隐喻、战争隐喻、科幻隐喻、机械隐喻以及宗教或精神层面的隐喻。它们影响着人们思考的内容与方式、想象和创造的事物、饮食偏好、消费与购买行为，甚至影响着人们为谁投票以及支持谁。运用这些修辞手法，能极大地提升你让他人参与到未来的共同愿景中的能力。例如，仅仅通过给一项任务或一个团队取一个能唤起其隐含行为的名字，你就能影响人们的行为。

请注意，如前所述，联谊会使用兄弟姐妹之类的词互相称呼，而不仅仅是团队成员，以唤起彼此之间紧密联系的概念，就像家庭成员一样。如果你想让人们像社区成员那样行事，那么，你就要使用能唤起社区感的语言。例如，"友邻"、"邻里"和"居民"等词。如果你想让他们像蜘蛛侠一样"坚持"做事，为大家的利益而努力，那么就要使用能唤起这些印象的语言。

罗伯特·奎尔斯（Robert Quiles）在大四那年受聘担任一个大型宿舍楼的住校辅导员。他知道，一年级学生入学的那个周末的准备工作是最重要的。为了让同事们都能投入艰巨的入住准备工作中，罗伯特描述了这样一个愿景："对于同学们来说，宿舍不仅仅是一个睡觉的房间，还是一个安全环境，也是在欢迎他们成为新社区的一员。"同事们现在面临的挑战是，不仅要让同学们顺利入住"宿舍"，还要把这个过程做成一个欢迎仪式。宿舍工作人员受到启发，不再简单地按照标准流程办理入住，而是将这个过程变成一个盛大的、个性化的入住仪式。他们使用"欢迎回家"这句标语来欢迎每一位同学的入住，表明工作人员是如何高度重视他们的生活体验的。工作人员除称宿舍楼为"家"之外，还使用了"社区"等富有归属感的语言。

❑ 描绘未来的美好图景

愿景是人们脑海中的一幅画——能给人深刻印象。当领导者使用具体的方式向他人描绘这幅图景时，愿景就变得真实起来。就像建筑师绘制建筑图纸和工程师建造模型一样，领导者要想方设法地传达对未来的集体希望。

领导者在谈到未来时，总会使用远见、专注、预测、未来情境、看法和视角等术语。这些术语都有一个共同点，就是可视化。愿景这个词来源于"看见"（to see）。因此，愿景陈述不是文字表达，而是一幅文字描绘的图景——图景超越了文字。对于人们来说，一个共同的愿景就必须能够被看见。

在我们的领导力课堂和研讨会上，我们经常用简单的练习来说明想象图景的神奇力量。我们让人们回答，当他们听到"法国巴黎"这个词时，首先想到的是什么。人们的回答通常是埃菲尔铁塔、卢浮宫、凯旋门、塞纳河、巴黎圣母院、美食、红酒和浪漫，所有这些都有真实的地点和现场的图景。没有人会去想法国的国土面积是多少平方公里、人口是多少，或者巴黎的国民生产总值是多少？为什么呢？因为我们回忆的大多数重要的地点或者事件都和我们的感官——视觉、听觉、味觉、嗅觉、触觉和情感有关。

对领导者来说，要吸引他人并激发共同的愿景，你必须利用创造图像的自发的心理过程。当你谈论未来的时候，你要用语言创造出图景，让他人在脑海中形成一个图景，想象在到达终点的时候看见的图景。虽然有些人的想象力可能比其他人更具创造性，但每个人都能让他人看到他们从未去过的地方。当你谈到从未去过的地方时，你必须能够想象出它们的样子。你必须描绘出各种可能性，让它们变得栩栩如生。

大卫·穆伦堡（David Mullenburg）就是这样做的，他招募了高三年级的所有同学参加一次通宵背包旅行。当我们问及他是如何让大家报名参加的时，大卫回答说："我讲述了我过去参加过的露营故事有多棒，并描绘了一幅我们都会玩得很开心的美好图景。"学校的划船队通常就是这样说服人们参加的："请想象一下，早上在太阳升起之前，你比其他人都早起，来到湖边，和朋友们一起划船而下，那是多么美好的事情。如果你觉得这很有趣、很刺激、很有意义，那么，你就是划船队的最佳人选！"

让人们看见未来的共同愿景并不需要某种特殊的力量，每个人都拥有这种能力。你可以每次度假旅行回来之后都向朋友分享自己拍摄的照片，如果你对自己的语言表达能力不够自信，可以试验做这样的练习：与几位亲密的朋友坐在一起，告诉他们你最享受的一次度假旅行，描述你看见的风景和交流过的人，你在旅行中所看到和听到的趣闻，你吃过的食物的香味和口感。向朋友们展示你拍摄的照片和视频，观察他们的反应和自己的反应，你会有什么样的感受呢？我们曾多次重复做这样的练习，人们总是说他们感到充满激情和能量。那些第一次听说这个旅游景点的人常常会说："听你说完之后，我真想有一天亲自去一趟。"

❏ 积极主动地沟通

领导者想要培养团队精神、乐观主义精神、适应能力，增强信念和自信心，就必须关注积极的一面。你必须让希望变得鲜活，增强人们创造美好未来的信念和努力。如图 4.1 所示，绝大多数学生都表示，他们感觉自己的工作效率很高，与他们感受到领导者"在谈论可能实现的目标时总是保持积极乐观的态度"的频率成正比。几乎所有的学生——十分之九以上，在与经常或总是对未来持乐观和积极态度的领导者共事时，都感到工作效率很高。

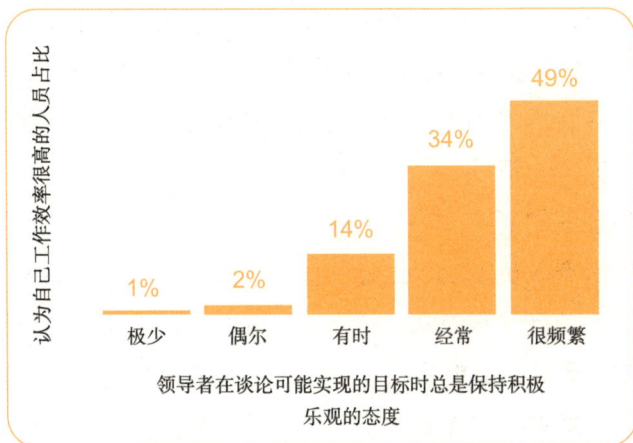

图 4.1　当领导者积极乐观地谈论可能实现的目标时，他们的工作效率最高

阿丽莎·贾尔迪尼（Alyssa Giagliani）曾是大学田径越野队的队员，她还记得在第一个赛季结束时与队友们的谈话。她们赢得了新生组的冠军，阿丽莎问队友们对未来有何展望，但她们认为自己在跑步方面没有前途，这次赢得冠军只是侥幸。

她的队友们也反问了阿丽莎同样的问题，而她告诉队友们："我看到了巨大的潜力，我们有可能成为学校历史上第一支进入锦标赛、赢得联赛冠军和分区冠军的女子越野队。"阿丽莎告诉我们，她的队友们从未想过这些愿望。"我可以看见她们被这个想法打动，她们愿意为实现这个崇高的目标去努力奋斗。"

　　转眼到了大四。阿丽莎因车祸躺在医院的病床上。她的队友告诉她，没有她，她们没有心思完成这个赛季的比赛。阿丽莎大吃一惊，坚定地告诉队友们她对她们放弃比赛的看法。她说，如果她们能完成这个赛季，她会在冠军赛那天和她们一起走上起跑线。她告诉我们："我的坚定立场让队友们意识到，我对越野队完成我们的目标充满热情。"团队因此没有放弃。最终，阿丽莎和队友们一起站在了决赛的起跑线上，成为学校历史上第一支晋级冠军赛并赢得重大赛事冠军的女子越野队。

　　人们在寻找像阿丽莎这样的领导者，他们希望追随那些热情洋溢的、真正信任他人的人，他们希望领导者能相信他们的能力、增强他们的愿望、赋予努力奋斗意义、提供达成目标的资源，以及激励大家对未来积极乐观。他们希望领导者在面临困难和挫折时仍然充满激情、百折不挠。在充满不确定性的当今时代，领导者必须积极、自信、敢作敢为。只有不断取得进步，才会让怀疑者闭嘴。

　　神经网络研究人员发现，当领导者威胁和贬低人们时，大脑中一个记录身体疼痛的区域就会被激活。此外，与鼓励的话相比，负面评价让人们的记忆更深刻、更具体、更强烈。当负面评价成为一种困扰时，当事人的大脑的思维活跃度就会逐渐丧失。因此，领导者更应该积极乐观。积极的生活态度会拓宽人们对未来可能性的憧憬，而这些令人兴奋的选择又会相互促进。

❑ 表达你的情感

　　在解释为何某些领导者具有强大吸引力时，人们常常将他们描述为富有魅力。然而，"魅力"这个词已被过度使用和滥用，几乎无法作为对领导者的有效描述。富有魅力既不是一种神奇的特质，也并非源自精神层面。与"鼓舞人心"一样，它主要关乎人们的行为表现。

　　许多社会科学家并未将魅力定义为一种个性特征，而是去探究那些被认为富有魅力的人实际上是如何行动的。他们发现，那些被视为有魅力的人，只是比其他人更加充满活力。他们笑容更多，语速更快，吐字更为清晰，头部和身体的动作也更为频繁。"精力充沛"和"善于表达"也是对魅力的关键描述。用"热情具有感染力"来描述领导者无疑是正确的。

对于领导者而言，传达情感还有另一个好处：情感能让事物更令人难忘。在言语和行为中融入情感，会增加人们记住你的话的可能性。研究表明，"情感意义重大的事件会形成更强烈、更持久的记忆"。毫无疑问，当对你而言情感意义重大的事情发生时，你一定记忆深刻。

这些事件不一定是自己的亲身经历，仅仅是故事也能令人难忘。例如，研究人员给两组实验对象展示了 12 张幻灯片。每张幻灯片都配有一句叙述故事的话。对于研究中的其中一组，叙述相当枯燥，而对另一组，叙述则感人至深。实验对象在观看幻灯片时并不知道之后会接受测试，但两周后，他们回来参加测试，考查对每张幻灯片细节的记忆程度。尽管两组实验对象对开头和结尾几张幻灯片的记忆情况没有差异，但在对中间幻灯片的回忆上却有显著差别。那些聆听生动讲解的被测试者比另一组测试者更加清楚地记得这些幻灯片的细节。

此外，给人们展示一个具体的例子，比向他们讲述一个抽象的原则更有效，抽象原则会让他们感觉置身事外。例如，研究发现，讲述一个来自马里的七岁饥饿女孩的故事促使人们捐赠的金额，是"马拉维的粮食短缺正影响着赞比亚 300 多万名儿童"这一信息促使人们捐赠金额的两倍多。

电子技术广泛而迅速应用，对人们传递信息产生了重要影响。越来越多的人喜欢通过数字设备和社交媒体获得信息与相互联络——从播客到网络播放，从社交网络到视频分享。因为人们容易记住有强烈情感的东西，所以社交媒体比电子邮件、备忘录和幻灯片更具有吸引人们参与的潜力。你仅仅写出一个好的剧本远远不够，你还必须表演得精彩，才会使人们难以忘怀。

无论是一个故事、一个例子还是一个词，如果你能把关键信息与能引发情感反应的东西联系在一起，你就更有可能让人们记住这些关键信息。

人们天生就会对让他们感到兴奋或害怕的东西给予更多关注。请记住，让你的信息深入人心的不仅仅是内容，还有你对人们情感的激发。人们必须有所感触才能改变。思考不足以让人行动起来。领导者的工作是让人们有改变的动力，而表达情感能够帮助他们做到这一点。

❑ 真诚地表达

如果你自己都不相信自己所说的话，那么这些关于更善于表达的建议就毫无价值。如果愿景是别人的，而你并不认同，那你很难让其他人参与其中。如果你自己都难以想象按照愿景中所描述的未来生活，那你肯定无法说服别人为实现这个愿景而努力。如果你自己都对各种可能性提不起兴致，就别指望别人会感兴趣。要让他人参与共同愿景，真诚是先决条件。

贝利·汉姆（Bailey Hamm）在成为学校一个女生联谊会分会负责公共关系的副会长时，立志要提升分会的形象。她重点是通过自己的言行，向年轻的成员们表明她致力于服务分会的真诚愿望。她特别强调要与年轻的成员分享自己的个人经历，并解释为什么她相信分会能够成就大事，变得更强大。她觉得女生联谊会为自己带来了很多，而且有潜力为成员们的生活带来有意义的改变。她还说明，她认为每个人找到为团体做贡献的方式是多么重要。

她告诉我们："我想向成员们表明，我所做的选择忠实于我的身份以及我们分会所代表的意义。"贝利以自己的亲身经历真诚而积极地讲述了分会成员如何克服困难、有所作为。贝利告诉大家，只要坚持努力，成功终将到来。她通过与成员们分享自己的故事和见解，找到了如何与多样化背景的人交谈的答案：

> 我通过描绘我们是谁，以及我们能做什么的积极画面，让我能够坚定地向分会以外的人讲述我们的主张和我们能取得的成就，这激发了大家的热情。

最值得信任的是像贝利这样充满激情的人，他们有着强烈的热情。没有人比那些对理想充满信心的人更坚定。人们愿意追随那些对未来充满乐观和信心的人。你可以成为这样的人！你只有做到这些，才能让人们心甘情愿地跟随你，去到他们从未去过的地方。

思考与行动：感召他人

领导者描绘共同的愿景。他们把人们和共同愿景中最有意义的部分联系起来。他们激励身边的人，将其动机和表现提升到更高水平，并不断强化他们能够改变世界的信念。典范学生领导者善于阐述他们所领导的团体、项目或事业的独特之处，让其他人因能参与非凡之事而感到自豪。典范领导者不仅自己认为共同愿景很重要，而且让所有人都认识到它很重要。

为了使愿景能够长期持续，它必须引人入胜且令人难忘。你必须赋予愿景生命力，使其生动起来，以便其他人能够体验在理想且独特的未来中生活和工作会是怎样的。你要运用多种表达方式，将抽象的愿景具体化。领导者通过巧妙运用隐喻、象征、文字描绘、积极的语言以及个人活力，为共同愿景激发热情与兴奋感。

最重要的是，领导者必须坚信共同愿景的价值观，并与他人分享真实信念。你必须相信你自己所说的话。如果你对自己正在做的事情或你希望团队做的事情缺乏真正的信心，你怎么能指望他人相信你们的事业或任务能成功呢？真实是关键，因为只有当人们感受到愿景是真实的，他们才会心甘情愿地追随。

❑ 思考

共启愿景的第二项承诺是"描绘共同愿景，感召他人为共同愿望去奋斗"。关于典范领导力,你从本章中学到的最重要的观点或经验是什么?

_____

_____

_____

_____

以下是你可以采取的一些行动,以兑现你对感召他人的承诺:

- 与团队成员一起明确团队的独特之处,以及与众不同的自豪点。
- 向他人说明为何他们应该坚持,因为即便可能需要短期的牺牲,但投身共同愿景符合他们的长远利益。
- 将团队成员的想法融入团体愿景,以此表明你在倾听他们的心声。
- 创造并分享能够代表你们共同渴望成为的理想形象的隐喻、象征、实例、故事、图片和话语。
- 在讨论组织的未来时,保持积极、乐观且充满活力。
- 善于表达,运用手势,变换语调,自信发言,并且不要害怕流露情感。
- 接纳他人的情绪,认可他人情绪的重要性。避免陷入让人气馁和失去信心的情绪之中。

❏ 行动

在你对所学内容、自己有待改进之处,以及上述建议进行反思之后,在此写下你的计划,至少采取一项行动来帮助自己成为更优秀的领导者:

_____

_____

_____

_____

习惯行为 3
挑战现状

挑战是成就卓越的熔炉。卓越的领导者主动寻找并接受具有挑战性的机遇，积极采取行动，促成有意义的事情发生。他们处处寻觅新想法。他们将逆境转化为优势，将挫折转化为成功。他们凭借大胆的想法去冒险，坦然接受不可避免的失败并从中成长。他们把错误视为学习的机会。

在接下来的两章中，我们将探讨作为一名学生领导者需要做到：

➤ 通过积极主动和从外部获取创新的方法来寻找改进的机会。

➤ 进行尝试和冒险，不断取得小小胜利，从经历中学习。

承诺 5

寻找机会

　　挑战现状为通往非凡之路打开了大门。领导者深知，若只是周而复始地重复相同的事，就无法抵达不同的彼岸。要摆脱常规与困境，需将每一个项目、任务或工作都视作一次冒险。许多有着个人最佳领导经历的学生展现出抬起头、环顾四周，并愿意投入时间和精力去探寻其他可能性的精神。

　　有时，挑战会主动找上领导者；有时，则是领导者主动寻找挑战；多数情况下，二者兼而有之。他们放眼外部，对外部环境变化保持敏锐，并说服他人认真对待所面临的挑战与机遇。他们充当变革的催化剂，对现行的行事方式发起挑战。这远不只是简单地抱怨现状，而是积极主动地寻找可能带来更好做事方法的选项。

　　个人最佳领导经历中所表现出的挑战现状，不是挑起对立或引发不满，而是为了实现某个目标而做出改变，去做前人未做之事，去探索未知之地。领导变革是领导者的职责。在当今世界，因循守旧的思维方式已无法被接受，卓越的领导者明白，他们必须改变当前的做事方式。仅靠良好的意愿，无法实现超越预期的成果。人员、流程、系统和战略都需要改变。此外，所有变革都要求领导者积极寻求改进之法——成长、创新、提升并学习。

典范学生领导者要秉持"寻找机会"的信念。他们确保自己做好这两件关键之事：

- 积极主动。
- 观察外界。

有时，领导者会打破常规。另外，他们会驾驭周围的不确定性。无论如何，领导者总能促成非凡之事。他们积极主动地观察外界，从熟悉的经验范畴之外寻求创新理念。

积极主动

学生领导者回忆起他们最佳的领导经历时，总是会想到那些充满挑战、动荡和逆境的时刻。为什么会这样呢？这是因为面对个人和组织的困难，人们会被迫直面"他们是谁，以及他们有能力成为什么样的人"这类问题。逆境和创新会让人们重新评估自己的价值观、愿望、抱负、能力和才干。他们需要创造性地应对崭新或困难的情况。在这些时刻，逆境往往还能激发出人们最优秀的一面。

应对新的挑战总是需要采用与过去不同的方式。你不能用老一套的方法来应对。你必须改变现状，而这正是学生领导者在他们个人最佳领导经历中所做的。他们通过变革来迎接挑战。

我们没有要求学生具体告诉我们有关改变的事情。他们可以回顾任何个人最佳领导经历，然而他们都选择讨论他们为了应对所面临的挑战而做出的改变。他们都在选择谈论改变的时刻说明了一个事实，即领导力要求改变现状。挑战与改变之间存在明确的联系，同样，挑战与成为典范领导者之间也有着明确的联系。

领导力是一种引导人们渡过逆境、应对不确定性和其他重大挑战的能力，它使人们能够在极为不利的情况下取得胜利，在存在惰性时主动出击，敢于挑战既定秩序，并在面临强大阻力时动员个人和机构采取行动。在局势稳定、人们安于现状的时期，领导者会积极努力地打破现状，唤醒他人去发现新的可能性。领导力、挑战以及把握主动权是紧密相连的。平淡无奇的情况和常规的解决方案与卓越出众的表现毫无关联。

❑ 主动作为

亚历克·勒布（Alec Loeb）大一的时候加入了他所在的社团。从一开始，他的目标就是在某个时候担任领导职务，于是他从接受慈善活动主席这一角色开始踏上了这条路。"我在一个把回馈社区当作一种生活方式的家庭中长大，"亚历克告诉我们，"所以我很适合这个职位。当我接受这份工作时，我知道有一位即将卸任的主席可以帮我找到方向。但后来他得到了一个意外的机会，可以去国外学习一个学期，我们根本没机会交流任何事情。我只能靠自己把一切弄清楚。"

社团有几项传统活动，亚历克知道大家期望他继续举办这些活动。首先就是一年一度的慈善牡蛎烧烤会。亚历克了解到，在过去几年里，他们从这个活动中筹集到的资金最多是 2 000 美元。他心想："我知道我们可以做得比这更好。"

　　我开始和同伴们探讨是什么吸引学生来参加这样的活动，并且询问他们是如何宣传的。得到的答案相当模糊，而且缺乏新意，比如"我们张贴传单，我们靠口口相传，我们让朋友帮忙宣传"之类的建议。我决定尝试一些新方法。为什么不去看看当地的一些酒吧和餐馆是否愿意为我们代售门票，或者至少捐赠一些食物呢？要是我们能让几位前成员，甚至是知名的大学校友为这个慈善事业捐款，那会怎样呢？不试试怎么知道行不行，对吧？

这些办法奏效了，结果，这次牡蛎烧烤会筹集到的资金几乎是前一年的 3 倍。这次经历让亚历克学到了重要的一课："如果你能想出改进的办法，就应该付诸实践。"

如果你要领导他人，就不能仅仅是按部就班地完成任务、项目。这是所有有志成为领导者的人都需要学习的一课，即使你正走在正确的道路上，但如果你只是墨守成规，也很可能会被淘汰。为了尽可能地做好领导工作，你必须主动出击，改变现状。

成为典范领导者就是要做超出职责范围的工作，并且能看到别人看不到的机会。例如，一些标准的做法、政策和程序对提高效率和保证质量至关重要。然而，这只能解决传统的问题。以亚历克为例，他当选"慈善活动主席"这一职位本身就带来了一定的期望。有些活动每年都会举办，大家也认为应该继续办下去，但关键在于，重要的并非某个特定的活动，重点是要为公益事业筹集尽可能多的资金。牢记这一目标让亚历克得以尝试新的方法。他还告诉我们，前任主席无法跟他做工作交接，反倒对他有利，让他能够放开思路，并且有勇气尝试新的方法。

在策划活动的过程中，没有人时刻监督着我的工作，也没有人会说："我之前是这样做的，你为什么要改变呢？"社团只是设定了一个期待目标，然后让我去策划一个活动，实现这个活动的责任在我。一旦我开始思考该如何去做，并和别人谈论这些想法时，我们就对各种可能性感到兴奋不已，还尝试了一些新的做法。

新工作和新任务是提出深入探究性问题以及对做事方式提出质疑的绝佳机会。在这些时候，人们期望你去问："我们为什么要做这件事，为什么要做那件事？"然而，不要只是在刚接触新工作或新任务时才问这个问题。要把提问融入你的领导风格中，成为你的习惯。提出能检验人们固有想法的问题，激发不同的思维方式，并开辟可供探索的新途径。提问是你不断发现必要改进之处、促进创新的方式。把今天当作你的第一天，问问自己："如果我刚刚开始承担这项职责，我们做事的方式哪些是合理的，哪些是可以换一种方式去做的？"如果你不明白事情为什么要以现在的方式去做，那就提出问题，以确定某个旧惯例是应该保留还是应该换种方式来执行。然后采取行动。这就是你不断发现必要改进之处的方法。

此外，不要仅满足于你自己能够发现的问题。要向身边的人询问，了解是什么阻碍了他们发挥出最佳水平。承诺会关注他们的问题并做出回应，然后与他们一起探讨更多可能性。不断寻找那些看起来不对劲或可以改进的地方。提出问题，然后跟进并进一步讨论。

领导者希望有所作为，却常常因"如果没坏，就别修它"这种心态而感到沮丧。当他们质疑现状、提出创新想法、落实所建议的变革、获取反馈、认识错误并从失败中吸取教训时，他们就会赢得周围人的尊重。领导者不会在采取行动之前等待获得许可或具体指示。他们会留意哪些方面行不通，为问题想出解决方案，获得相关人员的支持，然后实现预期的结果。研究表明，那些主动性强的人被他们的同龄人认为是更好的领导者，并且会更积极地参与他们领导的有创新性的课外活动和社会活动。主动始终比被动或无所作为能产生更好的结果。

正如亚历克的经历所表明的，你还需要给团队中的每一个人机会，让他们去探寻更好的做事方式，并允许他们挺身而出、主动作为。数据显示，当学生们认同他们的领导者"寻找让团队成员能够尝试新想法和新方法的途径"时，他们会更积极地参与到所在组织中（感到自豪、富有成效、被重视且充满力量）。如图 5.1 所示，90%的学生表示，当他们的领导者经常或很频繁地为他们找到创新机会时，他们会积极参与。换一种方式分析，在参与度排名处于最后四分之一的学生中，只有 10% 的人表示他们的领导者很频繁地践行这项行为，而在倒数第二个四分之一的学生中这一比例为 16%，在倒数第三个四分之一的学生中为 32%，而在排名前四分之一的学生中，超过一半（51%）的人表示他们的领导者很频繁地践行这项行为。当每个人都能主动带来改变时，他们的表现都会更出色。

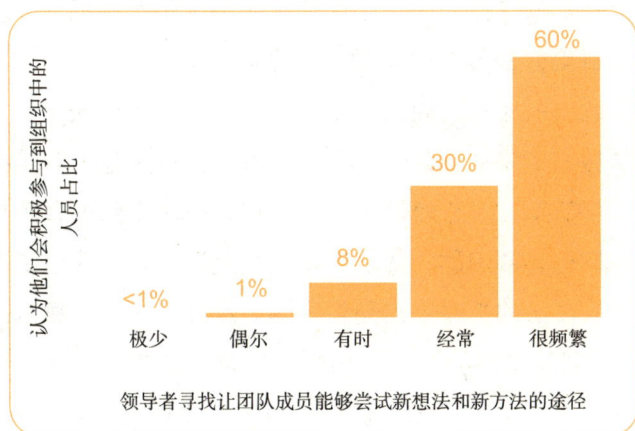

图 5.1　人们的参与度与能够进行试验和承担风险直接相关

❑ 鼓励他人积极主动

变革需要领导力，需要团队中的每一个人，都能够想出有创意的点子并提出改进建议。凯莉（Kelly Estes）的经历就是一个很好的例子。在一家律所做暑期实习生的第一天，她和同事们参加了一场入职培训会议。很多人对被分配的工作感到失望，这些工作大多是进行数据录入和简单的办公室任务。他们的反应是："这太糟糕了！""这个夏天肯定会很漫长难熬。""我们现在都应该辞职去度假。"凯莉决心不与那些唱反调的人同流合污，而且正如她告诉我们的那样："我立刻就决定，我不想浪费这个夏天，因为即使在最糟糕的情况下，也总会有机会展现自己的才华。"

凯莉在办公室里四处走动，尽可能地向遇到的每个人介绍自己。她还格外用心地去结识了律所里的所有员工。凯莉开始了她的工作，为不同的律师和秘书整理相关数据，但当发现有些事情不对劲时，她就会提出问题。人们开始注意到她的积极主动，并且很高兴团队中有这样一个人——愿意努力解决问题，而不是对问题视而不见，任由这些问题日后演变成更大的麻烦。

几周后，其他实习生发现凯莉与律所里的许多人都建立了良好的关系，便开始问她都做了些什么。她解释说，她会不懂就问，并就各部门如何能把工作做得更好提出自己的想法。尽管凯莉承认，她的直属上司对于她主动深入了解律所业务的做法并不是特别高兴，但她表示自己不会因此而动摇把工作做好的决心。此外，她发现律所里的其他人对她的努力非常赞赏。很快，许多实习生开始效仿她，合伙人也注意到很多工作完成得更加高效了，并且有些部门的"现状"发生很大改变。那些以凯莉为榜样的实习生们开始从自己的工作中感受到乐趣，度过了一段很棒的暑期实习时光。他们不仅受到了凯莉的积极主动的态度以及她尝试不同方法的干劲的影响，而且作为一个学生群体，也对律所的工作作风产生了积极的影响。

像凯莉这样的领导者会主动出击，并且鼓励他人也积极主动。他们希望人们能大胆表达自己的想法，提出改进建议，坦率地说出自己的观点和反馈意见。然而，当面临高度不确定、高风险和高挑战的情况时，许多人会犹豫是否要采取行动，担心自己可能会把事情弄得更糟。

你可以通过多种方式创造条件，让他人无论是在顺境还是逆境中，都做好准备并愿意有所作为。你要通过为人们寻找机会，让他们逐步地获得技能，从而培养一种积极进取的态度。你要帮助他人学习并一起探讨问题。利用你们共处的时间来提升人们的能力和信心，让他们觉得自己有能力应对所面临的情况。人们很容易说："我没时间教别人怎么做这件事！我自己做会更省事。"甚至会说："如果我想把事情做好，还是得自己来。"但这种短视的想法日后会引发问题。优秀的领导者明白，现在花时间帮助他人学习，从长远来看能够增强团队的实力。如果人们没有获得完成工作所需的知识、技能或工具，他们就无法高效地工作。

此外，你还要想办法让人们挑战自我。给人们一个提升、学习和成长的机会，但要一步一个脚印，以他们觉得自己能够成功的节奏来进行。如果操之过急，他们会失败。如果他们经常失败，就会放弃尝试。要稳步且逐渐地增加挑战，随着人们表现得越来越好并建立起自信，他们会不断提高标准，使之与自己的技能、能力和信心相匹配。领导者通过提供接触榜样的机会来鼓励人们积极主动，尤其是当榜样是成功应对新挑战的同龄人时。看到别人在新事物上取得成功，可以成为鼓励人们尝试新行为方式的有效途径，但榜样需要以积极和鼓励的方式呈现，而不是对比贬低。攀比会让人立刻关闭主动性，而一旦关闭后想要重启就太难了。

❑ 带着目标去挑战

采取不同的方式做事并不一定能保证事情会做得更好，所以领导者们意识到，他们必须带着明确的目标来推进变革。当莉兹（Lizzie Shaw）竞选她所在大学的学生会主席时，她立刻就意识到了一件事情——她所在学校的竞选流程需要改变。学校的学生会竞选流程在整个地区都遭到诟病——学生以成百人的大规模竞选团队参选，竞选过程拖沓数月之久，而且没有竞选开支限制，这对许多学生来说构成了巨大的参与障碍。但学校里的很多人都把这个竞选流程视为一种成长的必经阶段，或者说是一种传统，认为正是这种传统让他们的学校与众不同。莉兹说："这听起来很有趣，看起来也很有趣，但作为一名候选人，这一点儿都不好玩。"

莉兹也知道，竞选流程带来的糟糕体验还不止于此，它掩盖了学生会本可以开展的有益工作。她说，学生会在其他学生眼中唯一引人注目的时候，就是他们在拉票的时候。

当选后，莉兹将提交对选举章程的修订案作为自己的使命，以确保未来的竞选活动能更好地顾及学生的心理健康，并且能更好地为全体学生服务。莉兹向一同当选学生会职务的同学们表明了自己的意图，并询问他们对于选举章程中哪些地方需要修改的反馈和想法。在她所在地区的一次学生会会议上，莉兹询问了其他学生会主席他们各自学校在开展竞选活动方面的制度规定，结果发现，整个地区的其他学校，其竞选开支都比她所在的学校要低。

莉兹将选举章程的修订提案提交给学校的评议会审议，她强调这些修改旨在让竞选过程更加公平、更有趣味，而不只是为了摒弃传统。评议会批准了她的修订方案，将竞选开支上限降低了 70%，对竞选活动的时长进行了限制，并增加了对违反规定学生的纪律处分措施。

莉兹表示，她已经看到这些改变带来了积极的进展。"（下一个选举周期时，）情况会有所好转。我不希望人们在竞选结束后彼此仇视，"她说，"我们大规模的竞选活动曾让校园里的人觉得我们非常惹人厌，而且自私自利，但这根本不是我们开展工作的意义所在。"

领导者不会为了挑战而挑战，不会为了改变而改变。那些只是批评新思想和新观点，或者指出他人贡献中存在的问题却不提供替代方案的学生，并没有展现出领导力。他们不过是在抱怨而已。领导者发起挑战时往往满怀激情，因为他们希望人们有目标、有意义地生活。当人们处于艰难可怕的时刻——觉得自己甚至早上都无法起床，或者无法再迈出一步时——支撑他们的是一种意义感和目标感。应对生活和工作中的挑战与不确定性的动力来自内心，而不是来自他人在你面前展示的奖品。领导者提出挑战是为了解决问题和改善现状，而不是为了抱怨。

我们的研究以及其他许多人的研究结果都表明，如果人们想要做到最好，就必须有内驱力。比起外在的激励，内在激励更有可能产生非凡的成果。回想一下珍·马什（Jen Marsh）的教学经历："我不可能让这些二、三年级的学生因为我希望他们阅读而去阅读。相反，我必须帮助他们产生自己想要去完成阅读这件事的愿望。我得让孩子们对阅读充满热情，并向他们展示这一成就对他们今后的人生会有多么重要。"领导者能让人们超越具体的任务或项目，看到其背后的意义，并专注于这些任务和项目所实现的价值。追求卓越，关键不在于"奖励什么就做什么"，而在于"什么有价值就做什么"。领导者明白，他们必须找到能激发人们内驱力的因素。如果他们希望别人去做困难或新奇的事情，就必须触动对方的内心和思想。

观察外界

在一次游览加利福尼亚州北部崎岖海岸的过程中，我们偶然发现了一本小册子，上面在描述太平洋沿岸某段海岸线时给出了这样的警告："永远不要背对大海。"你不能转身看向内陆去欣赏小镇的风景，因为可能会突然出现一股凶猛的海浪，把你卷入大海。许多毫无防备的游客都已经亲身体验过了这一点。这条警告对旅行者和领导者来说都有着很好的借鉴意义：当你将目光从外部现实移开，转而关注内部，欣赏自己团队或组织的优势时，变化的汹涌浪潮可能会将你席卷而去。创新也是如此：你必须不断审视外部现实。创新需要运用"观察力"。"观察力"（对外部力量的察觉和理解）与"洞察力"（领悟事物内在本质的能力）是相辅相成的，它源自保持开放的心态。这是因为，正如研究人员所记录的那样，创新可能来自任何地方。

在高中的最后一年，洛根·霍尔（Logan Hall）当选为所在州 4-H 理事会（4-H 是一个由美国农业部和州立大学合作管理的青少年发展组织，旨在通过实践性学习和活动，培养青少年的领导力、技能和品格。——译者注）领导团队的成员。该理事会的职责是推进 4-H 组织的宗旨和愿景，并在全州 67 个县推广这一宗旨和愿景。他们还需为地方理事会及其工作人员提供各种基于研究的领导力培训项目和课程。洛根知道，他所在的理事会需要在确定并满足全州学生的需求方面得到帮助。不过，洛根和他的团队并没有急于行动，而是先观察其他理事会是如何处理类似问题的，避免可能出现的做无用功的情况。例如，他们联系了邻近州的理事会，研究了这些理事会制定的课程和领导力培训内容。他们找出了这些理事会曾邀请过的演讲者，并探讨了哪些内容可以加以调整，应用于自己所在的州。他们找到了运用所收集到的许多想法的方法，洛根说："在这个过程中，我们开始理解他们的愿景，理解这些愿景与我们的愿景之间的联系，以及我们如何能够开展合作。我们所要做的就是开口询问。"

根据我们的研究，当学生表示他们的领导者"会寻找创新的方法来改进我们的工作"（就像洛根和他的 4-H 组织的同伴领导者们所做的那样）时，与那些认为自己的领导者受限于当前和过去决策的学生相比，他们对自己所在的组织会感到更加自豪。正如洛根的经历所表明的，只有保持对外部的想法和信息的开放，才能让你对周围发生的事情有所了解。只有向内的洞察力而没有向外的观察力，就如同戴着眼罩看东西一样，你无法获得完整的认知。

❑ 跳出自身经验去观察

有关大脑如何处理信息的研究表明，你必须用大脑从未接触过的事物对其进行"狂轰滥炸"，这样才能以不同的、创造性的视角看待事物。这种新奇性至关重要，因为大脑的进化是为了提高效率，它通常会走认知捷径以节省能量。你只有强迫自己摆脱先入为主的观念，才能让大脑重新组织信息。突破习惯性思维模式是产生真正新颖想法的起点。

人类的思维很擅长维护自己一贯的世界观。它也很善于对那些与自身观点相悖的证据进行合理化的解释，从而将其排除在外。突破这种有局限性的视角的一个方法，就是拓展自己的亲身实践经验。考特尼·巴拉格（Courtney Ballagh）在大学本科期间，曾在一家零售店担任助理经理（当时这家店的销售团队没有完成销售业绩），她由此领悟到了外部观察力的重要性。在零售业中，人们和在许多其他组织里一样，常常会坚持采用他们习惯的销售策略，直到被迫改变为止。考特尼建议每位销售人员在自己所在的区域挑选几家店铺，去实地考察，并观察这些店铺是如何销售产品的。当大家都回来并分享了各自获取的信息后，他们就能够跳出常规思维，认识到让别人取得成功的方法对他们自己也同样适用。考特尼解释道：

这些考察学到的新的销售技巧帮助我们的团队摆脱了困境，销售业绩终于得到提升。如果你只和你周围的人交流，而不特意走出去以新的视角来看问题，你就永远不会想出新的创意和方法。创新是具有挑战性和令人兴奋的，需要走出你的舒适区才能看到并产生。

你走出通常的思维模式可以比考特尼更容易，无论何时何地，你都可以为你所在的项目、部门或机构去寻找实现挑战现状的方法，你可以考察甚至直接去体验其他与你类似的团体正在做什么。在亚历克的前任没有为他提供任何关于传统牡蛎烧烤活动的细节就离开了校园时，他就是这么做的。洛根也通过拜访其他州的同行学习了解他们的流程和经验做到了这一点。

凯莉的故事其实也是一个向外观察、跳出自身经验局限的例子。她不受限于本部门指定的职责，积极与律所其他部门人员交流，她在内部做了类似考察其他商店的那些销售人员同样的事情。她抬头环顾周围的环境，从中找到了能真正为律所工作带来改变的机会。

像考特尼、凯莉、亚历克和洛根这样的学生领导者都明白，与日常工作相比，创新需要更多的倾听和频繁的沟通。成功的创新需要付出努力、保持持续的沟通，以及有提出"如果……会怎样？"这类问题的意愿。你必须建立人际关系，拓展人脉，建立联系，并且积极活跃地参与其中。

❏ 倾听并促进不同的观点交流

变革的需求可能来自组织内部或外部。如果组织一切运转良好，或许就没有必要去尝试不同的做事方式了。但事实上，如果人们想要实现他们的抱负，那么即使有些事情尚未出现问题，也必须做出一些改变。标准的操作规范能让事情按部就班地进行，但这些规范往往不能应对动荡、不确定性，或者实现更好结果的要求。

为了有效地挑战现状，你必须乐于接受新想法。你需要认识到，对于某个问题，一个人可能有合理的观点，但来自不同背景的人针对同一个问题能提出各不相同的观点。正如洛根从其他州 4-H 组织吸取经验那样，获取更多的信息，打开视野向外观察，可以帮助你获得更好的答案，并改进过时的体系。成功的领导者需要鼓励所有利益相关者分享信息，无论观点源自何处，都要乐于接受不同的想法，并利用集体的经验和智慧来针对任何挑战提出有效的解决办法。

通常，人们害怕向他人寻求建议和意见的原因之一，是他们认为这样做意味着或者至少暗示了他们无能，他们不知道他们本应该知道的事情。然而，研究表明这种担忧是多余的，人们反而认为寻求建议的人比不寻求建议的人更有能力，尤其是当任务难度较大时，这种看法比任务简单时更为强烈。通过向真正懂行的人提问和寻求建议，可以增强他人对你的能力的认可。同时，这样做还可以让其他人感到被认可。因此，当你遇到一个特别棘手的问题时，不要犹豫，去与那些处理过类似情况的人讨论一下。很有可能，在那之后他们会更看重你。

想要更全面深远地看待现状，就需要多角度思考，接纳新的信息。对此，研究人员提出了三种方法：

- 站在那个让你感到沮丧或恼火的人的角度看问题，思考一下他可能会教给你些什么。
- 听听别人会说什么——倾听是为了学习，而不是改变他们的观点。
- 征求在你的舒适区之外、通常不怎么打交道的人的意见。

提问和寻求他人的建议会促进组织内的知识共享。这种求知欲也增强了人与人之间的关系。这里的关键点是，你需要倾听外界的声音并提出有价值的问题。你永远不知道一个伟大的想法会从哪里来，这就意味着你需要秉持将每一份工作都视为一次冒险的态度。

❏ 把每一次经历都当作一场冒险

领导者要采取主动，并鼓励他人也这样做，积极地在各处寻找好的想法。这并不意味着你必须等到成为所谓的主席、队长之类，才能让事情变得更好或改变当前的环境。当我们询问学生他们的最佳领导经历中讲到的项目是谁发起的时，我们以为大多数人会说是自己。但令人惊讶的是，事实并非如此。有超过一半的最佳领导经历故事中的项目是其他人发起的。我们说领导者要采取主动，但如果他们不是项目发起者，那他们还能被称为领导者吗？这是否与我们所说的领导者是采取主动者相矛盾呢？其实，这么理解是不对的。

实际上，超过一半的个人最佳领导经历中提到的项目，都不是他自己发起的。这也说明，新的想法并不一定来自项目发起人，这对那些认为发起了项目就必须得他们自己想出新主意和自己推动改进的人来说，是一个安慰。这些个人最佳领导经历说明，创造新想法并推动改进是团队中每个人的责任。如果人们只在自己是项目发起人或担任团队领导时，才展现出领导力，那么大多数领导机会将会消失——社会和组织变革也会随之消失。因为在现实中，人们所做的很多事情都是被分配的，很少有人能从零开始做所有事情，个人只是团队或组织的一分子。

领导者并不总是自己找到挑战。挑战也会找到领导者。在校园、组织、社区及人们的生活中总会发生一些事情。是你发现了挑战，还是挑战找上了你，这并不重要。重要的是你做出的选择，你做出了怎样的选择去应对这些挑战。当机会来敲门时，你准备好去开门了吗？你准备好打开门，走出去，去寻找机会了吗？

你需要做一名冒险家、探索者，把每一天都当作你工作的第一天，将每一个新分配到的新任务都视为一次新的机会，并关注如何能不断改进整个团队绩效。下面我们来看看凯尔·哈维（Kyle Harvey）在一个高端打印机经销商处实习期间所经历的领导之旅。他的职责之一是在仓库工作，协助管理公司的库存。

他的工作只是简单地清点库存产品，然后记录在账本上。然而，由于产品标签贴错或者存放杂乱无章，总是会有数百个零件剩余或者下落不明。凯尔开始思考他所学过的其他整理零碎商品和设备的方法。他寻思着，自己在学校里以及从各种工作经历中学到的东西，是否有可能帮助雇主让库存管理流程变得更高效、更准确。

通过缜密的思考，凯尔认为公司需要重新设计一套库存管理系统。凯尔提出根据零件编号以及这些零件最终会装配的产品对零件进行分类编目。凯尔和他的 5 个同事花了一个月时间来建立这个系统，并重新整理了仓库。在这个全新的库存管理方法开始实施后，技术人员就能更快地找到所需的零件，同时也帮助管理层更严格地监管公司的财产。如果凯尔没有把这次实习看作一个运用他在库存管理系统方面的经验来解决相关问题的契机，那么这家公司就会一直沿用老一套的做事方法，而凯尔也会错过一个提升自己领导能力的宝贵机会。

像凯尔这样的学生领导者总是在寻找运用新想法的机会。如果你真心想要尝试新方法，并鼓励他人勇于探索，那就把寻找新想法当作个人的首要任务。鼓励他人开阔眼界，敞开心扉，关注自己所熟知领域之外的世界。从你所在组织内部以及外部的所有人那里收集建议。利用社交媒体从更广泛的领域获取各种想法。

鼓励你的团队在会议中花些时间思考，对于团队定期开展的项目、任务或活动的某些部分，有没有新的执行方式。如果你负责举办年度活动，先别去看往年的笔记和文件，你要把这次活动当作第一次策划一样来对待。如果你知道其他学校或组织的团队也举办类似的活动，就像洛根那样，打电话给他们，请教一下他们是如何举办这些活动的。找出你所在校园里声誉良好的团队，与他们的负责人见面，了解他们的组织方式。弄清楚他们是否遇到过和你类似的挑战或艰难处境。在互联网上搜索与你所在团队正在处理的事情相关的想法和经验。有时候，新想法会源自你偶然遇到的，甚至与你的工作毫无关联的事物。无论身处何地，你都要保持眼观六路、耳听八方。你永远不知道自己会在何时何地遇到下一个绝妙的点子。

思考与行动：寻找机会

能够成就非凡的学生领导者，乐于接受来自任何人、任何地方的想法。他们善于不断审视周围的情况，以寻找新的思路。而且，由于他们积极主动，他们不是被动地顺应变革的浪潮，而是主动掀起让他人追随的浪潮。

你不必去改写历史，但你确实要摒弃"我们一直都是这么做的"的心态。你需要积极主动，不断引出并创造新的行动方案，这不是为了追求标新立异的目标，而是为了做得更好。从定义上来说，领导者要走在变革的前列，而不是落在变革之后努力追赶。这就需要你不要把太多精力放在团队的日常惯例和行动上，而要更多地关注那些未经检验和尝试的事物。当你在寻找成长和提升的机会时，最具创新性的想法往往并非出自你，而是来自其他地方。领导者会环顾四周，在那些意想不到的地方，从意想不到的人身上去寻找那些极为有用的新想法。卓越的领导者需要具有观察力，而不仅仅是洞察力。未来就在那里。

变革是一次冒险之旅，无论你是尝试一种新的方法还是承担一个从未做过的项目。变革考验你的意志和能力，艰难但令人激动。变革带来的挑战能让你更好地认识自我。你要想充分发挥自己和他人的潜力，就必须明白是什么赋予了你的工作意义和目标。

❑ 思考

挑战现状的第一个承诺，要求你**通过积极主动和从外部获取创新方法来寻找改进的机会**。关于典范领导力，你从本章中学到的最重要的观点或经验是什么？

_____

_____

以下是你可以采取的一些行动，以兑现你对寻找机会的承诺：

- 秉持这样一种思维模式，始终问问自己："有什么新东西？接下来会怎样？怎样能做得更好？"
- 把思考这个问题当作日常练习："我怎样才能比昨天做得更好，或者与今天计划做得有所不同呢？"
- 如果你觉得有什么事情进展得不太顺利，那就尝试一种不同的方法。如果有什么事情让你烦恼，思考你能采取什么措施来解决？
- 判断一下你和你的同伴是否还在采用一些已经没有意义的常规做法，或者是否陷入了需要摆脱的困境。针对这些情况采取一些行动。
- 设计有意义的任务和项目，这意味着要明确并阐释它们的目的，而不仅仅是为了标新立异。
- 在你的舒适区和技能范围之外获取第一手经验，让自己置身于能够学习的新情境中。
- 经常与你所在团队之外的人交流，鼓励你周围的人也这样做。把大家所学到的东西带回来，分享这些经验，并讨论如何将这些外部见解应用到你们的任务和项目中。

❏ 行动

在你对所学内容、自己有待改进之处，以及上述建议进行反思之后，在此写下你的计划，至少采取一项行动来帮助自己成为更优秀的领导者：

承诺 6

尝试并承担风险

　　当黄一杰在美国一所常春藤盟校攻读研究生时，他注意到一件奇怪的事情：学校要求国际学生购买一份每年 4 500 美元的健康保险——费用比本国学生支付的保险费要贵得多，而且本国的学生可以选择不在学校购买保险，但国际学生不但必须购买，还必须在学校指定机构购买。

　　黄一杰在中国长大，15 岁时来到美国，在马里兰州读高中，本科也在该州的一所大学就读。他知道该州有一个项目，能以低得多的补贴价格，甚至免费为国际学生提供保险。黄一杰说："我感到很震惊。我觉得这真的不公平。"他所在的大学有 13 000 多名国际学生，他认为，这些国际学生承受着本校美国学生无须承担的经济负担，这是不合理的，尤其是明明有更便宜的选择。出国留学通常已经花费不菲，他认为国际学生不能像美国同学那样可以自主选择保险公司投保是不公平的。

　　黄一杰觉得他必须做些什么。他和其他几个国际学生朋友分享了他对保险政策的看法。他的观点获得了朋友们的赞同，他们也觉得这个政策的确不公平。他们分工研究学校保险政策的细节，并将本校政策与其他国际学生数量相近的大学的政策进行对比。黄一杰说："我们真的仔细研读了五十多页的保险合同。然后对比其他学校与本校的政策，提出了建设性的意见和修改建议。"

当黄一杰第一次向负责监管保险政策的学生健康咨询委员会反映他的担忧时，却被告知没人觉得保险政策有问题。黄一杰说："我问他们委员会里有没有国际学生，之后他们就不再回应我的问题了。"

但黄一杰没有接受这样的答复，他决定加倍努力，向学校领导表明学生们支持对该政策进行调整。首先，黄一杰得把建议书以及背后的问题翻译成多种语言，以确保学生们理解他所有的担忧，然后上传到谷歌文档，方便学生查阅。黄一杰说："美国的医疗保健体系对国际学生来说特别难搞明白。"

黄一杰还策略性地寻找可能支持他建议的人。他联系了本校法学院学生会主席，这位来自印度的国际学生立刻在建议书上签了名。他又联系了当地的州议员，这位议员也是黄一杰所在学校的校友，他向议员解释了提议政策调整的重要性。该议员办公室致信学校，对黄一杰提议的修改表示支持。"我觉得不仅学校内部，外部也需要有人支持，这很有帮助，"黄一杰说，"我明白了集体的力量比任何个人的力量都强大。"

黄一杰的努力获得了回报：他的建议书最终获得了 800 多个支持政策变更的签名。然而，他面临的挑战并未就此结束。学生健康咨询委员会现在愿意认真考虑黄一杰提出的问题，但仍存在一些争议点，需要黄一杰和他的朋友们进一步研究。例如，考虑到国际学生万一不幸去世需要运送回国等情况，他们需要更高的保险额度。黄一杰又花了一个月时间进行研究，然后带着更新后的提案再次与委员会沟通。

经过一整年的研究和协商，黄一杰对学校国际学生保险政策提出的修改建议终于获批。现在学生们可以选择继续购买 4 500 美元的保险——黄一杰指出，该保险提供了优质的保障，很多学生也都选择了它，或者选择更便宜的方案。对黄一杰来说，有机会提高大家对其他医保选择的认知，是一场巨大的胜利。"我只是觉得学生没有选择权是不公平的。我们的主要观点是：并非每个人都需要那么高的保险额度。学校应该让国际学生有选择的权利。"现在，经过他的努力，学生们有了选择权。

你要实现非凡成就，就必须像黄一杰一样，愿意去做前人未做之事。每一个人的个人最佳领导经历都表明，需要凭借大胆的想法去冒险。如果总是墨守成规，就无法取得任何新的、非凡的成就。你需要尝试未经证实的策略，打破束缚自己的常规，突破自我设限，勇于尝试新事物并抓住机会。黄一杰说："如果你看到不公，永远不要害怕站出来发声。"

领导者必须愿意尝试大胆的想法，在经过权衡后冒险，并让其他人与他们一同踏上这些充满不确定性的征程。独自踏入未知领域是一回事，而让他人追随你走进未知则完全是另一回事。领导者与个人冒险者之间的区别在于，领导者创造出能让人们愿意加入其旅程的条件。

领导者需要让冒险变得有安全感，这似乎听起来很矛盾。他们将新的经历和尝试转化为学习的机会。他们会进行一系列小小的尝试，而不是孤注一掷，因为那样可能一招不慎就满盘皆输。他们不认为大胆就是要破釜沉舟、跨越式跃进。在通常情况下，他们认为变革要从小处着手，通过试点或测试项目来积累动力。愿景或许宏大而遥远，但实现它的方式是脚踏实地、一步一个脚印地向前迈进。这些微小且切实可见的步骤能赢得早期的胜利，获得早期的支持者。当然，当你进行尝试时，并非一切都能按预期发展。你会遭遇错误和出师不利的情况。这是创新过程的一部分。因此，关键在于领导者要倡导从这些经历中学习。

学生领导者致力于尝试与冒险。他们知道，要成就非凡之事，领导者必须做到：

- 赢得小小胜利。
- 从经历中学习。

这些要素能帮助领导者将挑战转化为一种探索，将不确定性转化为一种探险，将恐惧转化为决心，将风险转化为回报。这是实现不可阻挡的持续进步的关键。

赢得小小胜利

阿曼达·伊特利翁（Amanda Itliong）的个人最佳领导经历发生在她担任全美大学生学者协会（National Society of Collegiate Scholars）她所在大学校级分会副主席的时候。阿曼达说，"我所在协会是一个荣誉社团，除吸纳具有一定平均绩点（GPA）的学生入会、向他们收取会费，然后在次年再吸纳更多成员之外，通常不会做太多实事"。她和其他干事很快意识到，这个组织多年来收取了大量会费，但从来没有花钱做点什么。

她告诉我们："我们参照组织的使命，思考能用这笔钱做些什么。"该协会的创立理念是支持学术卓越和服务卓越，于是他们开始集思广益，思考如何实现这一目标。他们发现，学生们展示自己艺术作品的机会并不多，而且他们所在城市里用于社区艺术的资金也很匮乏。于是，他们想出了一个计划——举办一场由学生创作的名为"娱乐"（Diversion）的时尚与艺术展，以资助一家非营利组织，该组织为当地低收入家庭的孩子传授艺术和创业知识。"尽管我们对这个计划感到非常兴奋，"阿曼达告诉我们，"但我们知道，要让其他人参与进来并投入到这个过程中会很困难，因为我们的分会以往不开展什么活动，而现在我们却突然要策划一场大型活动。"

对于该分会而言，策划一场大型艺术活动是一项重大挑战，因为这需要获得学校和整个社区的诸多批准、支持，还得招募大量志愿者。于是，他们决定把这项活动细分成许多小部分。首先，他们开设了一个论坛，让人们了解活动的大致构想，并就这个项目发表自己的看法。他们真画了一幅画，详细描绘了在"娱乐"活动期间他们对礼堂布置的设想，还描述了可能会有的一切事物以及可能呈现出的样子。然后，他们开始与校园里的各方人士合作，探寻如何将活动与其他团体和个人的兴趣及价值观联系起来，以争取更多的支持。渐渐地，他们一次又一次地成功说服了人们参与进来。正如阿曼达告诉我们的：

> 艺术系很快就加入了进来，因为我们的构想中包括一个小型画廊，这个画廊会在演出前以及中场休息时开放，而且我们还为他们提供了向学生宣传其作品的空间。多元文化团体很兴奋，因为他们既能展示自己的音乐和舞蹈才华，同时还能帮助当地的一项公益事业。有了这么多人的意见和头脑风暴成果，我们构想出了一个非常棒的方案。

阿曼达在回顾了那些早期的小小胜利后说："我们最终成功举办了一场大型展演活动，门票全部售罄，对每个人来说活动都非常有趣！通过这次活动，艺术得到了广泛的展示，而且当地的一家慈善机构也获得了一大笔资金。"

领导者们时常会面临和阿曼达类似的情况。你要如何去完成一件前人从未做过的事情呢？你要如何开启一项新事物呢？你要如何让一支屡战屡败的队伍扭转局面呢？或者如何解决一个全校性的问题呢？你又要如何努力去解决更为重大的问题，比如人口贩卖或者全球气候变化呢？挑战可能会如此艰巨，以至于人们会被压得喘不过气来，甚至根本就不敢开始行动。

❑ 培养心理韧性

如果问题阐述得过于宽泛或宏大，就可能会显得遥不可及，从而阻止人们构想未来能做之事，更不用说当下能做什么了。领导者希望人们能勇攀高峰，但又不被对失败的恐惧所击垮。他们希望人们感受到挑战，却又不至于被压得喘不过气；保持好奇，却不迷失方向；满怀激情，却不倍感压力。例如，贝拉·罗韦雷（Bella Rovere）在大学第二学期时被任命为她所在的女生联谊分会的副主席，负责分会的所有社交媒体和公关事务。"我是分会里最年轻的成员，却要负责向分会之外的每一个人展示我们分会的形象。"贝拉说。她担心那些比她资历更老的分会成员认为她无法胜任这份工作。

贝拉刚刚开始担任新职务，她一边寻求帮助，一边尽可能地学习各种知识，这时一个新的挑战来了——新冠疫情。突然间，她又面临着一个额外的挑战——如何想办法在社交媒体上宣传女生联谊会，让人们即便校园里空无一人，也渴望加入其中，并充分考虑疫情的现实状况。贝拉说："就在那时，我意识到我真的需要加把劲，发挥创造力了。"

贝拉研究了其他分会如何吸引她们的追随者，并开始为她的分会集思广益。最终，她想出了一个主意，即通过让分会的成员分享视频来创作互动内容，讲述她们一旦能够返回校园后最想做的事情，她还梳理了之前的活动照片，将对美好时光的回顾发布在社交媒体上。她还发布了大学校园的指南，让新生对大学生活充满期待。贝拉在社交媒体上的努力非常成功，其他社团的负责人都联系了她，询问是否可以使用她创建的一些宣传模板。贝拉说："他们都很惊讶，原来背后的策划者是一名大一新生。"

第二年，尽管分会的招新活动是在线上进行的，但贝拉所在的女生联谊分会留住了 99% 的准会员，这创下了该分会的新纪录。

> 这对我来说是一次具有重要意义的领导力经历。我当时正在思考自己想要成为什么样的领导者。这是我生平第一次担任领导者，真的非常需要指引和帮助，而且我意识到寻求帮助是没有问题的。一旦我克服了这一点，事情就开始顺利起来了。

黄一杰、阿曼达、贝拉以及其他学生领导者在他们各自的最佳领导经历中所展现出的坚韧品质，被社会心理学家称为心理韧性——正是这种坚持不懈和适应力，推动着他们逆潮前行。情况并不总是像黄一杰的经历那样漫长且曲折，但他们在个人最佳领导经历中所面临的挑战都充满了重大的不确定性和压力。尽管几乎每个人都形容他们的个人最佳领导经历令人兴奋，但仍有 20% 的学生领导者称这些经历让人沮丧，约 15% 的受访者表示他们感到害怕或焦虑。

尽管在绝大多数最佳领导经历中，人们的情绪是积极的，但我们不能忽视这样一个事实，即这些经历同样也充满了紧张感。然而，优秀的学生领导者们表示，他们没有被艰难经历带来的压力击垮，反而直面了挑战，并从中获得了动力。在充满压力和风险的情况下成长并蓬勃发展的能力，在很大程度上取决于你如何看待变化。

布莱恩·约翰逊（Bryan Johnson）加入了当地一家游泳中心的初级救生员项目。因为这个项目越来越成功，最终导致报名者众多，等候名单排得很长。中心的主管们认为泳池空间有限，而且增加一名救生员作为教练的成本较高，实在没有办法扩大该项目的规模。布莱恩不想看到孩子们被拒之门外，于是想出了一个有创意的办法来增加招生人数——如果把孩子们分成两组，一组上午进行游泳训练，另一组在泳池边做运动，这样就会有更多的孩子能够参与进来。两组孩子会一起吃午饭，然后互换训练项目。这种安排意味着该项目有可能接收更多的孩子。他们通过增加参与的孩子数量，既能提高收益，又能让大家都满意。

布莱恩对这个可行的方案感到很兴奋，于是立刻向他的主管提出了这个想法。主管听了之后，很快就否决了，说绝不可能这么做。布莱恩没有因此感到气馁，而是决定想办法让主管相信扩大项目招生规模能带来巨大好处，而且他觉得自己有一年的时间来改变主管的想法。他的首要任务是研究运营初级救生员项目的成本，以及增加一名教练的费用。他了解了该项目的财务结构，并思考如何让自己的想法切实可行。他没有把主管的拒绝视为自己设想的终结，相反，他受到了挑战的激励，决心说服主管，让其相信他们能够将扩大项目规模的想法变为现实。

在计算了增加一名教练以及让更多孩子加入项目的成本后，布莱恩计算出了因招生人数增加而带来的额外收入。他收集了所有必要的信息，再次找到了主管。他向主管表明，增加的收入远远超过了额外的成本，这证明了该项目扩大规模是能够盈利的。主管又一次拒绝了他的想法，而布莱恩也再一次坦然面对。他的热情反而更加高涨，他把这视为想更多办法来说服主管扩大项目规模的一个机会。他决定让其他救生员也参与到讨论中来。他询问了每位教练对这个想法的看法，获取了他们的意见和支持，当他再次和主管沟通时，那些要应对增加的工作量的人就能发出统一的声音，共同克服困难。差不多过了一年，布莱恩的想法最终得以成功实施。

心理学家发现，像布莱恩这样承受着高压却能积极应对的人，具有很强的心理韧性。无论是学生、企业管理者、企业家、护士、律师还是作战士兵，心理韧性强的人比那些心理韧性弱的人更有可能经受住严峻的挑战，并从失败中振作起来。心理韧性是一种可以培养的特质。

投入、掌控和挑战是培养心理韧性的三个关键因素。回想一下黄一杰、阿曼达、贝拉和布莱恩在面对挑战时都做了些什么。要将逆境转化为优势，你首先必须全身心投入正在发生的事情中。你需要积极参与其中，保持专注并充满好奇心。正如我们从这些故事中所看到的，你必须有所行动，不能袖手旁观，坐等事情发生。当你全身心投入时，你会发现身边的人和所处的情境对你而言更具有意义和价值。你还必须掌控自己的生活，黄一杰、阿曼达、贝拉和布莱恩最终都决定这样去做。尽你所能去采取行动。尽管你的所有尝试不可能都取得成功，但你不能陷入消极被动的状态。最后，你需要将挑战视为一个从正面和负面经历中学习的机会。你不能畏首畏尾、求稳怕变，这是每个学生在其个人最佳领导经历案例中都有的感悟。

你应对变化和压力的能力取决于你的看法。要启动一个新项目并迈出第一步，你必须相信自己能够影响结果。你必须对正在发生的事情保持好奇，并在每一步中都寻找学习的方法。你拥有坚韧的态度，就可以将充满压力的事件转化为促进成长和自我更新的积极机遇。此外，你还可以让你的团队也有同样的感受。

❏ 分解任务，重视进展

你如何让人们愿意朝着新的方向前进，打破旧有的思维模式，或者改变现有的行为方式，去应对重大问题并追求卓越的表现呢？你需要一步一步来，一次前进一小步。就像阿曼达和她的同伴们把"娱乐"活动从一个想法变成现实那样，要逐步取得进展。典范学生领导者明白，他们需要把重大的任务分解成一个个小的、可行的行动。他们也知道，在开启新工作和找到正确的方法之前，他们需要尝试许多小的举措。并非每一项创新都能成功，而确保成功的最佳方式是尝试许多不同的想法，而不只是一两个大胆的想法。领导者会帮助他人认识到，将整个过程分解成可衡量的里程碑可以推动他们前进，以及如何促进持续的进步。

　　小小胜利是"一个具体的、完整的、已实施的且具有一定重要性的成果"。小小胜利构成了一种持续成功模式的基础，它会吸引那些想要参与到一项成功事业中的人。虽然种下一棵树无法阻止气候变化，但种下一百万棵树就能产生影响，而正是第一棵树启动了这件事。小小胜利确定了开始的起点。对黄一杰来说，他的小小胜利是为他的建议书征集到了 800 个人的签名。那样的支持让学校的管理人员更加认真地对待他所关心的问题，最终改变了学校针对国际学生的保险政策。即使在时间和预算有限的情况下，小小胜利也能让一个项目看起来是可行的。它们将尝试的成本降到最低，并降低了失败的风险。这个过程令人兴奋是因为实现一次小小胜利会启动一些自然力量，这些力量有利于取得进展而不是遭遇挫折。

　　学生领导者帮助人们明白，把整个过程分解成可衡量的里程碑是如何推动他们前进的。这一点至关重要，因为数据显示，学生们表示他们的领导者越是频繁地"确保将大项目分解为更小且可行的部分"，他们就越对领导者的能力感到满意。如图 6.1 所示，与那些表示他们的领导者极少甚至只是偶尔表现出这种领导行为的学生相比，那些认为领导者很频繁地展现出这种领导行为的学生，他们对领导者能力的满意度要高出 50 倍。小小胜利与学生们觉得自己正在发挥作用的程度之间的关系也是类似的。

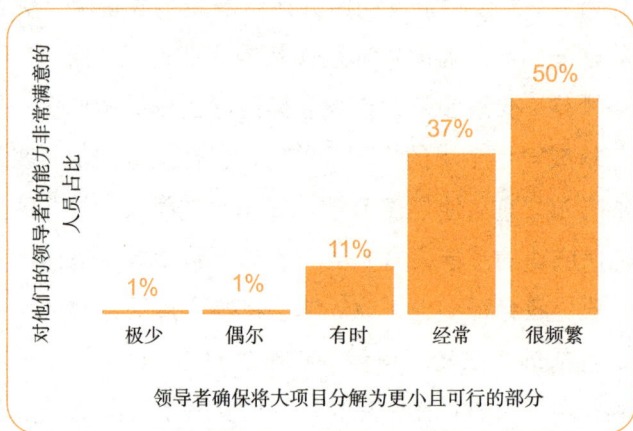

图 6.1　对领导者的满意度与取得小小胜利的关系

（图中内容：纵轴"对他们的领导者的能力非常满意的人员占比"；横轴"领导者确保将大项目分解为更小且可行的部分"，分别为：极少 1%、偶尔 1%、有时 11%、经常 37%、很频繁 50%）

领导者对未来有着宏伟的愿景。但他们需要一步一个脚印地去实现那些梦想，不断积聚动力、力量和决心，以继续前行。小小胜利会产生看得见的成果，这些成果吸引人们与一个成功的团队联系起来。它们增强了人们的信心，强化了人们内心渴望获得成功的自然愿望。因此，一系列的小小胜利为成功奠定了坚实的基础。每一次小小胜利都巩固了已有的成果，使人们更难回到先前的状态。例如，肖恩·德怀尔（Sean Dwyer）说，当他着手从根本上改变学校组织春季舞会的传统方式时，他多次听到别人说"不行"：

> 由于我的预算有限又是个大一新生，我的建议没有在学生会得到认可，但我知道我必须努力争取。于是，我先设法让学校的副校长同意和我一起吃午餐。我向她阐述了我的计划，她非常支持。这是第一个小小胜利。然后，我借助她的影响力帮我争取到了与学生事务主任会面的机会，这是第二个小小胜利。我和学生事务主任见了面，向她说明了在舞会上提供餐饮选择的重要性，还提出了预算方案——第三个小小胜利就达成了。

经过反思，肖恩意识到，这一系列的"小小胜利"至关重要，因为它能让你慢慢摒弃那些被视作常规的东西，并推动事情往好的方向发展。你必须付出努力，一步一步、一点一点地来，才能真正实现改变。

取得一次小小胜利会让人们成为"赢家"，也会让他们更愿意继续前行。如果人们能看到你要求他们做的事情是他们完全有能力做到的，他们就会感到自己有一定把握能完成这项任务。你要通过找到能让人们成功的小事情，让他们产生投入感，让他们看到自己所做的事情是有意义的。这会增强他们的信心，营造一个积极的环境，让人们有充分的理由留下来继续努力。

此外，正如肖恩从组织春季舞会的经历中所领悟到的："你必须不断从错误中学习。两者缺一不可。"在那些个人最佳领导经历案例中，有一个常见的观点是"不积跬步，无以至千里"。当你把一个大项目分解成多个小部分时，通过进行多次尝试，你就增加了取得成功的可能性。无论你把这些尝试称作什么——练习、预演、试行模式、演示、排练、试点项目还是试驾等，所有这些都是为了实现更大的目标而进行尝试的方法。这些策略能不断创造出许多取得小小胜利的机会。

从经历中学习

无论你看待挑战的态度是多么积极，你有多么专注，或者你有多么渴望成功，但你仍会遭遇挫折甚至是失败。并不是一切事情都能完全按计划进行，这就是试验的意义所在。科学家们非常清楚，在测试新概念、新方法和新流程时需要做很多次试验，会犯很多错误。人们永远无法在首次尝试做一件新的事情或者以前从未做过的事情时就把它做好，无论是在实验室、教室还是工作场所都是如此。没错，有人会告诉你必须做到一次成功，但这既不现实，也不是什么有用的建议。有些人可能希望并期待你每次都能做对，但当你在做自己从未尝试过的事情时，完美地完成它们是不可能的。当你在做一些新的、不同的事情时，你会犯错。每个人都会。

凯瑟琳曾是学校年鉴编辑部的一员，她回忆说："亲身经历了挑战现状的关键点：失败。"她告诉我们，她起初非常讨厌失败，并认为失败就意味着她所有的努力都白费了。然而，随着时间的推移，她有了不同的感悟：

> 我失败了，或者我的成员失败了，并不意味着我们所做的工作毫无价值。如果设计出的一个版面似乎效果不佳，那么我们花时间坐下来，对其进行评析，并了解它哪些部分可行、哪些部分不可行。失败只是我们学习过程中的一部分，对于我们作为一个团队和作为个体的成长、创造和学习而言，失败是必经之路。

在我们的研究中，学生领导者一再告诉我们，错误和失败对他们个人的成长以及职业生涯的成功起到了多么关键的作用。他们说，如果没有犯过错误，他们就不会知道自己能做什么、不能做什么。如果没有偶尔遭遇的挫折，他们就无法实现自己的抱负。这听起来似乎有些矛盾，但大量证据表明，当人们有机会经历失败时，工作的整体质量反而会提高。这恰恰是一位陶艺老师在他的课堂上进行的一项实验所带来的启示。

在学期开始时，这位老师将学生分成了两组。他告诉第一组学生，只要制作出更多的陶罐就能获得更高的分数（比如，制作 30 个陶罐得 B 等，制作 40 个得 A 等），质量则无关紧要。他告诉第二组学生，他们的分数完全取决于所制作陶罐的质量。不出所料，第一组的学生立刻行动起来，尽可能多地制作陶罐，而第二组学生为了制作高质量的陶罐则格外小心谨慎，深思慢行。令老师惊讶的是，他发现那些制作陶罐数量最多的学生——也就是那些按数量而非质量评分的学生，制作出的陶罐也是质量最好的。事实证明，大量制作陶罐的实践自然会带来更高的质量，因为这些学生对窑炉的复杂情况以及不同的烧制位置如何影响产品的质量变得更加熟悉。

失败从来都不是努力奋斗的目标。我们的目标是取得成功，而这需要学习。学习的过程中总是会伴随着错误、失误、误判之类的情况。当人们能够坦诚地讨论哪些地方出了问题、哪些地方进展顺利时，学习就发生了。领导者不会因为创新失败而去寻找可以责怪的人，而是会问："我们能从这次经历中学到什么？"

　　我们的研究证实了这种领导行为所产生的影响。从学生们对他们的领导者"当事情没有按照预期发展时询问我们能从这次经历中学到什么"这一行为的频繁程度的反馈来看，图 6.2 中的数据表明，这种行为与学生在与这位领导者共事时感觉工作效率高低的程度密切相关。这种领导行为与学生们在告诉别人自己在与这位领导者工作时的自豪感程度，以及他们觉得自己的工作受到领导者重视的程度之间的关系，也反映了同样的关联度。

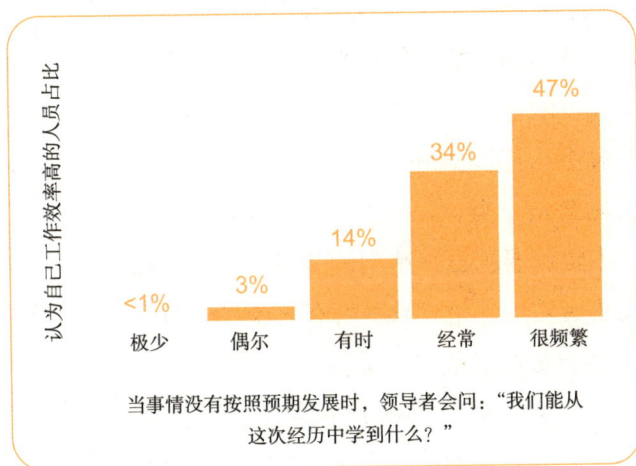

图 6.2　从经历中学习可以提高生产力

❑ 成为主动学习者

　　玛丽·琼斯（Marie Jones）是美国派往迪拜参加洞察会议（Insight Dubai）的十名代表之一。在这次会议上，来自世界各地的 60 名年轻女性与迪拜女子学院的学生们共同度过了五天时间，以培养全球意识、增进跨文化理解，并提升领导力。这段经历意义非凡，以至于玛丽申请了第二年再次参与，并被选中以主持人的身份重返该会议。

玛丽从自己前一年的经历中知道，她将带领一个由 16 名女性组成的小组，其中 8 名来自迪拜，8 名来自其他国家，但她不会站在她们面前进行说教。她的职责是让小组成员展开交流、分享，如果想要让这次经历对她们每个人都有意义的话，就要让她们自己来塑造这段经历。"我作为参与者的时候，我们都从彼此身上学到了很多东西，因为我们都积极地参与到了对话当中。"她告诉我们，"我要以主持人的身份营造出同样的体验，其关键就在于积极倾听和主动学习。"

玛丽首先从自己做起，她积极地倾听以便能够了解组员的观点和经历。她说："我知道，了解她们需要一些时间，所以我秉持开放的态度，我们的交谈甚至持续到深夜，但这是值得的。"玛丽也明白，基于各自的个性、背景和生活经历，每一位女性都能为这次会议带来独特的视角。她认为，将这些独特的视角带入会议的关键是让组员们主动地参与进来，从而可以让大家从各自不同的经历中互相学习。

她邀请大家分成小组，针对她们认为需要关注和讨论的问题或话题展开探讨。每个小组都要列出一系列的关注点，并就解决这些问题的方法提出建议。玛丽告诉我们，她"鼓励所有人参与，确保小组里的每一个声音都能被听到，并且最终能达成一致意见"。她还要求各个小组在每次会议结束时花些时间，反思自己学到了什么以及自己的学习过程。"我得到的反馈与我自己作为迪拜洞察会议参与者时的经历非常相似。全身心投入学习能帮助你了解自己的学习方式。这是非常宝贵的。"

学习能力至关重要，它是预测未来职业成功的最佳指标之一。同样，我们的研究发现，学生在学习中的投入程度与其领导力之间存在着紧密的关联。当你全身心地投入学习中，即完全投身于尝试、反思、阅读以及寻求建议或指导时，你将体验到取得进步的满足感和成功的自豪感。

关于学习，往往是付出越多收获越多。学生领导者在面对每一次全新且陌生的经历时，都怀有学习的意愿，深知学习的重要性，并认识到学习过程中难免会犯错。要成为一名主动的学习者，首先要树立成长型思维。

这种思维的基础是，人们可以通过自身努力实现学习进步。相比之下，那些具有固定型思维的人则认为，人的基本素质是一成不变、不可改变的。例如，具有成长型思维的人相信，人们可以通过学习成为更优秀的领导者。而具有固定型思维的人则认为领导者是天生的，无论接受多少培训，都无法超越自己的天赋。

众多研究表明，在处理模拟商业问题时，具有固定型思维的人比具有成长型思维的人更容易放弃，表现也更差。对于学生、赛场上的运动员、教室里的教师以及人际关系中的伴侣来说，情况也是如此。在应对具有挑战性的情况时，发挥决定性作用的是思维模式，而非技能水平。

你必须勇于迎接所面临的挑战，培养自己的成长型思维，也培养他人的成长型思维。这才是真正的学习之道。当你遭遇挫折时，你必须坚持不懈。你必须认识到，你自己以及他人的努力，是你提升能力的关键途径。天赋或运气无法让人做到最好，只有努力奋斗才能助你达成目标。你要询问他人对你表现的反馈意见，从他人给予的建设性批评中学习，把周围人的成功视为激励，而非威胁。当你相信自己能够不断学习时，你就能够学得更好。只有那些相信自己能够变得更好的人才会努力去变得更好。

❏ 营造学习氛围

如果人们想要成长，他们就需要相互信任。他们需要在彼此身边时感到安全，并相信自己能够坦诚相待、开诚布公。他们需要鼓励每个人的发展，相互支持，并在他人"跌倒"时给予扶持。他们需要相互协作，并为每个人加油鼓劲。他们需要尊重差异，并对不同的观点和背景持开放态度。对表现卓越者的研究有力地表明，人们需要一个支持性的环境才能发挥出自己的最佳水平。研究人员发现，当一个工作团队中存在高质量的人际关系时，即存在以对他人的积极尊重以及相互信任为特征的人际关系时，人们会更主动地学习，成长也更快。

作为所在大学的美国黑人工程师协会（NSBE）本科生主席，马修

（Matthew Nelson）与公共政策制定者、企业高管、非营利组织以及 2 000
多名志愿者合作，致力于增加美国黑人学生获得工程学位的数量。"我在
美国黑人工程师协会内部围绕文化、信任以及建立高质量联系所采用的领
导理念，与我和外部合作伙伴打交道时所采用的方法是一样的。"他告诉
我们。他在上大学期间开始形成这种领导理念。

> 领导力并不会在你获得领导职位时就神奇地出现。你在学生
> 时期培养起来的理念和习惯，将决定你是否能获得领导他人的机
> 会，以及当你成为领导者后能取得多大的成功。像 NSBE 这样
> 的学生组织，恰好为个人提供了在职业生涯早期培养和检验自己
> 对于领导力的见解的机会。

马修努力为协会理事会成员营造一个相互支持的人际网络和学习环
境，因为他相信这些成员日后会成为未来工程领域的领导者。每个学期伊
始，马修都会与理事会成员会面，规划个人发展的各个方面。在整个学期
中，马修帮助每个人设定目标，发现学习机会，并跟踪他们的目标进展。
例如，有一个人想要提升自己在公众演讲方面的技能和信心。"我给了他
一个机会，让他作为 NSBE 的代表与生物医学工程学会建立新的合作关
系，"马修说，"这个举动增进了他对我作为领导者和真正朋友的信任。"

马修培养团队的另一种方式是给予成员建设性的反馈。"我从不跟协
会的成员说他们做得不好。"马修告诉我们。

> 我总是会问他们，是否觉得自己发挥了榜样作用，然后我们
> 会展开一场对话——一场双向的交流，探讨这是否属实。我从来
> 没有要求过任何人离开理事会。我们总是会进行一番交谈，有时
> 候人们就会自己认识到这里的职位并不适合他们。但这是因为我
> 先给了他们讨论的机会，让他们自省。

你不可能一下子就营造出一个适合学习的氛围。"成员们相信我总是

在为他们的利益着想。"马修说道。

你要明白，尝试某件事情的时候，不一定第一次就能做对，而且学习新事物往往会让人感到畏惧。没有人想在同伴面前出丑，或者显得自己无能。你要营造一个适合学习的氛围，就得让成员们能够放心地去尝试、去犯错，并从自己的经历中学习。你要尽可能养成这样一个习惯——从每一次项目经历中去思考"我们能从中学到什么？"。充分利用大家的经验教训，就不会重复犯同样的错误，就能让人们从中汲取教训。

生活中难免会遇到失败和失望。最终决定你是否能取得成效和成功的是你应对这些失败和失望的方式。你需要对自己和他人坦诚相待。你需要承认自己的错误，并反思自己的经历，从中汲取必要的经验教训，以便下次能做得更好。这对你和你的团队成员同样适用。

❑ 增强复原力和坚毅品质

你要应对生活和领导工作中的逆境，就需要决心和力量。不要让挫折击垮你，也不要让障碍阻挡你前进。当事情不如预期时，不要气馁；当阻力出现或有人批评你的想法时，不要放弃。你不能让其他诱人的新项目分散你的注意力；你也不能分心，不能太快转移目标。你必须坚持下去，绝不轻言放弃。如果黄一杰和布莱恩因为沮丧而一蹶不振，他们就不会取得成功。在这两件事中，来自他人的阻力反而激励着他们去做必须做的事情——组建必要的团队来实现他们的计划。

从挫折中迅速恢复并继续追求未来愿景的能力，通常被称为"复原力"或"心理韧性"（Resilience），也有人称为"坚毅"或"毅力"（Grit）。坚毅被定义为"对长期目标的坚持不懈和满怀热情"，它"意味着为应对挑战而不懈努力，在多年的时间里，尽管遭遇失败、逆境和进展停滞，仍能保持努力和兴趣"。一个人展现出坚毅的品质，包括设定目标、痴迷于某个想法或项目、保持专注、坚持完成那些需要很长时间才能完成的事情、克服挫折等。无论是针对学生、军校学员、职场专业人士、艺术家、教师还是其他人的实证研究都能令人信服地证明，具有坚毅品质的人才有可能取得积极的成果。你越是坚毅，就做得越好。

如同成长型思维一样，韧性和坚毅的品质是可以培养、强化的。具有韧性的人能够迅速振作起来，而拥有坚毅品质的人则不会轻易放弃。他们把挫折视为暂时的、局部的且可变的情况。从本质上讲，即使处于巨大的压力和逆境之中，具有韧性的人依然坚信已经发生的事情不会永远持续下去，并且他们下次能够做得更好，从而坚持向前迈进。每个篮球运动员都知道，不投篮的话，命中率就是零。所以，如果你想得分，最好是继续投篮。

当出现失败或挫折时，不要一味地自责，也不要一味地责怪参与项目的人员。你要强调这次失败或挫折只是在这种特定情况下才出现的，并非每次都会如此。即使在压力巨大、面临极端逆境的情况下，那些具有韧性的人依然坚信一切皆有可能，而且他们能够做得更好，从而坚持向前迈进。

在达成里程碑目标和取得成功时，要培养成长型思维，要将成就归功于团队成员的辛勤努力和付出。要传达一种信念，即更多的胜利就在眼前，并保持乐观，相信好运最终会降临，且会长期眷顾你的团队。你还可以通过给人们分配具有挑战性但在他们能力范围内的任务、注重奖励而非惩罚，以及鼓励人们将变化视为机会，来进一步增强他们的韧性。

我们收集到的学生领导者个人最佳领导经历故事，几乎全部都与这些领导者面对的变革、压力相关，并且他们几乎所有人在讲述他们的经历时都用到了与心理韧性、复原力、毅力相关的词描述自己。面对挑战，他们全力以赴而非轻言放弃，积极掌控局面而非束手无策，主动迎接挑战而非落荒而逃。他们充满激情，坚持不懈，即使面对失败和挫折也不放弃。他们的经历证明，即使在最艰难的时期，人们也能体会到生命的意义，进而掌控自己的命运。他们能够克服巨大的困难，不断取得进步，从而改变现状。

思考与行动：尝试并承担风险

领导变革是领导者的职责。他们总是在寻找能把事情做得更好的方法，不断改进、创新和成长。他们明白，按部就班的做事方式无法实现他们所憧憬的更美好的明天。所以，他们会进行尝试，不断摸索，打破常规。他们会问："我们可以做出哪些改变，让事情变得更好呢？"

典范学生领导者认为团队能够取得变革成功。他们相信并让其他人也相信，每个人都能够发挥影响力，掌控自己的生活。他们确保人们能够理解变革的意义和目的，并对团队使命产生强烈的认同感。

因此，为了推动事情朝着正确的方向发展，你需要把任务分解成一个个小小胜利，设定短期目标或里程碑，一步一个脚印地前进。你要营造一个鼓励学习的环境。人们需要知道，当他们进行尝试和冒险时，不会因为失败而遭受惩罚。相反，失败会被当作一次学习的经历。

你需要营造一种学习氛围，让每个人都受到鼓励去分享成功与失败的经历，并且把持续改进视为一种常规的做事方式。你要努力营造一种氛围，让他人在其中感到强大和有胜任力，即便处于最不利的环境中也有能力蓬勃发展。

❑ 思考

挑战现状的第 2 个承诺，要求你**进行尝试和冒险，不断取得小小胜利，从经历中学习**。你从这一章中学到的关于典范领导力的最重要理念和观点有哪些？

_____

_____

_____

以下是你可以采取的一些行动，以帮助你践行尝试与冒险的承诺：

- 让人们专注于共同从事的任务或工作，以及他们在生活中能够掌控的事情，而不是他们无法掌控的事情。
- 问问自己，你和你的团队遇到的阻碍是什么，以及你是否给自己和团队设置了一些障碍。
- 重点关注人们如何从持续的自我挑战和不断进步中获得成就感，你要如何利用这一点来激励自己和他人呢？
- 把大项目分解成可实现的小任务。在一个项目中，人们可以做并能成功完成的小任务有哪些，这些小任务又会如何在大局中产生影响呢？
- 提醒人们他们每天都在取得的进步，让他们知道挫折是暂时的，失败也是学习的机会。
- 不断尝试新的想法。以一种能够增强人们信心的方式检验这些想法，同时记录下取得的进展和所学到的东西。
- 讨论并反思成功与失败；记录所学到的经验教训，并确保这些经验教训能够帮助后续的计划。

❑ 行动

在你对所学内容、自己有待改进之处，以及上述建议进行反思之后，在此写下你的计划，至少采取一项行动来帮助自己成为更优秀的领导者：

_____

_____

_____

_____

习惯行为 4
使众人行

　　领导者深知自己无法单打独斗。要成就非凡之事，他们需要合作伙伴。典范领导者致力于建立可信赖的关系，打造充满活力且团结的团队。他们让他人感到自己很强大、有胜任力、有信心去主动承担责任。典范领导者培养下属具备完成任务的胜任力。他们营造出一种氛围，让人们感到自己能够掌控自己的生活。

　　在接下来的两章中，我们将探讨作为一名学生领导者需要做到：

▶ 通过建立信任和增进关系来促进协作。

▶ 通过增强自主意识和发展能力来赋能他人。

促进协作

在阿提亚·拉提夫（Attiya Latif）担任其所在大学的少数族裔权益联盟（MRC）主席后不久，校园里就发生了一系列仇恨犯罪的事件，包括喷涂仇恨言论等。对阿提亚来说，当一个种族歧视性词语被喷涂在她受门禁卡保护的校内公寓的门上时，这件事就切切实实地影响到了她。她说，是时候采取行动了。

阿提亚动员少数族裔权益联盟与其他学生组织一起发动了一场针对校园仇恨犯罪的运动。该计划名为"消除仇恨"，旨在遏制仇恨犯罪，建立和平与宽容的统一战线。她召集了少数族裔权益联盟、黑人学生生命至上组织、拉丁裔学生联盟以及其他七个少数族裔学生组织的成员，共同商讨如何行动。尽管每个人都知道必须做些什么，但对于具体需要做什么却没有明确的构想。每个社团都对反击仇恨犯罪的最佳方式提出了不同的优先事项和解决方案。一些学生建议第二天就发起一些活动。但阿提亚和另一些人则认为联盟要产生更大的影响，必须制订一个更长远的计划。

阿提亚希望确保尽可能多的观点和声音能被听到并得到考虑。她解释道：

> 我知道对仇恨犯罪立即做出反应很重要，但我也知道我们需
> 要时间来策划活动。团队成员在处理方式上存在分歧，但我们想
> 出了一个兼顾各方想法的解决方案。

阿提亚通过创建一个能够倾听和理解所有学生关切的平台，鼓励了思想和知识的公开交流，并在十个有利益冲突的社团之间建立了信任。她的方法最终为"消除仇恨"运动带来了比 MRC 最初设想的愿景更宏大的影响力。阿提亚告诉我们："我不会让自己的个人观点盖过其他人的想法。"

> 这十个不同的社团组织，有着各自不同的需求和优先项，而
> 我的工作就是促进对话，确保大家就什么是最重要的达成共识。
> 我是在做一名引导师，引导大家共同做出决定，这一点至关重要。
> 如果你做不到这一点，你就不能领导任何人。你只是在做自己想
> 做的事情。

最终，联盟决定采取组合手段，一方面在社交媒体上快速做出回应，另一方面在学校开展一个更长期、更具策略性的线下宣传活动。他们立即起草了一份声明，公开他们的使命和主张，并计划于第二天中午发布在各自的社交媒体账号上。

参与联盟的每个社团组织都积极联系所能触达的学校和社区里的其他社团。到第二天中午，当这份声明开始在网上疯传时，已有 100 个不同的组织在网上转发了这份声明，以示声援。与此同时，这十个学生社团联合创建了一个新的脸书页面，作为声明的永久展示平台。创建首日，联盟的脸书页面就获得了一千多个点赞。当天晚上，该页面的浏览量已达三万余次。

阿提亚说："那时我就知道，我们已经具备了开展为期一周的线下宣传活动的声势了。"她借着这股势头成立了一个线下宣传活动组委会，负

责组织活动周内的每日安排。阿提亚还创建了一个在线论坛，让所有参与宣传活动的人都能提出自己的想法。经过一天的筹划，由委员会成员选出的排名前八的想法，被分配到"消除仇恨"运动的每一天中逐一实施。

接下来的每一天，他们都在校园里举办不同的活动，任何人都可参与，并在脸书上同步进行直播。第一场活动在脸书上的浏览量超过了四十万次。活动周结束时，直播已吸引了将近一百万名的观众。阿提亚将这一成功归功于团队成员共同发扬的协作精神。"每个人都觉得自己是活动的主人，因为每个人都觉得自己的想法可以被听到。"阿提亚说。

"消除仇恨"运动的最后一项活动打破了不同少数族裔权益联盟组织之间的壁垒。阿提亚和一个策划委员会在学校的多功能中心组织了一次多样性主题的市政厅会议，校园里的每个少数群体都有自己的专属房间，供大家聚会和讨论。在这些对话中，相关专家就不同主题发表了演讲，同时任何人都可以就多样性的相关问题提出解决方案，如校内住宿、新生入学需求等问题。

"消除仇恨"运动大大提高了学生对多样性问题的认识。阿提亚告诉我们："自活动开展以来，我们看到校园内的仇恨犯罪减少了，包容意识提高了。"

此外，学校还出现了"学生是大学的主人的文化转变"。她解释道：

> 在组织这次运动时，我们就有意将其打造为一项任何人都可以参与并产生归属感的活动。过去，学生们对这些问题非常冷漠，因为他们觉得这与自己无关。我们试图确保每个人都知道这次运动是全体学生组织的，我认为这一切始于让每一个社团参与进来。

"消除仇恨"运动获得的成功远超阿提亚和少数族裔权益联盟其他成员的预想。阿提亚认为，这是因为她努力地将校内所有少数族裔学生组织团结在了一起。她主动将他们的关切和需求纳入少数族裔权益联盟的计划中。她会倾听他人的想法，并主动授权，这使得项目比她单独组织时更具影响力，更具包容性。当你营造出一种合作和信任的氛围时，就像阿提亚和她的团队在学校的少数族裔组织中所做的那样，你就创造了一个能让人们自由贡献和创新的环境。你就鼓励了他人开放地交流思想，坦诚地进行讨论；你就激励了人们不墨守成规，激发他们追求成为最好的自己。同时，你还使他们相信，你会为每个人的最大利益着想。

阿提亚的经历说明了所有典范领导者都知道的一点：领导力不是单打独斗，它是一种团队协作。人们在谈到自己的最佳表现和令人钦佩的领导者时，都会热情洋溢地谈论团队精神和团队协作，将其视为通往成功的途径，尤其是在境况极具挑战和紧迫的情况下。来自全球各地、各行各业、各个年龄段的领导者都一致承认"单打独斗是行不通的"。

典范领导者明白，要营造一种协作的氛围，他们必须确定团队开展工作所需的条件，并围绕共同使命，在相互尊重的基础上建立团队。领导者要将信任和团队协作视为最首要的事。

你只有在拥有强烈的共同创造和责任感的情况下，才能成就非凡。典范领导者通过以下关键要素来促进协作：

- 营造信任氛围。
- 增进相互关系。

在任何非凡的事业中，协作始终是成功不可或缺的要素。无论年龄大小，领导者都必须想方设法邀请并鼓励协作和团队精神。他们必须值得信赖，并在相互信任和尊重的基础上与他人建立关系。

营造信任氛围

信任是人际关系的核心。没有信任，就无法领导；没有信任，就无法成就非凡。不能信任他人的人之所以无法领导，是因为他们无法接受对他人言行的依赖。他们最终要么亲力亲为，要么严密监督他人，成为微观管理者。他们对他人缺乏信任，导致他人对他们也缺乏信任。信任必须是相互的，只有你和团队成员相互信任，你们才能建立并维持良好的协作关系。信任不仅存在于你的头脑中，也存在于你的心中。

斯蒂芬妮·索格（Stephanie Sorg）说："单靠个人的努力，梦想和抱负是很难实现的。"她接着告诉我们：

> 典范领导者会寻求他人的帮助，组建团队，共同迈向成功。然而，只有当人们与领导者之间建立起了相互信任的关系时，他们才能发挥出最大的潜能。

斯蒂芬妮承认，在担任高中足球俱乐部球队队长之时，她还没有深刻理解信任的重要性。她说："我升入大学后有幸遇到了一位最鼓舞人心的队长，她带领我们一起踢足球。"她就是丹妮·韦瑟霍尔特（Dani Weatherholt），她现在是一名职业足球运动员。斯蒂芬妮说，丹妮当初之所以当选为球队队长，"是因为她展现出了能激发每个球员都发挥出最佳水平的品质。她的成功秘诀就是信任。作为一名领导者，她一开始就是让别人知道她的立场、她的价值观和目标，并坦诚公开自己的信息"。例如，在季前赛初期的一个晚上，她组织队员们敞开心扉，分享了一些别人通常不会知道的关于自己的事情。丹妮第一个敞开心扉，展示自己的脆弱，分享了她不为人知的一面。当每个队员分享自己的故事时，丹妮都会通过自己的言行清楚地表明，她完全支持并赞赏这位球员敢于信任大家，分享自己的秘密。斯蒂芬妮说："我和她一起经历过那个夜晚之后：

> 我感觉我们两人之间以及我们与团队其他成员之间的信任增强了。向他人敞开心扉，展示自己的脆弱，需要很大的勇气。丹妮的行为让我认识到采取必要举措建立信任所带来的好处远远大于其所带来的风险和可能产生的抗阻。"

斯蒂芬妮有了更强烈的归属感和相互信任感，觉得自己在球场上更加努力了，对团队目标的投入也显著增加了。她说："最重要的是，我对任务和团队都有了更强的责任感。"

当信任成为一种常态时，人们就能快速、轻松地做出决策和尝试。信任的氛围能够创造一个让人们自由贡献和创新的环境。在这种环境中，人们可以坦诚交流思想，真诚讨论问题。你会激励人们不再墨守成规，激发他们追求卓越。你让人们相信，你会为每个人的最大利益着想，你一定会支持他们。你要取得这样的成果，就必须首先付出，倾听他人的意见，向他人学习，与他人分享信息和资源。信任先行，追随自至。

❑ 先付出信任

萨曼莎·马龙（Samantha Malone）将课外的大部分时间都花在了为少数族裔学生免费开设 SAT 备考班上。她明白，建立信任是一个过程。它始于某人（无论是你还是对方）愿意冒险成为第一个敞开心扉、第一个展示脆弱、第一个放下控制的人。她解释道：

> 如果你希望让你的团队信任你，你就需要先付出信任，才能得到一点回报。也就是说，你应该先信任他们，然后才能期待他们信任你。这种做法为团队设定了互惠的标准，表明信任是可预期的，并允许成员之间在努力实现共同目标的过程中建立信任。

通常来说，在建立信任关系时，作为领导者的你要率先行动，在要求他人信任你之前，先展示出你对他们的信任。率先行动是一件需要勇气的事，你在冒险。丹妮率先行动时，她相信其他人不会辜负她的信任。你要冒险相信其他人不会利用你，并且你可以依靠他们做正确的事。这需要相当大的自信，但回报也是巨大的，因为信任具有感染力。当你信任他人时，他们更有可能信任你。当你选择不信任时，不信任同样具有传染性，会像病毒一样在团队中蔓延。这就需要你树立榜样，并愿意克服隐藏自身所有弱点的心理。

　　当乔丹·戈夫（Jordan Goff）开始与同学合作完成一个项目时，他很快就发现自己必须培养对同伴的信任。很多学生都知道，由于个人投入程度不同，小组完成课堂项目可能会压力大、令人沮丧且充满挑战。乔丹觉得自己无法独自完成这个项目，需要同学们的协助才能成功完成任务。即便如此，他还是担心同学们达不到自己的期望。

　　果不其然，乔丹最终被所需完成的工作压得喘不过气来，于是他决定冒险一试，让同学斯坦接手项目中的一个重要部分。斯坦没有让乔丹失望，他出色地提前完成了工作。就在那时，乔丹意识到自己需要放手，营造一种大家可以相互依靠、履行各自职责的氛围。当乔丹开始基于同学们各自的技能、能力、需求和兴趣，放心地让他们负责项目的关键细节时，他们对乔丹的信任也与日俱增。乔丹率先迈出一步，表明他信任斯坦能够成功，这向同学们展示了他相信大家可以相互学习、相互支持。

　　正如丹妮在斯蒂芬妮和她们的足球队友身上所展现的那样，自我表露是率先行动的另一种方式。让他人知道你的立场、你的价值观、你的愿望、你的期待以及你愿意（或不愿意）做的事，这都是在透露关于你自己的信息。你无法确定别人是否会欣赏你的坦率，认同你的抱负，或者如你所愿地理解你的言行。但一旦你冒险坦诚相待，其他人就更有可能冒同样的风险，愿意朝着相互理解的方向努力。

　　信任可以通过多种方式建立，但不能强求。如果有人拒绝理解你，认为你既没有善意也不胜任，你可能很难改变他们的看法和行为。然而，请记住，在大多数情况下，信任他人是更稳妥的选择。信任会产生信任，这是一个相互的过程。当你率先给予信任时，他人也更有可能信任你。

❏ 关心他人

　　真诚地关心他人是最能体现你值得信赖的信号之一。当人们知道你会把他们的利益放在首位时，他们就会毫不犹豫地**信任你**。不过，他们需要从你的行动中看到这一点。当你倾听他人的意见、关注他们的想法、关心他们的担忧，并对他们的影响持开放态度时，人们也会开放地接受你的影响。

　　布洛克·达文波特（Brock Davenport）是南方一所大学的男生联谊会理事会主席，有 15 位校园分会主席向其汇报工作。布洛克肩负着提升校园内所有分会活动声誉的重任。布洛克说："我们经历了许多挑战。我们确实遭受了很多负面评论。"

　　其中一项举措是让所有分会在橄榄球赛季的赛前车尾野餐派对后清扫场地。布洛克说，有一个分会"在清扫工作上遇到了困难"。他主动联系了该分会的主席，与他进行一对一的交谈，并询问自己能帮上什么忙。"这家伙头脑聪明，但不幸的是，他就像独自在大海中划船，孤立无援。"该分会主席还经常需要在比赛日工作，因此他常常无法亲自带领自己的成员参与清扫工作。

　　通常，联谊会理事会要在这种情况下向该分会发一封纪律处分信。但布洛克根据与分会主席的沟通了解到，这样做可能对分会其他成员的行为并无影响，而且可能会让这位主席在其成员面前难堪。布洛克说："他已经是唯一一个很投入并努力做正确事情的人了。"

　　布洛克需要跳出传统的学生社团主席的思维模式。他和其他几位理事会成员选择带头在比赛日示范清扫的重要性。他们亲自过来协助分会的工作。他们试图了解为什么清扫工作如此困难，并听取了如何简化清扫工作的建议。布洛克和他的同事们的这些行动表明，他们不仅关心清扫任务，还关心如何帮助分会成员各尽其责。布洛克承认："他们的清扫工作仍然做得不是特别好，但在这个赛季里，他们确实有了明显的进步。"

　　倾听他人的意见并赞赏他们独特的观点，这一简单的举动体现了对他人及其想法的尊重，并赢得了他人的信任。对他人的经历保持敏感，可以建立一种纽带，使人们更容易接受他人的指导和建议。同理心可以增进信任。布洛克决定抛开自己的兴趣——比如在比赛日与朋友聚会，而是以身作则，参与清扫，这清楚地表明了他的价值观，表明他是值得信赖的，也表明了他对分会成员的信任。

领导者要展示倾听和同理心在建立信任方面所能发挥的巨大作用。要站在他人的角度看待世界，确保吸纳不同的观点。你的追随者必须觉得他们可以畅所欲言，谈论自己的困难。他们需要相信，你会以关怀和建设性的态度回应他们，然后他们才会与你分享他们的想法、挫折和梦想。如果他们感觉不到你对他们的坦诚，他们就不会同样坦诚地待你。

在参与度排名前四分之一的学生中，超过四分之三的人表示，他们的领导者是那些最常被视为"积极倾听不同观点"的人。如图 7.1 所示，只有不到百分之一的学生在认为其领导者未能（极少或偶尔）倾听不同观点时，仍感觉自己参与度很高。毫不意外，数据还显示，对于那些被视为很频繁积极倾听的领导者，近三分之二的学生认为其领导能力发展良好，而对于那些被视为极少或偶尔倾听不同观点的领导者，持此看法的学生不到 1%。

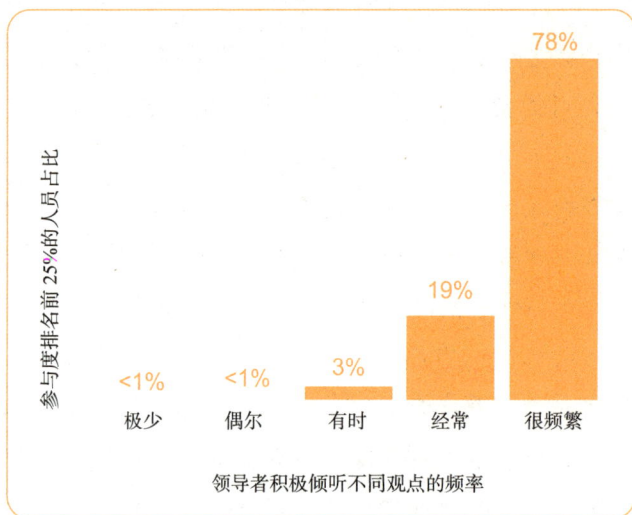

图 7.1　领导者善于倾听不同的观点，其下属参与度高

❑ 分享知识和信息

能力是人们对领导者产生信任与信心的关键要素。正如我们的研究所示，人们希望相信领导者清楚自己在说什么、做什么。你展示自身能力的一种方式，就是分享你所知道的知识，并鼓励他人也这样做。你可以传达自己的见解和专业技能，分享从经验中汲取的教训，将团队成员与宝贵的资源和人脉联系起来。作为知识建设者的学生领导者为团队成员如何相处树立了榜样。因此，团队成员之间以及对领导者的信任会增强，他们的表现也会更好。

格雷戈里·史密斯（Gregory Smith）所在的大学辩论队就出现了这样的情况。队员人数增长迅速，以至于没有足够的教练来帮助所有学生充分准备和参赛。格雷戈里和队里的另一位高年级同学站出来提供帮助，分享他们辩论经验中的丰富心得，并指导年轻的参赛队员。"我每周四晚上组织训练，帮助任何想要提高表现的人。"格雷戈里告诉我们。他还开始教授一门本科水平的公共演讲课程。

格雷戈里认为，教练和教学是他向辩论队单向传授知识和技能的过程，也是他在辩论队中"搭建沟通桥梁"的一种方式。他告诉我们：

> 我在团队中满足的最大需求之一，就是成为队友的倾听者——无论是对一场活动进行点评，还是仅仅倾听队友们倾诉问题并给予鼓励，因为即使非演讲方面的困扰，如果被忽视，也可能会分散他们的注意力，影响最佳表现，甚至会对整个团队产生负面影响。

格雷戈里指出，"在意识到团队的这种需求并付诸行动方面，我肯定不是孤身一人"。其他人以他为榜样，团队成员开始相互坦诚相待，分享他们从训练和比赛经历中学到的信息与见解。格雷戈里说，所有这些，再加上团队原本就高昂的积极性和"协作意愿"，"使我们从一支平庸的辩论队，一跃成为全国顶尖的辩论队之一"。

像格雷戈里这样的学生领导者明白，当知识和经验得到分享时，团队成员之间的信任就会增强。随之而来的表现会更好，凸显了领导者始终关注团队需求的重要性。如果你愿意信任他人，与他们分享信息，他们就会更愿意克服对分享信息的疑虑。然而，如果你表现出不愿信任，或者过度保护自己的"领地"，凡事都藏着掖着，你就会削弱他们的信任，影响他们的表现。而且，信任一旦失去，就很难重新建立起来。

增进相互关系

萨曼莎·马龙从她个人最佳领导经历中总结出的建议强调了人际关系的重要性："我想告诉大家的是，领导经历并不完全取决于你，而是取决于你的追随者。你考虑每个人的想法，主动征询他们的想法。如果没有团队，何来领导？"

萨曼莎的感悟是一种常见的心声。如我们之前提到的，"你无法独自完成"是领导者的座右铭。如果没人愿意追随你，你很难算得上是一位领导者。简单来说，领导者之所以成为领导者，是因为他们有追随者。而让人们愿意追随的原因，是领导者将追随者培养成了领导者。领导者首先关注他人的最大利益，这是任何关爱关系的基础。

领导力是一种必须悉心培育和珍视的关系。当领导者能够让团队成员、班级同学或社区居民彼此信任时，人际关系就会得到强化，从而促进大家为了共同利益携手合作的能力。当这种情况发生时，寻求帮助和分享信息就会变得自然而然，朝着共同目标努力也会成为常态。

凯琳·麦卡蒂（Kerrin McCarthey）大二时，加入了学院第一代大学生指导项目的同伴咨询委员会。她负责协助指导老师开展项目。之前的委员会惯例是，让所有学生和导师参加一次团建活动来启动项目，然后依次定期与各自的指导老师会面，讨论与大学经历以及学业成功相关的各种事宜。凯琳注意到，几个月后，学生们似乎不像团建刚结束时那么兴奋和投入了。她觉得这在很大程度上是因为指导老师和他们所服务的学生都没有建立起稳固的关系。在指导过程中普遍缺乏信任，甚至对项目本身的价值和意义也缺乏信任。

凯琳与咨询委员会的其他成员交流，了解他们的看法，然后开始咨询指导老师们。她告诉我们："一开始，与他人交谈并让他们敞开心扉说出自己的感受和想法，这非常尴尬。我意识到，也许我们还没有建立起足够的信任，所以大家都不太敢自在地分享自己的想法。"在与委员会成员和指导老师的交谈中，凯琳首先表示自己"很荣幸能得到他们的信任"，并会竭尽全力帮助他们相信自己和这个项目。

凯琳无论是在接受导师的指导，还是在担任导师的角色时，她都总是首先分享一些自己的体验，她认为这有助于令其他人更放松地分享他们的想法。她认为，如果他们相信她不会进行批评或挑剔，那他们可能就会敞开心扉，更开放地表达自己的想法。她深入探寻了他们的体验，征询他们对项目的改进意见，并就导师如何更好地帮助和指导学生进行了问询和讨论，他们还深入探讨了那些学生不能积极参与的原因。

凯琳探究的结果似乎归结为一个核心问题，那就是参与者没有花时间彼此建立真诚的关系。在团建活动培养出的情谊逐渐消退后，学生们不再关注这个项目，因为他们没有感受到导师的关心。凯琳继续寻找更多故事和点子，以帮助学生和导师实现他们想从该计划中收获的东西，并动员大家更多地参与到定期的聚会中来。结果，导师们对这个项目越来越投入，因为他们想成为其中的一员，做出有意义的改变，而不仅仅是走个过场。看到导师们的奉献和投入，学生们参与的热情也高涨了起来，他们从指导经历中收获了很多。很快，他们成为该项目的拥趸，鼓励他们的朋友和其他学生都参与了进来。

像凯琳这样的领导者明白，增进相互关系是营造信任氛围的关键。为实现协作，人们必须能够相互依靠。他们必须意识到，彼此相互支持才能取得最大成功。为打造一个人们深知可以相互信赖的环境，学生领导者需要制定合作目标、明确各自角色、倡导互惠准则、精心规划项目以推动共同努力，并鼓励面对面交流。所有这些做法，在同伴指导项目的转变过程中发挥了重要作用。

❏ 制定合作目标并明确分工

要让一群人获得积极的体验，就必须拥有共同的目标和明确的共事理由。否则，为什么不干脆让一个人完成所有的工作呢？你是否在参与一个小组作业时心想："老天，我一个人就能完成整个项目，而且做得更好。现在这进度慢得要命，而且毫无进展。"当汤米·巴尔达奇（Tommy Baldacci）被分配和两位同学一起做一个为期一年的土木工程毕业设计项目时，他也是这么想的。没过多久，汤米就发现他和其中一位同学意见不合，他心想："我再也不会和这个人共事了！"他告诉我们，当他意识到自己还得和这个人再共事六个月时，那就"必须得做出些改变"。

> "我不能坐等他改变，得由我来做出调整。我拼尽全力放下自尊，承认这个项目要成功离不开他。我审视了每个小组成员的特点，思考了每个人最擅长的事。通过梳理我们各自的优势，我让小组所有人都清楚，我们每个人都是项目的关键部分。"
>
> "那种为谁说了算而争得不可开交的风气消失了。我们每个人都明确了自己的角色，朝着共同目标携手合作。很多时候，工作时间漫长，还会遇到各种困难，但因为我们感觉大家同舟共济，所以能够坚持埋头苦干。最后，我们在所在小组中获得第一名，我们也作为一个团队共同庆祝了这一成就。"

汤米意识到，这次经历让他明白，为共同目标而努力是建立协作文化最简单的方法，而信任他人会言出必行是这一过程中不可或缺的部分。"正是这种信任让每个人都能发挥出最佳水平，"汤米说，"团队中的每个成员都能从彼此身上感受到能量和力量，这就是协作文化的协同优势。"

每一个集体成就中最重要的因素就是共同的目标。共同的目标将人们凝聚在一起，齐心协力。它创造了一种相互依存的意识，在这种状态下，所有参与者都知道只有其他人成功，他们才能成功，或者至少只有他们协作努力，他们才能取得巨大成功。如果没有"我们同舟共济"的意识，即一个人的成功取决于所有人的成功，那么创造积极的团队协作几乎是不可能的。如果你想让个人或团队进行合作，你必须给他们一个很好的理由，比如一个只有共同努力才能实现的目标。

让每个人专注于共同目标比强调个人目标更能促进团队协作。要使合作取得成功，需要确定如何设计角色和职责，以便每个人的贡献对结果而言既是叠加的又是累积的。每个人都必须清楚地认识到，除非每个人都尽其所能，否则团队就会失败。对于一艘渔船上的两个人来说，一个人不能对另一个人说："你这边的船正在下沉，但我这边看起来还好。"

培养协作目标和制定角色分工意味着确保不存在任何团体内或团体外的冲突，任何"我们与他们"的对抗，或成员之间争夺焦点的竞争。人们必须认同他们所属的团体才能一起共事。学校通过吉祥物、统一的颜色、独特的手势和歌曲来构建身份认同；学生各种社团通过希腊字母、握手方式、特殊符号、仪式和礼节来构建身份认同；项目团队则通过为产品版本取个独特名称，定制纪念品、徽章等来构建身份认同。确保让每个人都感到自己是团队的一员，这会增强他们的团队意识，让他们相信"人人为我，我为人人"。

❏　支持互惠准则

任何有效的长期关系都必须建立在互惠的基础之上。如果一方总是付出而另一方总是索取，付出的一方会感到被利用，而索取的一方会感到自己高人一等。一旦出现这种情况，合作几乎就不可能了。互惠的力量在一系列涉及"囚徒困境"范式的研究中得到了充分证明。困境是这样的：双方（个人或团体）面临一系列情境，他们必须决定是否合作。他们事先不知道对方会怎么做。

有两种基本策略：合作或竞争。每一方都必须在不知道对方行动的情况下做出选择。当一方竞争而另一方合作时，竞争方会获得最大的个人收益。在这种"我赢你输"的方式中，一方以牺牲另一方为代价获利。如果双方都选择不合作，试图最大化各自的收益，那么双方都会输。如果双方都决定合作，双方都会赢，尽管合作行动的个人收益比竞争行动的收益要少。

全球的科学家们提交了他们在这场关于双赢与输赢策略的计算机模拟测试中的获胜方案。"令人惊讶的是，获胜的是所有提交方案中最简单的一个：第一步首先选择合作，然后在后续行动中模仿对方上一步的做法。这个策略通过促使他人合作而非击败他人来取得成功。"简而言之，懂得互惠的人比那些试图最大化个人利益的人更有可能成功。从长远来看，合作胜于自私自利。

这种策略能够成功解决的困境并不局限于理论研究。类似的困境每天都会出现："如果我试图将个人利益最大化，可能要付出什么代价？""我是否应该为了他人放弃一点利益？""如果我选择合作，他们会利用我吗？"事实证明，互惠是应对这些日常决策最成功的方法，因为它既表明了你愿意合作，也表明了你不愿被人利用。作为一种长期策略，互惠将冲突升级的风险降至最低——如果人们知道你会以牙还牙，他们为什么还要挑起事端呢？如果人们知道你会投桃报李，他们就明白，与你打交道的最佳方式就是合作，进而从你的合作中受益。

互惠互利可使人际关系更具可预测性和稳定性，换言之，就是信任。当你了解他人会如何回应时，与他人合作就会轻松得多。以己之心待人，他人必以己之心回馈。一旦你帮助他人取得成功，认可他们的成就，让他们大放异彩，他们就将铭记于心，互惠原则开始发挥效用，人们更愿意回报你的帮助，并尽其所能助你成功。无论合作的回报是有形的还是无形的，当人们明白合作会让他们获益时，他们就会在认可他人利益合法性的同时，致力于提升自己的福祉。

❑ 精心规划项目以推动共同努力

当合作的回报大于单干的回报时，合作行为最有可能发生。许多在强调个人主义或竞争性成就的国家长大的人认为，如果每个人都可以仅凭个人成就而获得奖励，人们将会做得更好，但这个假设是错误的。在这个试图以更少的资源做更多事情的世界里，竞争战略输于促进合作的策略。

当团队成果而不仅仅是个人的努力得到回报时，人们在牢记整体共同目标的同时努力工作的动机将会得到加强。虽然团队中的每个人都有各自不同的角色职责，但在世界一流的团队中，每个人都知道，如果只做好自己分内的事，团队不可能取得最佳成果。

当人们明白通过合作可以完成个人无法单独完成的任务时，合作行为就会得到促进。你可能不会把击剑视为一项团队运动，但大四学生、全国击剑冠军扎卡里·钱（Zachary Chien）告诉我们，他所指导的学生从训练安排中领悟到了协作的意义。扎卡里解释说："作为教练，我面临的第一个，可能也是最棘手的挑战，是营造一个能促进所有学生之间协作的环境。尽管大家都代表同一个俱乐部，但归根结底，击剑是一项个人运动，所以运动员们往往更注重自身的发展。"

尽管他个人与所有学生都建立了合作、相互尊重且注重成长的关系，但大多数学生彼此之间并没有这种关系。他们竞争意识很强，不像传统团队运动中的运动员那样频繁社交并建立紧密联系。为了改变这种状况，扎卡里设计了一些技巧游戏和训练，只有通过团队合作才能成功完成。例如，学生们相互对练，每次击中后，得分的人要确切地告诉搭档自己是如何得分的；搭档则要描述发生了什么、为什么会这样，以及如何改进。扎卡里告诉我们，这些活动为训练带来了新活力，学生们开始互相纠正动作，分享个人策略和战术，帮助那些有困难的同学。扎卡里告诉我们：

> 一旦运动员们开始更多地相互支持，我就能让他们认同一个
> 更宏观的理念：促进协作、共同成长符合每个人的最大利益。我

告诉我的运动员们，他们靠自己无法登上巅峰，而我仅凭一己之力也无法帮助他们实现目标。他们需要一同训练的伙伴的支持。要想成为最优秀的人，就必须战胜最优秀的人。

也就是说，如果与你一同训练的人都是最优秀的，那将非常有帮助。当你每周五天一起训练的伙伴就是你最强大的竞争对手时，比赛就会变得轻松许多。这个道理很快就被大家理解了。几周后，我们营造出了一个相互尊重、彼此支持的环境。拥有这样的关系，能让大家毫无顾虑地自由竞争。在过去的 18 个月里，我的 25 名学生中，至少每个人都登上过一次领奖台。

共同努力会增强协作与互助的重要性。而想方设法从他人那里尽可能多地获取利益，尽可能少地奉献，则会产生相反的效果。要确保共同努力的长期利益大于单独工作或与他人竞争的短期利益。

❑ 支持面对面且持久的互动

尽管目前虚拟和线上的互动形式非常丰富，但积极的面对面交流以及持久的人际关系对于推动协作至关重要。人们更信任自己的朋友，与朋友合作时，比与陌生人或那些他们认为不会再打交道的人合作起来更轻松，也更具创新性。这不仅在课堂上如此，在全球范围内的合作关系中也是一样。亲自去了解他人，对于培养信任与协作至关重要。典范领导者会确保人们有频繁且持久的机会相互交流。索菲亚·布鲁姆（Sophia Bloom）在她位于马萨诸塞州的大学校园里发起了一个反对校园性侵文化的教育小组，并与校内男生联谊分会展开合作，推动联合培训。她深知，在小组成员之间建立紧密的联系至关重要。他们从事的工作艰难且令人情绪疲惫；如果他们想要坚持这份工作，就还需要能够相互依靠，并且能够谈论在实现目标过程中遇到的困难。"人员留存是个常见问题，"索菲亚说，"即便有人真的关心这个话题，也很容易感到心力交瘁。"

　　该小组定期举办线下社交活动和非正式聚会，大家一起分享零食，增进彼此了解。索菲亚强调，这些聚会无须太过正式有序，重点在于持续且轻松地相聚，而非始终聚焦于他们的使命。"我真心希望女孩们都能彼此熟悉，"索菲亚说，"这是个情感消耗很大的话题和事业。我希望大家能彼此亲密无间，能够相互依靠，相互倾诉各自的经历。"确保成员们感受到彼此的联系与支持，是索菲亚推动这项活动开展并持续下去的关键。

　　要找时间让所有人面对面相聚往往颇具挑战。科技和社交媒体无疑能加强沟通。虚拟联系无处不在，在全球经济环境下，如果人们每次都得飞越半个地球去交流信息、做决策或解决争端，任何组织都无法正常运转。话虽如此，敲一下键盘、点一下鼠标或切换视频通话，都无法带来与面对面交流相同的效果。虚拟信任是有限的，这正是来自越南的杜安在向我们讲述他与一群高中同学在胡志明市开酒吧和烧烤店的经历时所表述的观点：

> 　　你必须建立信任，而最有效的方法就是让每个人尽快达成一致。第一次会议不应该是关于规划的，而应该是关于相互了解的。花时间"让大家达成共识"，即便看似"浪费"，也比处理那些互不了解或觉得彼此毫无共同之处的人之间的矛盾所浪费的时间要好得多。

　　例如，优先面对面交谈，而不是给咫尺之间的人发短信，当然如果有必要，也可以继续在线交流。要尽最大努力让团队成员尽可能多地聚在一起。与虚拟联系相比，亲自见面是建立认同、提高适应能力和减少误解的更可靠方式。

　　基于线上的虚拟信任如同虚拟现实，与真实的信任总有一步之遥。人类是社会性动物，渴望互动是人的天性，而基于互联网技术构建的社交基础十分脆弱。如果你主要通过虚拟方式了解团队成员，你很可能对他们的了解不足以让你在极其重要的事情上信任他们。你必须在线上会议的便利性、人员面对面交流的成本，以及建立信任依赖亲自了解彼此这一事实之间寻求平衡。

那些期望互动不止一次、相信未来会继续互动，并且乐于建立关系的人，当下更有可能选择合作。知道明天、下周或下学期在另一门课上还得与某人打交道，这会让你不会轻易忘记彼此间的相处方式。持久的关系会让今日行为对明日交往的影响更加显著。此外，人们之间频繁互动会增进彼此的好感。如果你想最大程度地提高领导效能，那就先假设你会以某种方式再次与这些人互动，并且这些关系对你未来的共同成功至关重要。

思考与行动：促进协作

"你无法独自成事"是典范学生领导者的口头禅，这是有道理的。仅凭一己之力是无法成就非凡事业的。协作是使教室、社团、团队和社区有效运作的关键行为。当你营造出信任的氛围并促进团队内部有效的长期关系时，你就能获得持续的协作。培养相互依赖的意识，让每个人都感觉到自己是团体的一分子，每个人都知道，他们需要彼此的帮助才能取得成功。

信任是团队协作的生命线。你要创造和维持长期联系的条件，就必须信任他人，他们也必须信任你，你们必须相互信任。为了建立这种信任，你必须与团队成员自由分享信息和知识，表明你理解他们的需求和兴趣，以开放的态度接受他们的想法，充分利用他们的能力和专业知识，最重要的是，在要求他们信任你之前，先展示出你对他们的信任。

增进相互关系的挑战在于确保每个人都能认识到他们是相互依存的，是需要彼此才能取得成功的。合作目标和角色认知有助于形成一种集体使命感，而让人们为实现共同目标而努力的最佳激励措施，就是让他们知道你和其他人也会这样做。构建项目以奖励共同努力。让人们互动起来，鼓励尽可能多地通过面对面的交流来加强关系的持久性。

❑ 思考

使众人行的第一项承诺是"通过建立信任和增进关系来促进协作"。关于典范领导力，你从本章中学到的最重要的观点或经验是什么？

_____

_____

_____

_____

以下是你可以采取的一些行动，以兑现你对促进协作的承诺：

- 找一个你可以信任的人，即便对方尚未向你展现出值得信任之处。主动出击，培养互惠关系。
- 分享关于你自己的信息——你的希望、优势、恐惧、失误，让团队成员了解你的种种特质。
- 花时间去了解团队中的成员，弄清楚他们的行事风格和动力所在。同样，想办法让大家参与到有意义的对话中，以便相互了解。
- 倾听，倾听，再倾听。
- 与他人分享你所知道的知识，回答他们的问题，为他们提供所需资源，把他们介绍给可能对其有帮助的人。
- 清晰且频繁地传达你们共同努力追求的目标、重要的共同价值观，以及大家都为之贡献的宏大使命。
- 在设计项目和任务时，设定一个需要大家相互合作、彼此帮助才能达成的共同目标。让大家清楚地看到，每个人都是相互依存的，要取得成功离不开彼此的支持。

❑ 行动

在你对所学内容、自己有待改进之处，以及上述建议进行反思之后，在此写下你的计划，至少采取一项行动来帮助自己成为更优秀的领导者：

_____

_____

_____

_____

_____

赋能他人

艾米·莱布赖特（Amy Lebrecht）和扎卡利亚·卡普（Zachariah Karp）告诉我们："学习如果不加以应用和反思，就只是获取信息而已。你必须能够将所学转化为未来可用的东西。"这是他们在东南部一所大学读书时开发的"别样春假项目"的理念。

"别样春假项目"是一次为期八天的徒步旅行。所有学生结成两两一组，每对学生都要在沿途不同城市策划一场服务学习活动。在这八天时间里，学生们会在各类服务型组织进行三小时的志愿服务，这些组织包括流浪汉收容所、救世军商店以及仁人家园的建筑工地，地点均由学生自行选定和安排。

各学生小组需要找到一个与其目标相契合的组织，并与该组织的领导者协调，为整个团队提供服务学习体验。艾米和扎卡利亚为各团队分配了开展活动的城市，并提供了寻找服务合作组织的范例。具体项目的提案和每次学习体验的后勤工作则由参与者自行决定。这样一来，整个别样春假活动的组织实施工作就落在了学生们自己的肩上。

艾米说："我们希望给他们创造一个机会，让他们能够自主选择，并找到提供他们真正热衷服务的机构。"她接着说道：

> 如果我们安排好每站行程，并让他们参与不同的活动，我相信这次旅行不会产生同样的影响——我们希望他们探索自己真正关心的事情，然后找到一种方法将这种热情转化为行动。

每个小组都有机会负责行程中的一段，而无须自己规划整个行程，因此学生们对于整个别样春假体验都有一种主人翁意识。

除负责其中一项服务学习活动外，旅行中的每个人都负责处理一些日常后勤工作，如为团队准备晚餐。甚至这项活动也变成了贯穿整个旅行的学习过程。扎卡利亚回忆道，在其中一站，只有一台微波炉，却要为 17 个饥肠辘辘的人准备食物。负责当晚晚餐的团队决定做烤土豆。扎卡利亚说："他们在房间里准备了一个配料台，让我们轮流进去，用微波炉煮土豆，并让我们自己给土豆加料。这是一个非常独特的解决方案。"

艾米说："春假一开始，我们就马不停蹄地奔波，每到一站，我们都需要探索和学习，但我们希望他们能从自己的经历中学习，所以我们尽量不插手。我们希望他们知道，这是你们自己的事，这是关于成为你们想成为的领导者的事，成为我们知道你们能成为的领导者的事。"

艾米和扎卡利亚会主持晚餐后的讨论，带领团队坐下来回顾一天的成功，讨论遇到的挑战，并庆祝团队的辛勤努力。艾米告诉我们："我们要求他们反思自己的经历，并找出每段经历让他们成为更好领导者的具体方式。实际上，我认为这是这次旅行最重要的部分之一，真正巩固了他们经历的一切以及所学到的东西。"

在晚间反思结束时，艾米和扎卡利亚会认可那些促成当天成功的行为和举动，无论是策划并带领志愿者活动、处理意外请求、采购食品杂货，还是创造性地准备晚餐。他们会公开表扬每一位团队成员，列举具体事例说明他们的出色表现。这是一种帮助团队从经历中成长，并巩固整个春假期间所学经验的方式。艾米说："我们真的要相互依靠才能顺利完成每一站的行程——我们是一个团队,但这个团队由不同的人组成,每个人都必须做好自己的工作,才能让我们成功完成一天的志愿活动。"

像艾米和扎卡利亚这样的典范学生领导者致力于"赋能他人"。他们通过提升团队成员的能力和自信心、倾听团队成员的想法并付诸行动、让团队成员参与重要决策、认可并赞扬团队成员的贡献,使团队成员能够为团队的成就承担责任并拥有主人翁意识。作为领导者,艾米和扎卡利亚让每个小组对整个春假活动都有一种个人归属感。而如果他们只是计划好每一站,然后让团队成员执行工作,是不可能做到这一点的。团队成员可以探索和尝试新事物,学习新技能,并增强他们的综合能力和自我效能感。

营造一种能让人们全身心投入且感觉能掌控自己生活的氛围,这是赋能他人的关键所在。典范领导者会打造一个能培养人们执行任务的能力、增强自信心的环境。在一个充满能力与自信的氛围中,人们会毫不犹豫地为结果承担个人责任;他们对自己的成就有着强烈的主人翁意识,并竭尽全力去实现非凡成就。

为了赋能他人,典范学生领导者会做到以下两点:

- 增强自主意识。
- 培养胜任力与自信心。

领导者会极大地增强人们对自己有所作为的能力的信心。他们从掌控一切转变为把控制权交给他人,变得更像教练。他们帮助人们学习新技能,挖掘现有才能,为持续成长和改变提供所需的制度支持。归根结底,领导者意识到,他们的责任不是创造更多的追随者,而是培养更多的领导者。

增强自主意识

领导者接受并践行关于权力的这一矛盾观点——当你将权力赋予他人时，你反而拥有了最大的权力。早在"授权"一词成为主流词汇之前，典范领导者就已经意识到，让追随者感到自己强大、有能力且高效是多么重要。那些感觉自己软弱、无能、无足轻重的人，表现往往会持续不佳。他们消极怠工，一心想着逃离现状，极易幻想破灭，甚至走向反叛。无论处于何种组织地位，对自身权力和影响力缺乏信心的人，往往会紧紧抓住自己仅有的那点影响力不放。

我们曾询问过数千人，让他们讲述自己感到"无力"和"有力"的经历。你也不妨自己思考一下。首先，回想那些让你感到无力、软弱或微不足道的行为或情形，就像别人棋局中的一枚棋子。你的回忆是否与其他人讲述的类似呢？

学生表示让他们感到"无力"的典型行为和境况

- "没人对我的意见或问题感兴趣，没人倾听，也没人关注。"
- "领导在我同事面前与我争论，甚至贬低我的贡献。"
- "尽管大家说会支持我，但我的决定并未得到支持。"
- "我的辛勤工作和成果被他人夺走或据为己有。"
- "我迟迟得不到所需的信息。"
- "我不能参与到那些与我工作相关的重要讨论中。"
- "我虽然被赋予了责任，却没有权力实际做出决策或追究他人的责任。"
- "我们领导任人唯亲，而我不在受宠之列！"

现在，想象一下，当你感到"有力"时是什么感觉：强大、高效，仿佛自己是自身经历的创造者。你所记得的，是否与其他人回忆的相似呢？

学生表示让他们感到"有力"的典型行为和境况

- "所有重要信息和数据都与我共享。"
- "对于如何处理某种情况，我能够做出选择并运用自己的判断力。"
- "人们征求我的意见，并倾听我要说的话。事实上，我的想法常常起决定性作用。"
- "领导支持我，对我做出的决定表示支持。"
- "我们的领导花时间让我了解自己的表现如何，以及在哪些方面可以改进。"
- "我有机会学习新技能，并有机会应用这些技能。"
- "我的成就得到认可，尤其是得到我尊敬的人的认可。"

当你审视人们对于"无力时刻"和"有力时刻"的描述时，一个清晰且一致的信息浮现出来：感觉"有力"——从字面上看，就是感觉"有能力"，源自对自己生活的一种深刻掌控感。世界各地的人们都有这种基本需求。当你能够决定自己的命运，并相信自己可以调动完成一项任务所需的资源和支持时，你就会坚持不懈地努力去实现它。然而，当你感觉受到他人的掌控，并且认为自己缺乏支持或资源时，自然就不会有太大的动力去追求卓越。即使你可能会服从，但你心里清楚，要是自己真心想做，本可以做出更多贡献。

数千名学生向我们讲述的那些让他们感到"无力"或"有力"的行为及状况，与尼古拉斯·斯科维尔（Nicholas Scoville）跟我们分享的他在俄勒冈州一所大型公立研究型大学担任客座教师特别项目助理时的暑期工作经历相符。尼古拉斯的职责是为来自墨西哥的客座教师制定行程，让他们领略俄勒冈州以及所在大学校园社区的魅力。"我为自己的家乡感到无比自豪，也很兴奋能向这批客座教师展示这里所有令人惊叹的事物。"尼古拉斯告诉我们。

他的主管给了他一份行程大纲，其中包含了之前几批客座教师参加过的活动细节，但关键的是，也允许他制定自己的行程安排。"我拿到了这份大纲，很感激，但我也想提供一些不一样的东西。我不想只是按部就班，而不加入自己的创意。"尼古拉斯解释道。

尼古拉斯的主管信任他，而且团队文化也要求他和另外三名队友都要提出自己的想法，接受反馈，并以团队的形式讨论后勤问题。这些交流引发了关于为何某些想法可行，以及最大挑战是什么的讨论。"这就是要弄清楚哪些方案可行，哪些是过去已经尝试并被证实可行的。"尼古拉斯说。

有机会提出新的出行活动并得到关于自己提议的反馈，对尼古拉斯来说是一次宝贵的经历，也增强了他作为领导者的自信。他说："我认为，传达自己的想法并为其提供支持的最佳方式，就是强调想法背后的思考过程。"他不仅要为自己提议的出行活动据理力争，还得设法解决出现的后勤问题。例如，他最重大的改变之一是提议去波特兰进行一日游，这意味着他得申请新的驾照，以便亲自驾驶搭载客座教师的大巴。尼古拉斯为此备考并拿到了驾照，而波特兰之行也广受好评，成为客座教师们在俄勒冈州观光行程中的亮点。"这个机会激励我尽我所能努力工作，向办公室同事证明自己，赢得队友们的尊重。"尼古拉斯说。

作为团队中最年轻的成员，我敢于向上级寻求支持。我与办公室的同事建立了良好的关系，这种关系建立在合作讨论和个人经验的基础之上。这让我在制定团队日程时拥有很大的自主权。我必须遵守团队与大学教职员工事先约定好的合作安排，但除此之外，我可以全权负责他们其他的日程安排。这段经历至今仍让我记忆犹新，它激发了我对自己和我的创意的信心。

如果尼古拉斯被迫只能遵循那份大纲，毫无自主发挥的空间，那么这段经历对他而言就不会有成就感，他也无法获得关于有效领导力的宝贵见解。尼古拉斯说，有时领导力直接源自职位上的优势，对他人拥有权力，但这并非造就优秀领导者的关键因素。"我从不认为领导就意味着发号施令。作为领导者，清楚自己想做什么固然重要，但也要关注他人的利益。领导不应是单向的。要让团队取得成果，最佳方式是营造相互尊重的双向沟通和影响。"

正如尼古拉斯的经历所表明的，卓越的领导者会践行那些能让他人感到充满力量的行为。他们明白，能增强人们自我决策感、自信心和个人效能感的领导行为，会让人们更有力量，显著提升人们投入的精力和做出的承诺。当人们有机会做出选择、拥有行动自由度，并感受到个人责任感时，自我决策感就会得到增强。通过这些从字面意义和象征意义上让人们充满力量的行为，领导者并非在放弃权力，而是在扩大自己的影响力范围。

❑ 提供选择权

这里所说的自由就是可以自己做出选择的权利。那些觉得自己别无选择的人会感到被困住，就像迷宫里的老鼠，在别无选择的情况下，他们通常会停止行动，最终陷入消极状态。通过给予人们真正的自主权，领导者能够减轻人们所感受到的无力感及随之而来的压力，并提高他们更充分发挥自身能力的意愿。领导者希望人们能够主动进取且自我引导。

当学生领导者"给予他人决定如何完成工作的自由度和选择权"时，会产生怎样的影响呢？与那些领导者很少给予这种自由空间的学生相比，领导者经常给予这种自由空间的学生，对领导者能力的评价要高出 50 倍以上。此外，如图 8.1 所示，那些感觉被赋予权力的学生和没有这种感觉的学生，在工作效率方面的差距十分显著。由于领导者提供了运用自己判断力和在完成工作方式上拥有自主权的机会，学生们会觉得自己的工作效率大幅提高。他们的自我价值感也与行使这种自主权的机会直接相关。

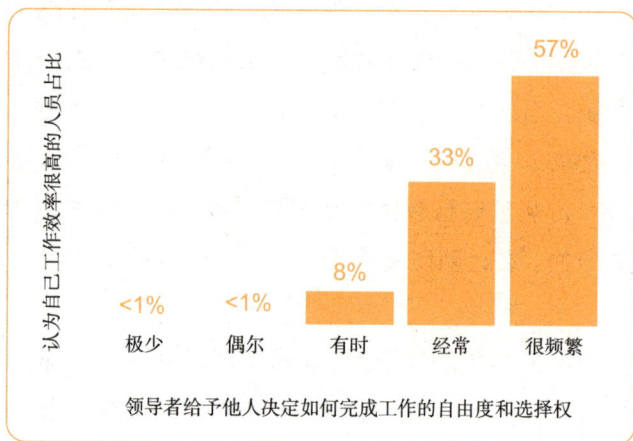

图 8.1   那些被赋予自主权的人报告说他们的工作效率很高

弗朗西斯·阿佩杜-门萨（Francis Appeadu-Mensah）在南非担任学校戏剧俱乐部的负责人，他觉得这个组织在帮助同学们找到创新的个人表达途径方面潜力巨大。他让大家自主选择想要参与的任何活动，并告诉他们："这里是一个你可以探索并确定自己天赋所在的地方。"当有人刚加入俱乐部，或者不确定自己想参与俱乐部的哪一方面活动时，弗朗西斯常常会在排练结束后，把他们拉到一边，问他们"你觉得怎么样？"，或者"如果你是导演，你会怎么处理这个场景？"，或者"如果你是演员，你会如何演绎这段台词？"。弗朗西斯为人们留出了空间，让他们自己做出选择。在这个探索过程中，他们学会了新的技能，提升了综合实力并提振了信心，更能投身于排练自己的表演剧目，并使演出和俱乐部皆取得了成功。

领导者希望人们独立思考并采取行动，而不是不断地问别人"我应该做什么？"。如果你告诉人们该做什么以及如何做，你就无法培养这种能力。除非人们拥有一定程度的自主选择权，否则他们无法学会独立行动。要想打造一支高效、能应对尝试新事物所面临的挑战的团队，唯一的方法是让他们有机会在应用知识和技能时运用自己的最佳判断力。当然，这意味着你已经让他们做好了做出这些选择的准备，并且他们感到自己有充分的理由与团队的价值观和愿景保持一致。

❑　做好工作岗位设计

　　每年，东部一所大学领导力发展项目的学生都会参加一年一度的返校节庆祝活动。返校节的主要活动之一是巡游，为此，校园里的各个团体都会根据当年的主题搭建巡游花车。设计和搭建巡游花车一直是学生们的一项集体活动，但这一过程本可以规划得更好，而且造好的花车也很少能达到预期的效果。

　　丹·塞缪尔斯（Dan Samuels）担任联合主席的那一年，他和他的花车委员会成员回忆起前几年搭建花车的艰辛。以往花车项目启动时，通常始于讨论以前年度的成果，继而进展到热烈讨论新的创意。丹说，一开始大家通常都干劲儿十足，但随着关于谁来承担什么角色、谁来监督工作、各小组如何让更多学生参与进来、需要多少时间等问题陷入混乱，这股势头很快就会减弱。

　　丹决心不再重蹈覆辙，着手让当年团队搭建的花车以及制作过程都成为有史以来最出色的。"我参与过几次返校节花车项目，"他告诉我们，"人们变得困惑并失去兴趣，这对我来说没道理，因为随着花车搭建的推进，这本该变得更加令人兴奋和有趣。"当丹与那些前几年一开始热情高涨但后来退出的学生交谈时，他了解到这是因为他们觉得自己没有做出重要贡献，觉得有很多其他人可以完成分配给他们的任务。"这让我意识到，"他说，"我需要让大家觉得他们独特的贡献是有价值的，而且我们每一个人都不可或缺。"

　　和过去一样，花车委员会花了大量时间集思广益，设计花车并选出他们认为最符合当年返校节主题的方案。丹觉得传统流程需要一些新元素来吸引学生参与。他让一些委员会成员制作一个他们设想的花车模型。然后，他们可以利用这个模型，鼓励学生报名参与花车项目的特定部分，而不是像过去那样，让大家一夜又一夜地来，然后直接投入锯木、锤击和涂漆工作中。

　　一旦学生们自主报名参加了花车某个部分的搭建任务，丹就会带领一个小组制定一份需要完成的具体任务清单。学生们可以根据自己实际可以投入的时间，以及认为自己擅长的领域，从清单中选择他们想要完成的工作。这一策略极大地改变了每个人参与项目的方式。由于每个人都可以选择自己想要做的工作，并被要求诚实地说出自己可以贡献的时间，丹和委员会得以更有效地分配工作，避免了过去花车搭建过程中常见的混乱和懈怠。丹解释说："人们不可能轻易离开，因为他们已经报名参加了自己想要做的工作，并做出了承诺。报名参加花车搭建的学生也非常喜欢这样的安排，他们不用被分配任务，而是有机会就自己想做的事提出意见和想法。"

通过给予学生在项目中扮演角色的自由度，丹改变了学生对这个项目的态度。结果，大多数学生都信守承诺。此外，由于丹让大家能根据自己的能力选择参与程度，他们的承诺更加坚定。花车委员会的缺席人数比以往任何一年都少得多。大家不会负担过重，而且清楚自己要做什么，所以没人中途退出。在规划和制作过程中，挫折少了很多，效率和组织性则大大提高。"每个人似乎都更加享受自己的工作，"丹告诉我们，"热情持续高涨，整个过程都充满乐趣。"

在工作方式上拥有自由度能增强人们的能力。当人们被允许尝试新事物，并在无须请示他人的情况下，做出影响工作方式的决策时，他们就会成长。卓越的领导者不是控制狂，也不会拘泥于一套标准的规则、程序或日程安排。你需要在决定如何开展工作方面，给予人们足够的自由和选择。这样做的回报将是巨大的。我们的研究表明，那些经常"支持他人自主做出决策"的学生领导者，手下的人积极性最高。学生们觉得自己有价值、工作富有成效，并且知道自己正在发挥作用。

❑ 培养责任感

当人们对自己的行为承担个人责任并接受问责时，他们的同学会更愿意与他们合作，也更有动力协同工作。个人问责制是每一项协作努力的关键要素。为了让一个团队有效运转，每个人都必须尽到自己的职责。

迈克尔·贝茨（Mykell Bates）从 14 岁起就开始踢足球，15 岁时被选为美国 17 岁以下国家队队长。进入大学后，他继续踢球，大二时，迈克尔被选为校队队长。担任队长意味着他要承担比以往更多的组织职责，无论是场上还是场下。迈克尔告诉我们："一开始，我试图包揽所有事务，但后来我想到，既然在球场上我们彼此依赖，那么在场下我不也应该依靠他们吗？"

迈克尔告诉我们，他开始主动联系队友，让他们分担团队的一些沟通任务。

> 我们在球场上的成功离不开每个人的努力，所以我希望我们在场下也能保持同样的责任心和团队精神。当我问球员："嘿，你能给队友们发个短信，通知今晚的会议吗？"他们总是很乐意帮忙。

慢慢地，迈克尔逐渐将任务分派给团队中的更多成员。最终，大家发现，将部分任务分摊给团队成员是一种更为高效的做事方式，而且这还有助于让所有参与者都感到对团队的成功运作负有责任。

迈克尔对他的团队所做的事情，正是学生领导者为培养团队责任感所做的——他们有意识地营造一种环境，让团队成员相互依赖，共同完成需要完成的任务。这并不意味着他们专制或掌控。他的队友布兰登·齐默尔曼告诉我们：

> 迈克尔在分配任务时并不是命令，他只是简单地请求你的帮助，而你也会愿意帮助他。他相信我能完成所需的工作，而我也不想辜负这份信任。这是一种相互的尊重，既是对彼此负责，也是为了团队的利益。

像迈克尔这样的领导者深谙一个关于赋能他人的基本原理——选择

的权利取决于当责的意愿。人们明白，拥有更多的选择自由，就必须承担更大的个人责任。此外，还有一个好处，就是当人们越相信其他人在项目中承担了相应的责任，并且其有能力承担责任时，他们之间的信任和合作就会更多。当人们相信其他人会各尽其责时，他们也会更有信心、更积极地履行自己的职责。

有些学生认为，小组、团队和其他合作经历会降低个人责任感。他们认为，如果鼓励同学们集体合作，比起鼓励他们竞争或独自做事，他们对自己行为的责任感会降低。想想课堂上的小组项目。如果小组中有很多成员，你觉得人们是否会更不担心自己不履行职责会带来什么后果？确实，有些人在团队合作时会成为"搭便车者"，在别人干活时偷懒。然而，这种情况不会持续太久，因为他们的同学很快就会厌倦承担额外的负担。只要团队有共同目标和共同的问责机制，要么偷懒的人主动承担责任，要么团队希望这个人退出。

接下来，看看布洛克·达文波特（Brock Davenport）是如何在南方一所大学的男生联谊分会中，通过培养责任感来赋能他人的。"我学到的最重要的一点是，最有影响力的人往往不是担任领导职务的人。"布洛克说。他告诉我们，每当分会需要做极其重要的事情时，他会关注那些坐在后排的人。他认为，如果能让他们关心某件事，让他们表达并宣扬这件事的重要性，效果会比他试图让他们必须站出来要好一千倍。

布洛克分享了这样一个例子。在他的分会里，负责组织篮球比赛或其他有趣的户外探险活动的"公园与娱乐"方面的职位已经空缺了好几个月。在一次分会会议后，一名成员找到布洛克。他告诉布洛克，分会需要新的台球杆，并询问谁来负责订购。"我当时说，你看，我们目前没有负责公园和娱乐的人手，你要不试试自己订购台球杆？"布洛克说。那个成员同意了，并且非常喜欢这个工作，于是他就顺理成章地担任了这个职务。布洛克说："现在他就在负责公园和娱乐方面的工作。我若不邀请他出任，他是绝不会主动提出要承担这个职责的。"

关键的是，布洛克并没有简单地在分会里给某人指定一个职位，他找到了一种方法，让某人在自己已经感兴趣的领域承担责任。作为领导者，布洛克告诉我们，你需要倾听你所引导的人的兴趣，然后将这种兴趣与一项责任相匹配。"你必须赋予他们力量，让他们从感兴趣转变为充满热情。挑战在于让他们从'参与'（比如说，我会去参加那个活动）转变为'领导'（我将领导那个活动）。如果你能实现从'参与'到'领导'的转变，那就是成功所在。"

增强自我决定权意味着让人们掌控自己的生活。这就需要你为他们提供一些实实在在的东西去掌控并为之负责。将角色定义得宽泛一些——当作项目而非任务，并设法确保每个人都能参与决策过程。你要确保团队中的每个人，无论其任务或工作是什么，都有他们为之服务的对象——某个他们觉得自己应对其负责的人。记住，你还需要提供必要的资源，比如材料、资金、时间和信息，让人们能够自主地开展工作。没有什么比承担大量责任却没有相应资源去履行职责更让人感到无力的了。

培养胜任力与自信心

选择权、自主权和责任感赋予人们对生活的掌控权，激发他们的力量感。然而，尽管增强自我决定权很有必要，但这并不够。如果没有完成工作所需的专业知识、技能、信息和资源，且对做出必要选择缺乏信心，人们会感到不堪重负，很可能灰心丧气。即使他们拥有完成工作所需的资源和技能，有时也可能不确定自己是否被允许使用，或者在事情进展不如预期时能否得到支持。有时，他们缺乏自信去做自己明知该做的事。

当迈克尔要求他的足球队队友站出来，接手球队的一些运营任务时，这除培养责任感之外，还有另一个好处。当责任在团队中分散开来，每个队友都可以专注并精通一项活动，而如果只有一个人承担所有任务，就很难做到完满。

迈克尔发现，赋予他人责任能提升他们的技能和自信心。他的一位队友告诉我们，迈克尔的做法给他带来了启发："我有一份兼职建筑工作，迈克尔的领导方式让我明白，我可以将一些建筑工作责任分配给其他人。我一直喜欢亲力亲为，但我确信和我一起工作的人能做得和我一样好，在某些情况下甚至更好。我可以指导他们完成工作，这将培养他们的能力和信心，最终让我们成为一个更强大、更高效的工作团队。"

像迈克尔那样分享权力就能够提高团队的绩效，这已经不是什么秘密了。培养团队成员的能力和信心至关重要。你要想取得非凡的成就，就必须努力增强团队中**每**一个人的能力和决心。

回想一下，当你面临的挑战超出你的技能水平时的情景。当挑战艰巨而你的技能不足时，你有何感受？如果你和大多数人一样，你会感到焦虑、紧张，甚至害怕。现在，再想想当你的技能水平高于工作中的挑战程度时的情景。你又有怎样的感受呢？很可能感到无聊和冷漠。当你焦虑或无聊的时候，你能把工作做到最好吗？当然不能。只有当你面临的挑战略高于你目前的技能水平时，你才会有出色的表现。这时，你会觉得自己在成长，但又不会感到压力过大。对你来说是这样，对和你一起工作的其他人来说也是如此。

学生领导者努力创造条件，使人们即便面对艰巨的任务或项目，也能轻松且专业地完成工作。这就需要你不断评估个人和团队应对所面临挑战的能力，需要你关注团队成员的技能和意志力。

❏ 教育培训和分享信息

人们如果不知道如何做一件事，他们就不能完成任务。因此，当你增加团队成员的自主权和决断权时，你也需要培训和发展团队成员。当人们不确定如何执行关键任务，或者害怕犯错时，他们可能会不愿意运用自己的判断力。培养团队中每个成员的能力和信心是一个良性循环，能让每个参与者都觉得自己更称职、更有能力、更高效，并且感觉自己就像领导者一样。作为领导者，你的职责就是培养他们的这种感受。当克里斯蒂娜·贝吉（Christina Beige）与从全校教职工中挑选出来的同事一起加入能源工作组时，她所承担的就是这项工作。

在克里斯蒂娜加入这个特别工作组的前一年，由"绿色地球学生联盟"（SAGE）发起了一项设立"绿色费用"的倡议。然而，大学校长认为没有足够的证据表明全体学生都支持这项倡议，所以没有批准这笔费用。克里斯蒂娜所在的特别工作组已经制订了许多绿色项目、政策计划，并开展了宣传活动，以使学校更加环保。"这是一次很棒的努力，"克里斯蒂娜说，"但我知道，如果没有资金支持，这一切都将毫无意义。我必须采取行动。"她起草了一项关于征收 10 美元"绿色费用"的决议，旨在为各种项目和宣传活动提供资金，以提高校园内的环保意识和责任感。她向学校的学生评议会提交了这项"绿色费用"决议，并附上了一份详细的纲要，说明这总计 20 万美元的费用将如何使用。

学生评议会犹豫不决，大家认为需要再次进行学生调查，以获得支持的确凿证据。克里斯蒂娜、"绿色地球学生联盟"和其他支持该提案的学生再次伸出援手，向学生们宣传这项收费的意义。当时，他们正在与体育部提出的提高体育运动收费的提案竞争，而且似乎在每一个环节上都寡不敌众。克里斯蒂娜告诉我们："但我们没有放弃，我们掌握了很多关于学生真正关心的事情的信息，我们相信，如果把这些信息分享给学生，我们就能够获得公平的机会。"他们的信息分享获得了巨大回报。凭借绿色环保费用对资助项目影响的事实和数据，学生们给予了压倒性的支持，其中75%的人最终赞成收费。

克里斯蒂娜的经历表明，与他人分享信息对于那些希望成就非凡事业的领导者来说至关重要。请回想一下，在那些让人感到强大的因素中，分享信息一直占据着重要的位置，而缺乏信息则会让人感到无能为力。对于领导者来说，你要培养团队成员的能力和信心，使他们更称职、更有能力、更高效，并且表现得更像真正的领导者，这会增强他们对"单枪匹马无法成就非凡事业"这一真理的理解。让员工变得更聪明是**每一个**领导者的职责。如果你团队中的成员没有从他们参与的项目和活动中获得成长和学习，他们很可能会离开，去寻找更有意义的机会。

❏ 合理安排工作以培养胜任力与主人翁意识

领导者会丰富团队成员的职责，让他们在任务中体验到多样性，并有机会就如何完成工作做出有意义的决策。典范学生领导者会合理安排任务，让人们觉得自己的工作与团队或组织亟待解决的问题相关；确保在处理组织中重要事务的委员会、团队和问题解决小组里，每个人都觉得自己能充分表达自己的意见；让人们参与到直接影响他们所承担工作的项目、会议和决策中，等等。诸如此类的行动能够培养能力，增强主人翁意识和责任感。

丹在返校节搭建花车的项目中，学到了另外一课。传统上，工作分配是按照一般任务来组织的，比如搭建、绘画、装饰等。学生们会报名参加其中一种任务，仅此而已。关于如何组织工作，丹有不同的想法。"过去，人们被鼓励报名参加他们觉得自己知道如何做或者以前做过的事情，比如绘画，"丹解释道，"结果往往是人们会对绘画感到厌烦，他们觉得自己被局限住了。"丹想，为什么不让人们尝试一项新技能呢？如果他们擅长绘画，他们可以继续画，但也许他们想学习一些搭建方面的技能。"如果我们帮助人们获得一些新的经验和技能，"丹告诉我们，"这不仅会让我们在完成工作方面处于更有利的位置，也会让未来几年的工作更轻松。"

这种方法增强了**每一个人**对项目的主人翁责任感。它需要各个小组必须协调努力，项目才能取得成功。**每一个人**都必须承担起自己所负责的那部分工作，才能使整个项目最后完成。通过项目化的组织，学生们就可以相互依赖，共同完成一个大项目。这种方法还要求项目的**每一个部分**的质量保持一致，因此各小组必须相互协调，以达到彼此的标准。总之，学生们在搭建花车的工作中建立了信心，激发了主人翁精神，参与项目的人数比以往任何时候都要多。此外，活动还获得了另一个收获——花车在评比中获得了第一名。

　　像丹这样的学生领导者深知，将任务、作业和项目转化为增长知识和技能，以及培养主人翁精神的机会是多么重要。要让人们感觉自己是主人，他们就必须了解要做什么、如何做，达到任何"主人"都期望达到的程度。如果你的团队要实现有效协作，就必须能够回答以下问题：我们的服务对象是谁？我们为谁而存在？他们如何看待我们？我们如何知道自己是在做满足他们期待的事？我们最近做得怎么样？未来六个月我们能做些什么新的、更好的事情？

❏ 培养自信心

　　人们即使知道如何做某件事，但缺乏自信也会使他们止步不前。没有足够的自信，人们就不会拥有迎接严峻挑战所需的勇气。低自信的人表现为无助、无力感，以及使人丧失行动能力的自我怀疑。你可以通过培养人们的自信心，增强他们的内在力量，让他们在未知的领域中勇往直前，做出艰难的抉择，面对反对意见等。因为他们相信自己的技能和决策能力，也相信你的技能和决策能力。

　　艾米和扎卡利亚在组织别样春假活动时让全员参与，以此鼓励他们树立自信心。弗朗西斯为人们提供参与戏剧俱乐部各种活动的机会，而丹则让大家自主选择参与搭建返校节花车的某部分工作。

　　帕特里克·奎因（Patrick Quinn）的足球队友兼队长也正是这样帮助他的。他让帕特里克担任领导职务，而帕特里克自己都没想到他有能力胜任这个职位。毕竟，在他所在的三级足球联赛球队中踢球时，帕特里克受了伤，在那种情况下，他觉得自己无法为球队做出太多贡献。

　　帕特里克告诉我们，"有一场比赛，我们的队长鲁尼把我拉到一边说：'你是否知道，球队的队友都很看重你。你的一言一行都很重要。'这让我意识到自己的价值，让我想要成为一名更好的领导者"。在此之前，他一直认为自己只是球队里的一名普通球员，换句话说，就是可有可无的。部分原因在于足球教练没有让帕特里克和其他队员们感到自己很重要。帕特里克说："如果我们受伤了，他就把我们换下来，然后问我们什么时候能恢复健康。"

但鲁尼唤醒并增强了帕特里克的自信，让他感觉到自己对球队的重要性和价值。帕特里克说："这让我觉得自己虽然在球场上是可以被替代的。但即使我的身体受伤了，我仍然可以通过自己的积极参与和支持为球队做出积极的贡献。"

大四那年，帕特里克在担任球队队长一职时，他积极践行从鲁尼那里学到的领导力。"我努力地成为新球员的领导者，指导他们成长。我告诉他们努力工作的价值，让他们知道自己付出的努力是为了球队这个大家庭。我想到了鲁尼是如何影响我的，并努力像他那样以积极、自信的方式领导大家。如果你愿意信任他人，他们也会更信任你，全心全意地听从你的建议。这些行动相辅相成，形成良性循环。"帕特里克说道。

无论任务多么艰巨，保持自信并相信自己有能力胜任工作，对于促进和保持持续努力至关重要。通过向团队传达你对成功的信心，你将帮助团队成员突破自我设限。

❏ 教练辅导

虽然典范学生领导者会向他人传递自己的信心，但如果人们确实做不到，就不能只是告诉他们可以做到。领导者需要提供教练辅导，因为如果没有建设性的反馈、探索性的问题以及受人尊敬的教练的积极教导，没有人能在任何事情上做到最好。在赋能他人的过程中，你必须对他们寄予厚望，并耐心地引导他们，表达对他们做出正确选择的信心。在他们犯错时给予支持，帮助他们从经历中学习成长，并支持他们的决定。通常情况下，这需要循序渐进，一步步来，这样人们就不会因为他们的能力与最初表现之间的差距过大，而感到不知所措和压力过大。

安东尼·戈切努尔（Anthony Gochenour）在大学期间一直担任中西部一所大学学生会大楼的管理员之一，最终成为资深的宿舍管理员和学生就业团队的负责人。他告诉我们，他面临的最大挑战是让由三个不同学生员工团队组成的工作人员认识到他们工作的重要性，并激发他们提升工作能力、把工作做得更好的积极性。

安东尼认为，学生会大楼可能是校园内使用率最高的建筑，因此，工作人员日常的冷漠态度和不投入是一个严重问题。他开始思考工作人员必须做的日常工作，并从为学生提供服务的重要性角度来审视这些任务。从那时起，他开始引导团队的不同成员专注于特定任务，这样他们必须完成的众多任务就不会显得那么让人不堪重负。

安东尼将整体工作进行细分，让学生工作者承担他们感兴趣的责任，然后对他们进行一对一的教练辅导，并与他们一起共事，就他们的工作表现给予指导和反馈。随着时间的推移，团队成员逐渐意识到，他们完成的小任务是如何为大局做出贡献的，他们也能看到自己的工作对大楼管理产生的影响。在安东尼的支持下，学生团队逐渐认识到，他们的工作不仅仅是维持大楼的运转，还影响着每一个进出大楼的人的体验。

像安东尼这样的学生领导者从不控制他人。他们让团队成员自己做出选择并承担责任。当领导者教练辅导、教育和提高他人的自主性，并以各种方式分享权力时，他们就表现出了对他人能力的充分信任和尊重。当领导者帮助他人成长和发展时，他人也会给予回报。那些认为自己有能力影响领导者的人，会对这些领导者产生更强烈的归属感，也会更加努力、有效地履行自己的职责。

优秀的教练明白，赋能他人需要关注并信任他人。如果允许人们做出选择、向他们提供支持和反馈，他们就有足够的智慧自己解决问题。教练让人不断成长，发展他们的能力，并为他们提供机会，让他们在具有挑战性的任务中磨炼和提高自己的技能。

优秀教练也会提出好问题。提问的好处有很多。首先，它既能给人思考的空间，也能让他人从自己的角度来思考问题。其次，提问可以表明对个人能力的潜在信任，因为责任转移了，而且提问的好处是几乎可以立即让对方接受解决方案（因为这些方案是他们自己想出来的）。提问让领导者更多地扮演引导者的角色，从而让他们从具体的事务中解脱出来，进行更具战略性的思考。

每一个团队或事业的成功都是共同的责任。正如承诺 7 所述，单靠自己难以成就大事。你需要一个有能力且自信的团队，而这个团队也需要一位有能力且自信的教练。同样，当你在带领团队时，不妨也考虑给自己找一位教练。没有什么比你自己以身作则更好的方式，来让他人效仿你所期望的行为模式了。

思考与行动：赋能他人

赋能他人本质上是一个将每个人都转变为领导者的过程——让人们能够主动采取行动。领导者需要带动他人一同成为领导者。当领导者让人们能够做出选择、设计完成工作的不同方案，并鼓励人们勇于担当责任、付诸行动时，他们就在赋能他人。

领导者培养他人自主行动和取得成功的能力与信心。他们确保人们拥有所需的信息，了解团队的运作方式以及正在发生的事情。他们帮助提升人们的能力，并教练辅导他们如何将所学知识付诸实践，激励并支持他们去完成超出想象的事情。学生领导者会通过提问帮助人们独立思考，并教练辅导他们如何发挥出最佳水平。

❑ 思考

使众人行的第二项是赋能他人，要求领导者增强自主意识和发展能力来赋能他人。关于典范领导力，你从本章中学到的最重要的观点或经验是什么？

_____

_____

以下是你可以采取的一些行动，以兑现你对赋能他人的承诺：

- 让人们自行选择如何开展工作。

- 合理安排任务，使个人有机会就如何以最佳方式完成任务运用自己的判断力。

- 在人们的技能水平与你要求他们完成的工作之间找到平衡。为他们提供机会，让他们超越自己的舒适区去挑战自我，但不要超出太多，以免他们失去信心。

- 通过确保人们拥有完成任务或项目所需的资源来增强他们的责任感。

- 与他人分享你的影响力以及任何适当的组织权力。

- 以切实可见的方式表明你相信团队成员的能力。

- 留出时间教练辅导他人。首先要充分了解与你共事的人的技能、兴趣和抱负，以便确定如何让他们充分发挥自己的能力。

❑ 行动

在你对所学内容、自己有待改进之处，以及上述建议进行反思之后，在此写下你的计划，至少采取一项行动来帮助自己成为更优秀的领导者：

读书笔记

习惯行为 5
激励人心

　　成就非凡并非易事，领导者必须激励他人持续追求。领导者通过切实认可成员为实现共同愿景所做的贡献，来增强他们的勇气与决心。领导者会对自己团队所取得的成就表示自豪，并特意告知组织中的其他成员，团队已经取得的成果。他们让人们感觉自己就像英雄一样。领导者会想方设法庆祝取得的成就，并且亲身参与其中。他们会抽出时间，为达成一个里程碑并继续前进而欢欣鼓舞。

　　在接下来的两章中，我们将探讨作为一名学生领导者需要做到：

▶ 通过表彰个人的卓越表现来认可他人的贡献。

▶ 通过创造一种集体主义精神来庆祝价值观的实现和胜利。

认可他人的贡献

卡德莎·齐默尔曼（Kadesha Zimmerman）在大学期间的学习一直很出色——她多次入选院长嘉奖名单、优秀学生名单，并在大四那年获得了领导力奖——但这些成就的获得并非易事。她刚进校园时就希望未来能够进入金融行业工作，但她发现年轻的黑人女性中很少人有她这样的想法。一位同样是非裔美国人的资深教师给予了她悉心的关照和指导，使得她的学业成绩取得了显著提升。这段经历激励她在大四时成为全校的"成功教练"，为校园里的同龄人提供帮助。

尽管卡德莎成绩优异，但她也常常遇到困难，需要他人帮助才能实现学业目标。她告诉我们，她想向其他学生表明：

> 有些同学的学业成功看起来是轻松取得的，但实际上他们也付出了很多的努力。我在这个过程中学到了很多，我希望能够分享给大家：我的学习习惯是什么、如何与教授打交道、如何高效

管理时间。我认为这些对学业成功非常重要，但我们平常却很少谈论。

卡德莎逐渐认识到教练辅导和同伴互助对学业成功的重要性，并希望找到一种可以教给他人的方法。她认为，成为一名成功教练是她向学生展示如何相互帮助、在学业上取得佳绩并成为未来领导者的途径。

教练的工作对象是那些被留校察看或在分班考试中被认定是难以适应大学教育的学生。虽然该项目会为学生指派一名辅导教练，但是否利用导师提供的服务则取决于学生自己。卡德莎说："我不能强迫任何人愿意与我合作，但我可以努力让他们期待与我合作。"

卡德莎在担任教练的第一个学期，召集了所有分配给她的学生开会，讨论目标，并安排单独会面时间，以便确定她能与每个学生一对一地解决问题。在那次会议上，卡德莎注意到一名大一学生安静专注，但不发言，也没有预约后续的会面。

后来，卡德莎了解到，这位年轻女生（姑且称她为阿基拉）在平面艺术方面很有天赋，也是被标记为在大学课程学习上可能有困难的学生之一。卡德莎多次通过电子邮件联系她，都没有收到任何回复。最后，她尝试了一种途径：社交媒体。卡德莎在脸书上给她发了一条消息，告诉她自己非常喜欢阿基拉发布的艺术作品，还提到她认为这些作品可以如何用于丰富同学们的校园环境和生活体验。她还提出了几种阿基拉可以更多参与校园艺术社团活动的方式。这一招奏效了。阿基拉预约了时间，来讨论她的艺术抱负以及在校园里想如何发展自己的艺术事业。"我觉得她被分配给一名'成功教练'，让她感到很羞愧，"卡德莎说，"但我让她觉得自己能为校园社区贡献有价值的东西。我们没有只专注于她需要改进的方面，也注重建立起一种关系。"

在她们的会面中，卡德莎列出了阿基拉需要修读的课程，并介绍了她可以考虑的几条职业道路，其中包括成为一名平面设计师。卡德莎告诉阿基拉，她认为阿基拉极具天赋，而且她正在学习的其他课程（比如几何和构图）对她的未来至关重要。她还建议阿基拉加入一些校园组织，这些组织会欣赏并进一步挖掘她的艺术天赋，其中有一个组织会在校园咖啡馆展示成员的艺术作品。

与此同时，卡德莎还明确表达了她对阿基拉的期待。她们将继续进行定期会面，讨论她的学业，而阿基拉也将为自己设定学业目标。例如，每门课程期待达到的平均成绩目标，她和卡德莎将在未来一年中一起合作实现这一目标。卡德莎还会在未来的会面中就阿基拉的目标完成情况向她提供反馈。

一开始，阿基拉设定的目标只是第一学期拿到 2.0 的绩点，而我觉得她可以做得更好。我鼓励她把目标定高一点，如果有需要，我们可以多安排几次会面，但我认为她至少应该瞄准 2.5 的绩点，因为她完全有能力做到。我带着对她能力的信心和信任，让阿基拉考虑这个更具挑战性的目标。我不想让她觉得我不相信她在课程学习上确实存在困难，但我也想让她知道，我对她的学术潜力充满信心。

第一学期期末，阿基拉的平均绩点达到 2.8，第二学期平均绩点提升到 3.0。

第一学年结束前，卡德莎又与所有辅导过的学生举行了一次会议，让大家展示这一年所取得的成绩。每个人都带来了自己在这一年创作或参与完成且引以为傲的成果，可能是一篇论文、一个项目，或是期末考试的成绩。"这是这一年的高光时刻，"卡德莎说，"我们所有人都能认可自己感到骄傲的事情。对我来说，我最骄傲的是我所有的学生，以及他们共同付出的努力。"庆祝活动结束后，卡德莎给每一位带来个人成果展示的学生都发了感谢信。

卡德莎在担任成功教练的一年时间里，认识到了看见和认可他人的才能和贡献的重要性，以及充分表达出来有助于建立有意义的合作关系。"那段经历教会了我很多。"卡德莎说：

> 这让我认识到同学们对自己的专长有多在意。同时我也认识到，作为一名成功教练，这段经历体现出关系是双向的——我所辅导的学生也教会了我许多东西。

典范学生领导者和卡德莎一样，深知与周围的人建立关系有多么重要，他们不会轻视任何人，而是欣赏每个人的特质及他们所做的事。所有典范学生领导者都致力于"认可他人的贡献"。他们之所以这样做，是因为人们只有在获得恰当认可的情况下才会保持最佳状态，投入工作时间长、难度大、任务艰巨的工作之中。人们在应对艰巨的挑战和坚持到达终点的过程中，都需要充沛的精力和坚定的决心。人们需要情绪动力来维持他们的工作激情。

认可他人的贡献，需要做好以下两个要点：

- 期待最佳表现。
- 个性化认可。

将这些要点付诸实践，你可以振奋人们的精神，激发人们内在的奋斗动力。你要不断激励人们为了实现更高的绩效而努力奋斗，鼓励人们坚守组织的愿景和价值观。你要帮助人们鼓起勇气和力量去做他们之前从未做过的事情。

期待最佳表现

典范学生领导者能够激发人们高水准的表现，因为他们坚信人们有能力实现哪怕是最具挑战性的目标。这是因为积极的期望不仅会深刻影响团队成员的愿望，而且往往会在无意识中影响你对待他们的方式。你可能甚至没有意识到，自己正以各种方式传达着对他人的看法。你会释放出一些信号，让人们感觉到你要么在说"我知道你能做到"，要么在说"你根本不可能做到那件事"。除非你通过言语和行动让人们知道你坚信他们能够达到高水平的表现，否则他们就无法实现最佳的表现。

社会心理学家将这种现象称为皮格马利翁效应，它源自希腊神话中皮格马利翁的故事。皮格马利翁是一位雕塑家，他雕刻了一尊美丽女子的雕像，随后爱上了这座雕像，并向女神阿佛洛狄忒祈求让雕像变成真人。阿佛洛狄忒应允了他的祈祷。领导者在培养他人的过程中扮演着类似皮格马利翁的角色。当让学生们描述他们曾遇到过的最优秀的领导者时，他们总会谈到那些能够激发他们最大潜能的人。他们会说："他对我的信任超过了我对自己的信任。""他看到了我自己都没发现的优点。"当学生们描述为什么他们会接受一项后来成为他们个人最佳表现的任务时，情况也是如此——"因为有人相信我能做到，尽管我以前从未做过类似的事情，而且自己也怀疑过是否能够做到。"

典范领导者能激发他人的无限潜力。如果一个人拥有某项潜能，他们总能找到释放这项潜能的方法。他们能显著提高团队成员的绩效，因为他们非常关心团队成员，对团队成员的能力深信不疑。他们培养、支持和鼓励自己所信任的人。

亚瑟·诺伊豪斯（Arthur Neuhaus）的领导经历就是如此。作为一级联赛网球队的联合队长，亚瑟知道自己在球场上的表现可以激励队友发挥出自己的最佳水平。因为大学网球运动既是一项团队运动，也是一项个人运动，所以在与分区对手进行一场特别艰苦的比赛时，亚瑟处于一个独特的位置，能够激励他的队友们。"在那场比赛之前，我得说我们有过几场不错的比赛，但也一直在努力挣扎。那可不是我们经历过的最好的赛季。我们失去了一名队员，因为他没有参赛资格，整个球队都受到了这件事的影响。"亚瑟说道。尽管球队在努力应对本赛季的挑战，但亚瑟觉得球队缺乏真正提升到更高水平的信心。

在这场重要比赛来临之际，亚瑟深知对他的球队而言，带着决心去比赛且永不言弃至关重要，即便比赛局势胶着时也不能放弃。结果他被安排对阵一位排名很高的选手——全国排名第 35 位。亚瑟明白，自己赢得这场比赛或许能激励队友在各自的比赛中奋力拼搏，从而使球队脱颖而出。"压力相当大。我努力保持冷静，掌控比赛局势，尽管内心十分紧张。但我仍得想办法向对手以及队友展示，一切尽在我的掌控之中。"亚瑟说道。

亚瑟相信他的球队能够获胜，但他想让队员们看到他的这份信任。于是他选择在比赛中充满激情，在关键得分点上大声呼喊，这样在不同场地比赛的队友们就能听到他为胜利而拼搏的声音，进而也能让他们自己充满斗志。

> 它可以改变比赛的势头——不仅是你自己的比赛，还包括其他赛场队友的比赛。我努力向队友们展示，无论发生什么，我都会一直全力以赴。我想通过大声喊叫来展现我的存在感，让他们听到我的声音，知道无论发生什么，我们都会继续战斗。

最终，亚瑟赢得了这场个人比赛，他的团队也最终赢得了比赛的总冠军。对亚瑟来说，这是一个意义非凡的时刻，不仅因为他取得了个人最好成绩，而且因为团队取得了最好成绩。亚瑟说："团队赢得的胜利，意义更加重大。我能够做一些比我个人的成就更重要的事情，对我来说意义非凡。"

你的积极期待会激发人们的积极回应。对自我实现预言现象的研究充分表明，人们的行为方式往往与他人对他们的期望相符。当你期望他们成功时，他们很可能会成功。如果你期望人们失败，他们很可能也会失败。从你自己的经历来思考一下这个问题。你是否能回忆起曾被要求做某件事情时感到不堪重负的时刻呢？也许是你的球队必须要赢下的一场至关重要的比赛，而对手整个赛季都未尝败绩。也许是被要求接手一项你知之甚少但要对此负责的任务。又或许是一场决定你能否进入大学或研究生院的考试。如果你成功了，很可能是因为有某个人以某种方式让你知道"我相信你能做到"——是这个人增强了你的自信心。诸如此类的情感表达会向人们的大脑传递一个强有力的信息，这个信息能帮助他们努力提升自己，以符合他人对他们的期望。

亚历克斯·戈尔卡尔（Alex Golkar）告诉我们，最初他对于将要一起完成金融专业课程项目的队友并不是很满意。毕竟，他加入这个团队只是因为他们还缺一名成员，而这个团队对他和其他人来说都是唯一的选择。当他发现团队中的一名成员虽然非常聪明，但被实习工作的严苛要求所缠身，并且明确表示无法全身心投入项目中时，他更加怀疑了。团队的另一名成员是个友善的人，喜欢社交，但他正处于处理家庭问题的困扰之中，所以对项目的关注度也有所下降。在接下来的五周里，这个团队表现不佳，老师驳回了他们最初提交的全部四个项目提案。

随着最后期限的临近，亚历克斯决定采取主动，引导团队做出改变，提升大家的信心。他说："我要解决的第一个问题是自己的问题。我必须改变自己对组员的看法，我要对他们充满信心，而不是把他们看成不负责任、没有能力的人。"

当亚历克斯决定改变自己对组员的专业知识和积极性的看法时，他也开始改变自己的想法和行为。

> 起初，我有些退缩，因为我认为组员们对这个项目心不在焉，我的努力会付诸东流。然而，随着我调整自己并期待取得成功，我向他们公开表达了我对他们的能力和共同完成任务的信心。我们通过自信和负责的沟通，有效地分享信息和增进了团结协作。

像亚瑟和亚历克斯一样的优秀学生领导者，他们能够通过认可将他人和自己的优点充分发挥出来，从而成就非凡。

❏ 向团队表明你信任他们

蒂芙尼·李（Tiffany Lee）在一座大城市的副市长办公室实习。她是办公室里最年轻、最缺乏经验的人，被安排做许多繁重的基础工作，包括回复电话留言、文件归档、写感谢信以及回复寄到办公室的日常信件。办公室的工作人员由于长期共事，彼此关系都很亲密，这让她觉得自己与大家格格不入。她说："我没有被视为一名正式的工作人员，而只是一个打杂的实习生。"

每周五工作结束前，她都要列席团队成员会议，每位成员会在会议上分享自己正在处理的工作。每一次，同事们都会分享自己参与的重要议题，例如，帮助起草立法议案或与卫生委员会合作，而蒂芙尼的回答总是一样的："回复信件。"她告诉我们："当我说出自己的'贡献'时，我会感到很尴尬。与同事们的贡献相比，我觉得自己做的事情微不足道，我不是团队中的重要一员。"

在不久之后的一次会议上，办公室主任表扬了团队在过去一周做出的重要贡献。其中，办公室主任告诉大家，由于信件处理及时和有效，副市长办公室收到了市民的感谢信，市民们认为自己提出的关切和福利问题被市长注意到了，市长真正关心了他们。当同事们得知这是蒂芙尼认真回复这些信件带来的成果时，纷纷夸赞她做的工作非常出色。办公室主任接着说，办公室里的每个人都能为集体带来有价值的东西，正是因为大家的共同努力，这个办公室才如此受到尊重和重视。蒂芙尼向我们讲述了办公室主任和同事们是如何表达对她的信任的，这让她觉得自己并不是团队中无足轻重的人，她说："这让我增加了自信，也让我在未来的工作中学会去鼓励他人。"

蒂芙尼学以致用。例如，当她被要求指导其他实习生时，她要求他们并相信他们能够做到最好，给他们机会发挥所长，留心他们对团队做出的贡献，无论贡献大小，都给予及时反馈和认可。蒂芙尼说："我希望帮助团队成员认识到，即使是平凡的工作，也能为集体成功做出贡献。"人们需要知道自己所做工作的重要性。

另一个案例是，帕特里克·奎恩讲述的足球队队长鲁尼如何在一个竞争激烈的赛季开始前鼓舞球队士气。帕特里克和鲁尼曾一起在一支足球队踢球。在鲁尼上大四之前，他给球队的每个人——甚至他还没见过的一年级新队员，写了一封极具个性化的信，激励队员们对新赛季充满期待，从而为球队定下了新赛季的基调。他在信的最后签名——**"未来联赛冠军，鲁尼"**。帕特里克说："这为整个赛季奠定了基调。我们都想赢得比赛。"虽然球队实力不俗，但赢得联赛冠军仍是一场艰苦的战斗。帕特里克所在的学校从未获得过冠军，也不是那一年的夺冠热门。帕特里克说："我们球队获得过几次亚军，但参加联赛这么多年，我们从来没有赢得过冠军。"

在整个赛季中，鲁尼不断重申他对团队成员的信心。在每场比赛前，鲁尼都会给队友们单独发短信，提醒他们将成为本赛季的联赛冠军。帕特里克认为，鲁尼对球队的坚定信心是球队成功的关键。帕特里克说："即使我们表现不佳或者输掉了比赛，即使我们在联赛中暂时排名第四，他也从未失去对球队的信心。这种永不放弃的精神激励着我们全力以赴。"

帕特里克的球队打进了联赛的季后赛，进入了前四名。在半决赛中，他们遭遇了头号种子队，打了一场最艰难的比赛。球队在点球大战中勉强获胜。帕特里克说："我们赢了这场比赛之后，我就开始想'我们太棒了！'我们打赢了这支最难对付的球队，进入了决赛，我们必须全力以赴，力争夺冠！"最终，球队赢得了联赛冠军，这是学校历史上的第一次。

帕特里克说："我认为，优秀的领导者深知如何激发人们发挥出最大的潜能——他们不一定是最优秀的球员，但他们知道他们是最适合的人，他们可以激发每个人的潜能，让每个人发挥得比自己想象的要好，因为他们相信你。"

领导者的积极期望并非空谈，也不仅仅是为了保持积极的态度或鼓舞他人。作为领导者，你的期待为人们战胜现实挑战提供了思路。你的期待塑造了你对待他人的行为方式，也影响着他们在完成任务中的行为表现。你无法把大理石雕像变成真人，但你可以激发团队成员的最大潜能，让他们超越平凡。帕特里克的经历和蒂芙尼的经历都一再表明，即使在人们情绪低落的时候，向他们展示你对他们的信任，也能帮助他们认识到自己仍有能力做到最好。你相信他人的潜能，相信他人能够获得成功，认可他们的贡献，比命令他人"照我说的去做"更容易让人接受和采取行动。人们需要感受到归属感、被接纳和被重视，并拥有获得成功所需的技能和内在资源。

相信是推动他人取得优异成绩的一股异常强大的力量。如果你想让团队成员抱有必胜的信念，就要像蒂芙尼的主管所做的那样：向团队成员表明你相信他们已经是胜利者。这不是说他们有一天会成为胜利者，而是说他们现在就是胜利者！你如果相信他人是胜利者，那么你的行为方式就会让他人感到他们是胜利者——它不仅体现在你的言语中，还包括你的语气、姿势、手势和面部表情。你不要对他人大喊大叫或皱眉头，不要欺骗、嘲笑或贬低他人。相反，你要表达友好，要支持和鼓励他人。

我们的研究表明，那些与经常"赞赏工作出色的人"的学生领导者共事的学生，工作参与度很高。例如，如图 9.1 所示，领导者赞赏工作出色的人与人们的工作自豪感之间存在着密切的关系。类似的结果还显示，领导者"对团队成员所做贡献表示感谢"的频率与团队成员感受到被重视和工作效率相关。

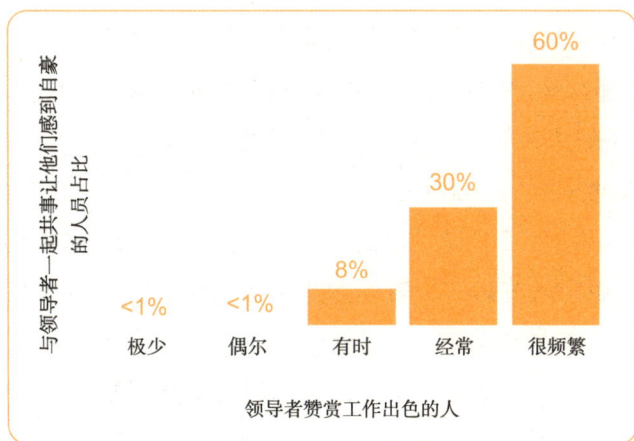

图 9.1　被领导者赞赏的人在工作中会有极强的自豪感

这是一个良性循环——你相信团队成员的能力，你的良好期待使你在行动中更加积极主动，你的鼓励行为又引发了更好的结果，并强化了你的信念，即人们可以取得成功。另一个良性循环始于人们看到自己能够取得非凡的成就，他们就会对自己更有信心、更有期待。

❏ 明确目标和规则

积极的期待是产生高绩效的必要条件，但如果人们不清楚行动的基本规则和预期成果，就难以维持高绩效状态。你可能读过刘易斯·卡罗尔的《爱丽丝梦游仙境》。你还记得里面的槌球比赛吗？火烈鸟是球槌，扑克牌士兵是球门，刺猬是球。每个人都在不停地移动，而且规则也一直在变。根本无法知道该如何玩这个游戏，也不知道怎样才能获胜。你不必掉进"兔子洞"（有趣而耗时的话题），也能理解爱丽丝的感受。她完全迷失了方向。

相信人们能够成功只是其中的一部分。如果你希望人们全力以赴，全身心地投入工作中，你还必须确保他们知道自己应该做什么。你需要明确预期的成果是什么样子。你必须确保有一致的规范来指导如何进行工作以及如何取得成果。你有没有上过这样的课，课程的学习成果和作业要求都不明确？当课程大纲在课程开始几周后才准备好时，你会有什么感受？如果你曾经发现自己在问"我们为什么要做这个？"或者"这一切最终会走向何方？"，那么你就体会过当被要求做某件事却不知道原因时，可能会产生的那种沮丧、冷漠、恐惧和不满的情绪。

莉兹·艾琳（Liz Eilen）在学生辅导中心工作时，主任向她建议，更多地鼓励被辅导学生可以提升他们的学习积极性，从而影响他们的学习进步。莉兹决定想出一些富有创意的方法来认可努力学习的学生。她首先鼓励学生更充分地参与到学习小组的活动中，为每个小组设定了较高的任务期望。她发现，设定这些期望正是每个小组成员所需要的，这能让他们感到有动力、有热情去参与并提升自己的学业水平。莉兹说："高期待会产生一种自我实现的预言。"她还注意到，学生们为了不让同伴们失望，会更加努力学习。莉兹告诉我们："学生们开始取得显著的进步，在不同的新领域取得新的突破。他们的进步令所有人都感到惊喜，包括他们自己。"

正如莉兹所言，期待对一个人的成长起着至关重要的作用。期待可以激发人的最大潜能和实现非凡目标的愿望。莉兹还发现，期待的内容包括学习目标、小组参与度和价值观。

目标和价值观会让人聚焦努力的标准。项目目标通常是短期的，而价值观（或原则）则更为持久。价值观和原则是目标的基础。它们是你的卓越标准和最高理想，也是你制定目标和衡量标准的依据。**价值观指导行动。目标激发能量。**

目标将人的注意力集中在共同价值观和标准上。它们帮助人们专注愿景。目标引导人们选择自己需要采取的行动，知道自己何时完成阶段性目标，何时需要纠正方向。目标帮助人们将手机调至静音模式，合理安排时间，将注意力集中在最重要的事情上。设定目标也是一种自我肯定。无论你是否意识到，目标都会影响你对自己的看法。

但是，目标与认可有什么关系呢？目标为认可提供了背景。目标让人们有了奋斗和想要实现的愿望。例如，获得第一名、打破纪录或树立新的卓越标准。目标增强了认可的意义，因为认可是针对一个人想要完成或成为榜样的事情。当你奖励恰当的行为和取得大家都想要实现的成绩时，认可才最有意义。

❏ 提供反馈和寻求反馈

人们想要并且需要知道自己是在朝着日标取得进展，还是仅仅在虚度光阴。只有当他们拥有一个具有挑战性的目标，并且能收到关于自身进展的反馈时，他们执行一项任务的积极性才会提高。仅有目标而没有反馈，或者仅有反馈而没有目标，对人们自愿付出额外努力去完成任何任务的意愿或积极性几乎没有什么影响。

人们在获得了清晰的目标和具体的反馈之后，就能进行自我纠正，更容易理解自己在全局中的位置。当人们获得了定期反馈，就能明确自己需要他人提供哪些帮助，以及哪些人可能会从他们的帮助中受益。凡是参加过有既定目标的筹款活动的人都知道，看到目标取得进展时带来的鼓舞是巨大的。

请想一想，在没有反馈的情况下，你的自信心会受到怎样的影响。想想当你在课堂上没有及时收到关于作业的反馈，或者在拿到一篇论文的成绩时却没有任何关于为什么得这个分数，以及在后续努力中需要做些什么才能更成功的解释时，你会有怎样的感受。你难道不认为这会让人感到沮丧并且失去动力吗？

无论是表演者、领导者还是团队成员，如果收不到来自他人的反馈，就不能获得前进的动力。人们需要有用的反馈。他们希望知道自己的表现如何。没有反馈通常会与负反馈一样产生负面影响。事实上，人们宁愿听到坏消息，也不愿听不到任何消息。最令人紧张的是不知道自己的表现如何，因为这会让人处于一种迷茫的状态，无法确定下一步该采取什么措施。

此外，反馈会带来更多的学习。人们只有通过获得反馈，才能知道自己是否接近目标，是否执行得当。虽然大多数人在理性上都认识到，反馈是自我反省和成长的必要组成部分，但他们往往不愿意接受反馈，因为反馈可能会让他们感到尴尬甚至痛苦。人们往往更希望自己显得很好，而不是变得更好！研究人员指出，一个人要想学好专业知识或掌握技能，就必须接受建设性的，甚至是批评性的反馈。

请回顾一下尼古拉斯·斯科维尔在承诺 8 中与我们分享的个人最佳领导经历——他成功地为所在大学的客座教师创造了有意义的体验。他从团队成员那里获得的反馈是他取得成功不可或缺的一部分。当尼古拉斯想为客座教师设计新的日程安排时，他需要参考团队以往的项目经验，向他们推荐新的日程安排，征求他们对潜在风险的反馈意见。

反馈非但没有让他气馁，反而帮助他发现需要解决的问题，增强了他作为领导者的信心。尼古拉斯认识到，在提出自己的论点之前，必须先建立一个论据，同时对队友们提出的问题和挑战保持开放的态度。这次经历促使他深入思考自己的想法，并学习如何提出更有说服力的方案，成为一名更有经验的领导者和队友。

　　尼古拉斯的经历表明，反馈可以创造对话。作为领导者，你的目标是鼓励他人发挥出最好的一面，使他们在帮助团队成员迎接挑战时更自信、更有能力。当你以鼓励对话的方式给予反馈，你将为双方创造一个学习的机会。

　　当领导者在工作中提供明确的方向感和反馈时，他们就能鼓励团队成员勇往直前，全力以赴。目标和进展会极大地影响人们的学习能力和成就感，对于领导者也是如此。与其他形式的反馈相比，鼓励更具个性化和积极性，更有可能增强领导者与团队成员之间的信任。从这个意义上说，鼓励是反馈的最高形式。

个性化认可

　　人们常常抱怨认可是意料之中的、平淡的和缺乏个性的。实际上，真正的认可是无法通过工业化生产和大规模复制的。有效的表扬没有固定的方案或模板。标准化的认可方式常常让人感觉是不真诚的、勉强的和草率的。随着时间的推移，这些认可甚至还会增加人们的怀疑，损害领导者的信誉。此外，笼统性的认可并不能产生有意义的作用，因为对方不确定这些认可到底是针对他们个人，还是针对大家的特别行为。

　　克莱·阿尔姆（Clay Alm）组建了一支学校垒球队，队员包括他的朋友和学生会同事，甚至还有一位教师。克莱告诉我们："我知道这个赛季肯定会非常有趣，纯粹是因为我们的队员名单上有着各种各样不同性格的人。"赛季进行得很顺利，在季后赛首场比赛的前一天，克莱邀请全体队员去他家，因为他准备了一个惊喜：

> 　　我为每位队友都准备了扎染的垒球衫。然后，我们把数字喷绘在每个人的衬衫背面，他们可以选择自己最喜欢的数字。最后，我还为队里的每个人都买了一个熨烫式的徽章。每个徽章都不一

样，而且每个徽章背后都有一个小故事。有些徽章的设计源自每位特定队友的兴趣爱好，有些是我们之间的私人玩笑，还有些代表着他们的家乡。

我花时间单独把徽章送给每位队友，并且在全体队员面前，讲述了我为什么给每个人挑选特定徽章的故事。这对我来说是一个自豪的时刻，不仅因为这个举动很受欢迎，还因为队里的每个人都能看到我们彼此之间建立起的一些私人情谊。这些队服最重要的一点在于，它们完全是我真心诚意的体现，不是作秀。

人们会感谢你对他们的关心，因此，他们会更加关心自己正在做的事情。如果你对他们的认可缺乏个性化，就很快会被遗忘。克莱通过个性化认可团队成员和培养团队精神，使垒球队的成员们更加紧密地团结在一起。发自内心的认可最能激励他人。

当学生们描述他们获得的最有意义的认可时，他们总是说："这个认可很个性化，很特别。"个性化认可和奖励能让人感受到更多的情绪价值。这就是为什么学生领导者要关注团队中每个人的好恶的原因。你要站在他人的角度问自己："我希望他人怎么来庆祝和表彰自己的贡献？"这个问题会引导你思考如何认可他人的贡献，同时也要意识到并非每个人都和你一样。因此，你必须了解他人，知道他们最喜欢的有意义的认可是什么。

❏ 了解团队成员

莉兹在回想学校辅导中心的经历时认识到，当学生清楚地了解了项目的目的和对他们的期待时，他们的学习效率会大大提高。这段经历还告诉她，当学生感到有人对他们寄予厚望，并关注他们的表现时，他们会更有动力，也更受鼓舞。莉兹说，如果她不尽可能多地了解每位学生，就无法帮助他们培养情感："花时间与每个学生沟通，分享我们的期待，有助于激励每个学生取得成功，不仅是为了他们自己，也是为了我们这个集体。"

事实证明，这些时间花得很值，莉兹每周都会给达到或超过预期的学生写信表示祝贺，有时甚至会送一份特别的小礼物，以肯定学生们的个人进步或对集体的贡献。莉兹通过走近学生，深入了解他们所面临的挑战和付出的努力，才能够以真诚和有意义的方式肯定他们取得的成绩。

就像莉兹和克莱所做的，为了使认可更具有个人意义，你首先需要了解与你共事、与你有交集的人。你如果要使认可更具个性化和独特性，你就必须超越组织和角色的局限，走进每个人的内心深处。你要了解他们是谁，他们的感受和想法。作为领导者，你需要找到一种亲近他人的方式。

因为人与人之间的距离是预测两人是否会交谈的最佳指标，所以如果你想了解是什么激励着他们，他们喜欢什么、不喜欢什么，以及他们最欣赏哪种认可方式，你就必须在身体距离上靠近他们。这样做的回报是巨大的。例如，在五年的时间里，研究人员观察了几组朋友和几组泛泛之交的人在完成运动技能和决策任务时的表现。结果很明显。由朋友组成的小组平均完成的项目数量是仅仅由泛泛之交的人组成的小组的三倍多。在决策任务中，朋友小组的效率比泛泛之交小组高出 20% 以上。然而，这里有一个重要的注意事项。朋友们必须对小组的目标有强烈的认同感。如果没有，那么朋友之间的表现可能并不会更好。这正是我们之前所说的，领导者明确标准并营造一种拥有共同目标和价值观的氛围是绝对必要的。当涉及绩效时，对标准的坚持和人与人之间良好的关系是相辅相成的。

团队成员之间建立有意义的联系所带来的另一个好处是提高了他们的忠诚度。换言之，你对他人的关注、个性化认可，以及创造性地、积极地赞赏他人，都会增加他们对你的信任。如果他人知道你真正关心他们，他们就更有可能关心你。

人们更愿意追随与自己有某种关系的人。任何关系的基础都是信任。领导者让自己办公室的大门敞开，就在表明愿意让他人进门。你敞开心扉交流也是如此。你要想获得他人的充分信任，就必须对他人敞开心扉，与他人交心。这意味着告诉别人你想知道的关于他们的事情——谈论你的希望和梦想、你的家人和朋友、你的兴趣和追求。

❏ 富有创意的激励

你还能想起自己曾经因某件事而得到的认可吗？你每次回想起这件事情都会充满自豪和开心。这或许是一张你的团队在重大胜利后庆祝的照片，一个象征着你所做之事或者你所热爱之物的小礼物，或者是一张简单的手写便条。不管是什么，也不知何故，它都让你倍感珍惜和有意义。作为学生领导者，你可以通过给予的奖励来建立有意义的联系。重要的不是纪念品的大小或价格，而是对于接受者的意义感。这只需要你花一点点心思。如果你做足了功课，又了解团队成员，就用不了多长时间。让自己发挥创造力吧！

对人们而言，发自内心的、出乎意料的认可往往比预期的认可更有意义。最有效的认可是非常具体的，而且是在适当行为发生时所给予的。作为领导者，当你与团队成员一起共事，观察到他们有做得好的地方时，你可以当场或在下一次公开聚会时当众表扬甚至奖励他们。

在认可和赞赏他人时，你不能总是老调重弹，一遍又一遍地用同样的方式表扬别人。人们喜欢多样化的表扬和奖励。这就是富有创意和个性化表扬的魅力所在。你可以有很多的选择。你可以送出毛绒长颈鹿玩具、彩虹条纹斑马海报、T恤衫、印有团队照片的马克杯、水晶苹果、乘坐经典汽车的机会、时钟、钢笔、牌匾，以及数百种其他富有创意的表达感激之情的方式。你可以使用口头或非语言的、细致的和简单的方式进行表达。卡拉·科泽尔（Kara Koser）深知，表达善意和关心的方式是无止境的。卡拉向我们讲述了她在东海岸一所城市大学担任宿舍长时，如何使用她所谓的"小惊喜"。这些"小惊喜"是她为表扬住在她那一层楼的学生而做的所有小事。

> 我尝试给人们一些小惊喜，也许是送一份手工制作的小礼物，不一定很贵重。这只是我一个简单的举动。我喜欢在看似最不需要的时候做这件事，这样才有趣。

重要的是要认识到，真正的认可不一定是要给予有形的物质奖励。你可以广泛使用内在激励——任务本身所带来的激励，包括成就感、发挥创造力的机会和任务的挑战性等，所有这些都与个人的努力直接相关。

简单的个人举动往往是最有力的激励，例如，克莱的徽章和卡拉的小惊喜就属于这类对人的关心。你所使用的技巧并不重要，重要的是你真正表达了认可。当你真正关心他人时，即使最小的举动也会带来巨大的益处。

❑ 说声"谢谢"

人类最基本的需求莫过于希望自己的努力得到关注、认可和赞赏。在充满积极和赞赏的氛围中，人们更容易创造非凡的成就。研究表明，积极互动与消极互动的比例大于 3∶1 的工作团队与那些低于这一比例的团队相比，他们的工作效率要高得多。

卡梅伦·麦卡锡告诉我们："说一声谢谢很容易，且效果很好，但往往被遗忘或延迟。"在她的成长过程中，她很讨厌父母让她写感谢卡。"我会争辩说，我已经当面说过谢谢了。"然而，作为学校拳击队的队长，卡梅伦意识到：

> 我忽略了这一点，这在我们这一代人中很常见，尤其是在互联网便捷的今天。这不仅仅是一张卡片，也不仅仅是谢谢两个字，而是一种收到礼物的感觉。关键是要表彰他们个人的卓越表现，让他们继续全力以赴。表扬他人一直以来所取得的成就，可以让他继续加倍努力，追求卓越。

认可他人的辛勤工作和贡献总是值得的。很多时候，人们会忘记为他人的付出鼓掌、报以微笑，或致以简单的感谢。当你和你的努力被视为理所当然时，你难道不会感到沮丧和不满吗？有时，这些感觉会被搁置一旁，因为按时完成任务的压力超越了表达感激之情。但是，你可以多花一两分钟时间来表达你的感激之情。让人们知道你为什么重视他们和他们的贡献，从而强化工作的愿望，增强每个人的投入。

顺便说一句，你不需要有领导职位才能认可他人。安迪·拉曼斯（Andy Ramans）在西海岸一所小型私立大学读本科时，曾怀疑自己是否一定要成为"领导者"才能做到"激励人心"。他质疑自己说表达"做得好"或"谢谢"是否在浪费时间。

同学们会珍惜同学之间表达的这些情感吗？我们问安迪，当其他同学感谢或赞赏他时，他有什么感受。他想了一会儿，笑了笑，然后"恍然大悟"，明白了认可和赞赏他人的重要性，他说："他们的认可给我带来了鼓励。"

沙芬伯格（Scharffenberger）也有同感，他曾是本科班一个五人社区咨询团队的成员。他说，他们获得成功的一个重要原因在于，他们会为实现里程碑目标进行庆祝，并且从不吝啬赞赏彼此的贡献。例如，在他们的咨询方案提案到期前的几周里，沙芬伯格说：

> 我不厌其烦地给队友们发短信或打电话，感谢他们的奉献。我想，称赞他们工作出色是保持团队士气的最简单方法之一。对同学们说一句简单的"谢谢"或"今天干得不错"，会让他们觉得自己的成绩是有意义的，是不会被忽视的。这也激励他们继续完成高质量的工作，因为他们知道自己的贡献得到了认可和赞赏。

经常说"谢谢"对于保持团队高绩效大有裨益。个性化的表彰要考虑周全。这需要你对他人有足够的了解，以便做到："我能做些什么来让这次经历令人难忘，从而让他们永远记住他们的贡献有多么重要？"正如卡梅伦从她的经历中学到的，"鼓励队友是我能做的最简单、最有益的事情之一，它能让团队中的每个人都做得更好"。

思考与行动：认可他人的贡献

典范学生领导者会对自己和团队抱有积极的期待。他们期待人们做到最好，并创造自我实现的预言，他们告诉大家平凡人可以采取非凡的行动，取得非凡的成就。典范领导者有明确的目标和标准，帮助人们充分了解需要做什么。他们会及时提供反馈和采取强化措施。他们通过保持积极乐观的态度和提供激励性反馈来激发、重新点燃和聚集人们的能量和动力。

典范领导者会认可并奖励他人在践行共同价值观和为愿景做出贡献方面所做的工作。他们并不局限于在正式活动中表达赞赏，而是及时和富有想象力地表达赞赏。个性化认可要求领导者了解什么是适合个人需要的和符合文化惯例的。虽然你一开始可能会感到不自在或尴尬，但认可他人并不难。你付出心力与每个人建立联系的努力是值得的。你可以从许多小的、不经意的赞赏中，了解什么对团队成员都有效，以及如何更好地进行个性化认可。领导者要亲自参与庆祝表彰活动。你的亲身参与是向他人发出的一个明确的信号，表明你认为参加庆祝活动对每个人都很重要。

☐ 思考

激励人心的第一项是要求领导者通过表彰个人的卓越表现米认可他人的贡献。关于典范领导力，你从本章中学到的最重要的观点或经验是什么？

_____

_____

_____

_____

以下是你可以采取的一些行动，以兑现你对认可他人的贡献的承诺：

- 提升对个人和团队所能取得成就的期望。
- 营造一个让人在接受和给予反馈（包括对你自己行为的反馈）时都感到自在的环境。
- 将认可和奖励与团队想要实现的目标联系起来，并且确保只有那些达到或超过这些目标的个人才能获得认可和奖励。
- 与人们建立私人层面的联系，了解对他们来说最有效的鼓励方式。
- 在认可他人方面要有创意，做到自然随性，享受其中的乐趣。
- 让说"谢谢"成为你日常行为中自然的一部分。
- 找出任何你可能习以为常、未加重视的人，并采取一些行动来认可他们的为人以及他们所做出的贡献。

❑ 行动

在你对所学内容、自己有待改进之处，以及上述建议进行反思之后，在此写下你的计划，至少采取一项行动来帮助自己成为更优秀的领导者：

_____

_____

_____

_____

_____

_____

_____

庆祝价值观的实现和胜利

上大学期间,凯文·斯特劳恩(Kevin Straughn)和凯特琳·莫雷利(Kaitlyn Morelli)曾在一个夏天共同担任当地社区游泳联队的主教练。游泳队员的年龄从 6 岁到 18 岁,为期 8 周的赛季时间相对较短,队员们需要从一开始就在团队中建立联系和归属感。赛季伊始,他们举行了一次聚会,明确了暑期训练的目标:让队里每位游泳选手都有所进步,并且让整个队伍在夏季游泳锦标赛中取得佳绩。"这支队伍在过去几年都没有赢得过锦标赛冠军,"凯文和凯特琳告诉我们,"我们想从一开始就以此为基础继续努力,让队员们有明确的奋斗目标。"

这支游泳队的名字叫"飓风队",教练们用这个名字作为隐喻,来强化队伍的价值观以及未来潜在的胜利意义。在启动仪式上,凯文和凯特琳让所有游泳队员在俱乐部的墙上刷上"飓风队——让你望尘莫及"和"飓风队——我们将掀起巨浪"等标语。当天,所有游泳队员都在墙上签下了自己的名字，承诺会参加训练，努力提高自己的技能，帮助游泳队夺得冠军。这是一种将团队凝聚在个人发展目标和团队成功愿景上的方式。"游泳是一项很容易让人产生归属感的运动，"凯特琳解释道，"它既有个人的项目，也有集体的项目。每次比赛后，我们既能庆祝个别队员的成功，也能指出这对团队获胜所起到的作用。我们特意让他们看到这种联系，让他们感觉到自己参与的事业，比个人在每场比赛中的成败更为重要。"

在为每位游泳队员和整个团队制定明确目标的过程中，凯文和凯特琳花时间去了解每位队员的优势、面临的挑战，以及他们为团队做出贡献的潜力。基于这些了解，他们能够单独鼓励每位队员，并与团队其他成员一同庆祝队员们取得的成就。"每次比赛后的第一次训练总是欢乐的游戏日。"教练们告诉我们。

> 我们会谈论比赛的成功之处——即使我们输掉了比赛，也总会有一些亮点，然后花时间在水里尽情玩耍。我们在一起为大家准备比赛所付出的努力而欢呼，对大家的相互支持而致谢。这很有趣，也让团队更加团结。

从游泳队到工作团队，从教室、家庭、社区到组织，乃至全球各地，庆祝都是成就非凡事业的重要组成部分。人们从课堂或工作中抽出时间，聚集在一起庆祝特殊时刻。他们会在城市主干道上举行盛大集会，向冠军队伍欢呼喝彩，表达赞赏。他们燃放烟花，纪念历史事件或迎接新年伊始。他们会临时举行仪式，为同事的胜利欢呼。他们参加宴会，向取得非凡成就的个人和团体表达感激。他们围坐在一起享用丰盛的筵席，感恩丰收。在完成一个重要项目后，同学们会相聚一堂，相互击掌，庆祝任务圆满完成，并计划再次相聚庆祝。而在悲痛时刻，人们会齐聚一堂，通过悼词和歌曲，向那些展现出勇气、信念与牺牲精神的人致以敬意。

人们会花时间相聚、分享故事并振奋精神，因为庆祝活动是全球各地人们表达尊重与感激、重塑社群意识以及铭记共同价值观和传统的最重要方式之一。庆祝活动对于定义一个群体而言，与构成其日常生活的事物同样重要。

当校园、社区和企业的领导者公开表彰那些表现卓越的人，并向他人展示"我们同舟共济"时，组织绩效就会大大提升。领导者让人们愿意加入和留在团队中。学生领导者要努力掌握以下要点来庆祝价值观的实现和胜利：

- 创造集体主义精神。
- 亲自参与庆祝活动。

当领导者把人们聚集在一起，为集体的成功而欢欣鼓舞，并充分表达赞赏和感谢之情时，他们就强化了团队和承诺的本质。领导者的亲自参与让人们清楚地认识到，实现非凡成就需要每个人的担当。

创造集体主义精神

有的时候，很多组织和团队把社交活动看作一件没有意义的事情，这是错误的。实际上，在世界各地的校园里，学生们渴望与其他同学建立联系，因此，他们组建并加入学生会、联谊会、社团、住校学习小组、校内运动队等。人们注定要一起做事，组成社区，展示共同的联系。当社会联系强大且数量众多时，信任、互惠、信息流动、集体行动和幸福感就会明显增强。

凯文和凯特琳遵守的规则之一是，"飓风队"不只是一个游泳队，它要体现健康、快乐、友谊和支持的精神。他们重视创造机会在团队训练之外一起做事。"我们举行一些整个团队都参加的户外活动，比如通过帮人洗车来募捐。"他们告诉我们,"我们还想方设法地通过做一些事情让不同年龄的成员相互交往。我们为年长的队员举办电影之夜,为年纪小的队员举办比萨晚餐会。让所有队员离开游泳池聚在一起,是一件很快乐的事。"

典范领导者深知,倡导庆祝文化有助于增强集体主义精神。不管是给予个人荣誉、庆祝集体成绩,还是鼓励团队一起学习和建立关系,庆祝、典礼和类似的活动都为领导者提供了一个很好的机会去沟通和强化对共同的价值观和目标很重要的行动和行为。有时候,庆祝可以精心设计,但更多的时候要与日常活动紧密联系,以此来宣扬组织的价值观和庆祝团队的成功。然而,在大学中,学生们渴望享受快乐和"狂欢聚会",庆祝活动可能难以满足他们的这些需求。

庆祝不是一定要举办一场盛大的派对,虽然它经常包含与盛大派对类似的元素,但它还有其他元素,正是这些元素让它显得如此与众不同。真正的庆祝要清楚地陈述团队成员所取得的成就,并且要用大声、清楚的声音说:"这是我们的立场,这是我们的信念,这是我们的骄傲。"典范领导者绝不会放过任何一个确保每个人都知道他们为什么聚到一起以及如何为实现目标而采取行动的机会。

此外,表彰和庆祝活动往往不仅仅是为了表彰已经发生和取得的成就,领导者还利用这些场合为未来的贡献奠定基础。

数据显示,当学生领导者"当众表彰那些努力践行共同价值观的人"时,会获得巨大的回报。这种认可提高了人们的自我价值感和工作效率。如图 10.1 所示,这种认可还能增强他们的信念,让他们相信自己的工作正在创造价值。公开认可他人对共同价值观的承诺对于创建团队和提供团队支持至关重要。

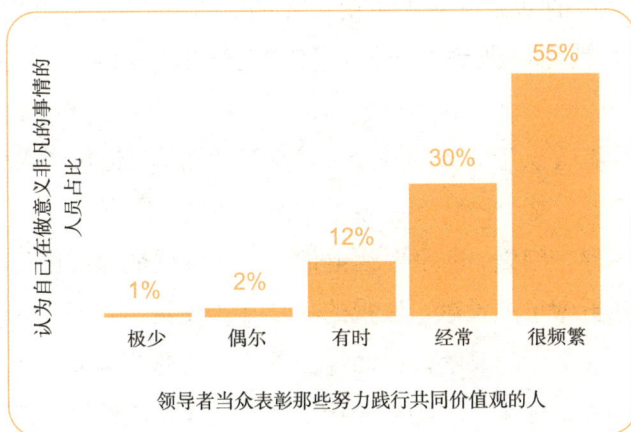

图 10.1　当众表彰会让人们感到他们在做意义非凡的事情

❏ 公开庆祝成功

　　每次游泳比赛后，凯特琳和凯文都会借此机会强调队员个人取得的成功。取得个人最好成绩的游泳队员会名列"飓风英雄"榜上，让所有成员看到对个人最好成绩的表彰。教练们还会在每次比赛后的第一次训练中花时间强调个人或团队接力获胜中每个人的贡献。凯文说："我们会让他们知道每场胜利为游泳队增加的分数，并为个人最好成绩鼓掌。这样的表彰会产生多重效果，无论是对于刚刚打破自己第一次纪录的 6 岁孩子，还是对于很久没有创造个人最好成绩的高年级游泳队员，这样的表彰都会让他们更加意识到自己的成绩很重要。"凯文和凯特琳知道，个人表彰会增强受表彰者的价值感，提升他们的表现。公开表彰会产生这样的效果，而且还能为个人和团队的幸福感做出其他的持久贡献，这是私下表彰无法实现的。正是这些额外的益处让共同庆祝变得如此重要。

　　首先，公开庆祝胜利也是在树立"说到做到"的榜样。当聚光灯打到某些同事身上，他们开始讲述自己的故事和事迹时，他们就成为了行动的榜样，代表了组织所期待的行为，具体地表明了做到这些是可能的。公开庆祝胜利在被表彰者和观众中建立起了承诺。当你对他说"你做得很好，继续努力！"时，你也是在对大家说："他是我们的榜样，他体现了我们的立场和信念。他可以做到这一点。你们也可以为组织的成功做出重大贡献。"

典范领导者会认可个人的成就，并有效地强调，当每个人以这种方式取得优异成绩时，整个团队才会成功。他们明白，庆祝活动并不是要让人们觉得团队中存在偏爱，而是要让他们为自己的成就感到骄傲，因为这是在庆祝某些成员做出的贡献。庆祝的秘诀在于使用"我们"这个词。领导者可能会认可某个人的成就，但他们会将某个人的卓越贡献与团队的胜利联系在一起，从而将整个团队凝聚在一起，增强集体意识。创建社区有助于确保人们感到自己属于比个人更伟大的团队，并为共同的事业而集体奋斗。公开庆祝成就有助于加强团队合作和信任。

有些人沉默寡言或不愿在公共场合认可他人，担心这会引起嫉妒或怨恨。请忘掉这些恐惧吧。所有获胜的球队都会颁发最有价值球员奖，获奖者通常由队友选出。公开庆祝活动是强化共同价值观和表彰个人贡献的重要场合。这些庆祝活动为感谢某些个人的出色表现提供了机会，也为提醒人们组织所代表的意义提供了机会。

私下认可也很重要。它能激励他人，建立领导者与他人的协作关系，但它对团队的影响却不如公开表彰。你要想激发整个团队的活力和对共同事业的承诺，就需要公开庆祝胜利。颁奖仪式或庆功宴是大多数人所熟悉的，即使你不能把所有人召集到同一个房间，你还可以有其他的公开庆祝方式。

例如，肯齐·克兰（Kenzie Crane）创建了一个在线"夸夸室"。她负责监督校园里所有女生联谊会的招新工作，她与一个由 20 名招新人员组成的团队一起共事，而"夸夸室"是她为大家提供的一个被同伴"公开"认可的机制。在网上建立这个机制非常容易，但关键是要确保每个人都能理解这个网络空间的意图并参与其中。"夸夸室"传递的信息是："如果你看到某位招新人员或与招新相关的感人事迹，请在此发布出来。"有一个帖子讲述了某人如何以特殊的方式处理医疗紧急情况；另一个帖子表扬了某人做了一个有价值的介绍；还有一些帖子列举了人们不遗余力地为联谊会出头的例子。所有这些故事，肯齐说，"真的让我们所有人都感觉很棒，并为我们所做的工作感到自豪"。

❏ 提供社交支持

表彰仪式和庆祝活动为建立更健康的团队创造了机会，使团队成员能够相互了解和关心，并提供社交支持。众多学科的研究一致表明，社交支持能提高工作效率、心理健康甚至身体健康。研究表明，在本科生中，社交支持是预测其幸福感的最佳指标，它甚至比学习成绩、家庭收入、高考分数、年龄、性别或种族等因素更为重要。社交支持可以促进健康和减少疾病，尤其是在高度紧张的时刻。无论个人的年龄、性别或种族如何，研究都证明了这一点。事实上，哈佛大学精神病学教授乔治·维兰特（George Vaillant）指导了世界上持续时间最长的身心健康研究，当被问及他从四十年的研究中学到了什么时，他说：**"生活中唯一真正重要的是你与他人的关系。"**

举个例子，安吉拉·克洛斯（Angela Close）在高二时创办了一个"写信给士兵"的校园俱乐部，因为她的一位老师建议学生写信给军队士兵，表达对他们服兵役的感谢。当安吉拉写信时，她写了一些关于自己的事情、一些冷笑话和她所在城镇正在举办的活动，并为牺牲的战士表达哀悼之情。她在 5 个月后才收到回信，信里充满了对她的关心和分享的感谢。回信的人是帕斯库蒂（A. J. Pascuiti），他是一名海军陆战队炮兵中士，与她毕业于同一所高中。他说："这是他人为我做过的最好的事。虽然他们可能看不到他们是如何改变一个人的，但他们做的事帮助了前线的士兵，证明我们做的事情有意义。"从那一刻起，安吉拉知道她必须继续写信给在海外服役的士兵。她正式成立了"写信俱乐部"，俱乐部不断发展壮大。虽然俱乐部成员收到的回信很少，但那不是目的，他们的目的是给为国效力的士兵提供支持和联系，他们相信这是那些士兵所应得的。就像一位学生所说："我感觉这是改变世界的一个小小途径。"

洛伦佐·萨莫拉（Lorenzo Zamora）对自己在美国中西部一所大型州立大学担任食品救济站的负责人的经历表达了类似的看法。当时他还是一名研究生，他的工作是确保救济站有足够的储备，让学生、教职团队成员知道那里的资源，并保持运作顺畅。但他也认为，自己的部分职责是让食品救济站成为一个温馨、能给予支持的地方。洛伦佐总是对前来食品救济站的人表示感谢。他告诉我们，这个救济站成了校园里一个非官方的社交聚会场所，尤其受国际学生的欢迎。一位在食品救济站附近教室授课的教授告诉洛伦佐，她喜欢离救济站近一些，因为那里总是充满了欢声笑语和交谈声。"对我来说，给予鼓励、保持积极的态度非常重要，当人们来到食品救济站时，我总是面带微笑。我只是想让每个人都感到受欢迎。"

社会支持不仅有益于你的身心健康，对取得卓越的表现也至关重要。你可能听过班级优秀毕业生代表在毕业典礼上的发言。你或许不记得具体的内容，但如果你回想起演讲的中心思想，会想到是对一路走来所获得的支持表示感激，对那些促成演讲者成功的友谊和有意义的人际关系心怀感恩，以及对同学们的未来表达乐观。这些情感与研究人员在分析入选美国国家棒球名人堂的棒球运动员的演讲时所发现的情况是一致的。作为精英运动员，他们在一个对身体技能要求极高的领域获得了最高的认可。然而，他们表达感激之情的话语与其说是关于技术或实际帮助的，不如说是关于情感支持和友谊的。

在家庭、在社区、在赛场上是如此，在学生组织中也是如此。在工作、团队或班级里有朋友的人工作效率更高，消息更灵通，更乐于分享想法。他们表示自己不仅更有创造力，而且更快乐，并能在更短的时间内完成更多的工作。

请想一想，这些发现如何促进你所参与的活动。你与熟悉、信任、可以分享和欢笑的人一起并肩工作，不是更快乐吗？你与自己了解和欣赏的人交流，是不是感觉事半功倍？领导者要寻找一切机会增强团队中的人际关系，不仅因为这有助于完成工作，还因为在这样做的过程中，提升了团队成员的精神力和幸福感。

　　我们的发现在个人最佳领导经历的案例中随处可见。在这些案例中，强大的人际关系产生了惊人的效果。当人们对团队中的人产生强烈的归属感和依恋感时，他们就更有可能获得更高的幸福感，对组织更加投入，工作表现也会更出色。当人们亲身参与到任务中并感觉到与同事的有益联系时，他们就能做出超乎寻常的壮举。

　　学生领导者明白，庆祝活动提供了具体的证据，表明个人在努力和奋斗的过程中并不孤单，有人在关心他们，他们可以依靠大家的支持。庆祝活动让人们进一步认识到，人与人之间需要互相帮助。非凡的事业需要一群有共同目标的人在信任和协作的氛围中共同努力才能完成。肯齐告诉我们，当她所在学校的女生联谊会招新结束时，所有人都聚集在校园的一个大空地上欢迎新成员。与她共事过的所有招募人员都来参加了这次活动，并一起见证他们辛勤工作的成果。肯齐告诉我们："我环顾四周，看到所有的招募人员，有的流着泪，有的拉着手，所有人都面带微笑。我们的确做得很好，很多人都从中受益。这次活动真的让大家看到了这一点。"

❑ 共享欢乐

　　每一个个人最佳领导经历都是辛苦与欢乐的结合。学生们一致认为，如果他们没有在团队或项目中体会到与他人互动的快乐和愉悦，他们就难以保持达到个人最佳状态所需的工作强度和勤奋程度。当人们喜欢与他们一起共事的同学时，他们就会对自己所做的工作感到更有信心。欢乐可以减轻压力，提高工作效率。带来欢乐的并不都是派对、游戏、庆典和欢笑。那些把解决挑战性的问题当作快乐的领导者，对他们的目标、他们的信念以及他们如何将这些信念传递给他人充满激情。他们明白，要实现组织的梦想和目标，需要完成艰苦而繁重的工作。人们要想走得更远，就需要在过程中体验到幸福感。领导者需要为奋斗的过程定下欢乐的基调。

　　约翰·格雷（John Gray）是美国西南部一所学院的荣誉项目驻社区

助理，该校全年都会举办学生自创的活动，以促进大家融入集体，增强社区凝聚力。约翰负责策划并监督其中一项活动，该活动计划在学年后期举行。由于学校日历在年初就已发布，当时许多活动的细节尚未确定，所以他负责的活动在日历上就只是被列为"约翰·格雷日"。

随着日期的临近，约翰一直在想应该举办什么样的活动。学年开始时会举办很多有趣的活动，但这些活动往往更注重让大家有一个良好的学习开端。"我觉得是时候聚在一起单纯地玩一玩了。"约翰告诉我们。但他仍然不清楚自己想要做什么活动。后来，约翰注意到人们对校历上的内容很好奇，他们互相询问："约翰·格雷日是什么日子？"于是，他决定继续保持神秘感，让活动变得更有趣。

这些校园活动的全部意义在于把人们聚集在一起，因此约翰开始酝酿将某一天命名为"约翰·格雷日"。这并不是自负或自恋的表现，而是约翰利用人们的好奇心，让他们享受到快乐的一种方式。市民社区主任米歇尔·马德森（Michelle Madsen）告诉我们："约翰本身就以热情、风趣、有魅力而闻名，这对活动的开展很有帮助。"大家都被他吸引住了。当他们知道他在查房时，大家都会等在房间外面，只是为了和他聊天、谈笑。这就是他的魅力所在，这也意味着人们期待"约翰·格雷日"会像他本人一样有趣，而事实也确实如此。

"约翰·格雷日"大受欢迎，这为学生们提供了许多参与庆祝活动的娱乐方式。约翰收集了很多人的婴儿照片，包括一些他自己的照片，并举行了一次"寻找真正的约翰·格雷"的比赛。他还复印了一些自己的黑白照片，让大家可以给这些照片上色。现场还有巧克力和来自当地餐馆的丰富食物。"每个人都玩得很开心，"米歇尔告诉我们，"但我印象最深的还是大家的欢声笑语。"

约翰为大家创造了一个空间，让大家聚集在一起，成为社区的一员，享受做自己的快乐。"约翰·格雷日"体现了荣誉项目的精神：成员们努力工作，但他们也希望享受快乐，享受彼此的陪伴。

"约翰·格雷日"获得了自己的生命力，并在约翰担任助理的接下来三年里一直延续了下来。人们很喜欢这个活动，热情一年比一年高。学生们甚至制作了一个"约翰·格雷"人偶，带着它去到不同的地方，甚至在暑假期间，记录下他们与约翰·格雷的冒险经历，然后将这些照片发布出来，让参加荣誉项目的同学们都能看到。约翰毕业后去了医学院，但他作为学生领导者留下了宝贵的财富："约翰·格雷日"一直传承了下来。

领导者要确定活动的基调。当学生领导者像约翰那样公开展示他们对组织、团队成员和挑战的喜悦和热情时，他们就会向他人传达一个令人信服的信息：公开展示欢乐和感谢是受到欢迎的。他们知道，在当今的校园里，学习和小组作业的要求都很高。因此，学生需要获得学习中的幸福感，以维持他们的投入。当领导者在工作中展现出热情和兴奋时，会激励每个人的参与。

亲自参与庆祝活动

我们讨论学生领导力从第一种习惯行为"以身作则"开始，现在到了最后一种习惯行为"激励人心"。如果你想让他人相信某件事情，并按照这些信念行事，你就必须树立榜样。你必须躬身入局、以身作则。你必须言行一致。你要建立和维护追求卓越团队文化，就必须亲自参与到庆祝活动中。

在大学就读期间，凯尔·哈维（Kyle Harvey）曾执教过当地的一支高中篮球队。第一个赛季结束时，他从队员和他们的家人那里获得了一些反馈，说他在比赛和训练中更多地关注了消极因素，而不是积极因素，这影响了球员们的热情和投入。在执教的第二年，凯尔决心变得更加积极乐观，专注于提高球员在篮球场上的表现和个人能力。

在训练的第一天，凯尔就告诉队员们，他打算保持积极的态度，也希望整个团队都能如此，大家要留意队友们所做的有助于团队的事情。结果，凯尔与队员们在个人层面上有了更多的接触，这使他得以发现队员们更多积极的品质。他开始更多地认可队员们做得好的地方，而不是指出他们的错误之处，而且他会大声地说出来，让整个团队都能听到。

随着时间的推移，凯尔注意到团队更加努力了，队员们也对彼此提出了更高的要求。

> 我能感觉到，当我对队员们的积极贡献表示赞扬时，无论这个人是否在比赛中上场，都增强了该队员的信心，并且给我们带来了非常积极的成果。

其中一个例子是，有一个队员缺乏信心，一直艰难地在参加训练。凯尔花时间深入了解这名球员，对他耐心指导，并真心为他在比赛中取得的进步和成功鼓掌。结果，这位年轻球员的表现有了显著的改变，并大大增强了他的自信心，从而对团队的成功带来巨大的影响。这个经历向凯尔证明，让球员们更多地参与进来，认可他们对整个团队的个人贡献，会让他与每个球员的关系更加紧密，队员个人也会得到更大的发展，整个团队也会取得显著的进步。

如果你想建立并保持一种追求卓越和与众不同的文化，你就要像凯尔那样做：认可、奖励、强化和庆祝大家的积极努力与成功。你还要亲自参与庆祝那些促进和维持这种文化的行动。如果你想让团队成员有勇气克服困难，你就需要亲自鼓励他们。

请看迪乌斯（Deus Cuong Do）的经历。当迪乌斯作为志愿者在墨西哥一所速成语言学校教授英语时，他希望在课程中创造一种有趣、团结和分享的文化。在语言学习班结束时，迪乌斯和全班一起表演了歌舞，以展示他们对英语的掌握情况。迪乌斯知道，作为教师，他有责任为学生创造一个可以分享和感到舒适的环境，如果做不到这一点，他会感到很挫败。迪乌斯说："如果我鼓励大家参与，却没有人愿意参与，那我会感到很遗憾。"

刚到语言学校的时候，迪乌斯发现一些学生会跳舞。他召集这些学生，让他们为全班选择他们觉得合适的歌曲。他鼓励大家进行讨论，让学生们挑选一首他们觉得合适的歌曲，他还自愿参与了表演。迪乌斯说："这件事一传十、十传百，让每个人都感觉更舒适，也更愿意参与了。"

演出取得了成功，随后，迪乌斯带着全班同学去吃了一顿丰盛的午餐，庆祝这一时刻。对迪乌斯来说，最重要的是他的学生们集体完成了演出，并一起享受了演出的快乐。

> 每个人都热情洋溢地参与其中。没有人置身事外，我们就像在舞台上互相庆祝。每个人都在快乐地跳舞、唱歌，即使他们没有记住所有的英语单词。演出过程就像一场庆祝活动。我们真的很开心。每个人都有机会大放异彩。

你的亲身参与会让人注意到你所宣扬的与你所庆祝的之间的联系。如果两者不一致，你的庆祝活动就会显得不真诚和虚假，你的信誉也会受到影响。表彰和庆祝仪式必须是对关键价值观，以及对践行这些价值观的人们的辛勤努力和奉献精神的真诚表达。请记住，这不仅仅是另一个聚会。你如果仅仅把它看作一个聚会，就会失去作为领导者将人们凝聚在一起的绝佳机会之一，无法让他们为自己是团队的一员而感到自豪，也无法激励他们继续前行。那些精心策划却缺乏诚意，或者与团队价值观没有明显关联的活动，更多的只是娱乐，而非鼓励。只有真诚才能让精心安排的庆祝活动发挥作用。

当在一个组织中传递某种信息时，没有什么比领导者的实际行动更具说服力了。通过直接且明显地向他人展示你在那里为他们加油鼓劲，你就在传递一个积极的信号。当你树立了这样一个榜样，传达出"在我们这里，我们会表达感谢、表示赞赏，并且享受其中的乐趣"这样的信息时，其他人就会效仿你的做法。当每个人都成为领导者，遵守相同的价值观和规范，每个人都抽出时间来庆祝价值观的实现和胜利时，团队就会形成一种庆祝和认可的氛围。正如凯尔在他的篮球队中学到的，当领导者鼓舞他人时，其他人就会向榜样学习，这个团队也会成为人人向往的地方。

❑ 表达关爱

人们不会在意你懂得多少，除非他们知道你有多关心他们。他们必须相信，你希望他们感到安全、被支持、被重视。你希望他们取得成功，不断学习和发展自己。你不会要求他们做可能让他们感到难堪、委屈或受到伤害的事情。要证明这一点并不难。大卫·布雷弗曼（David Braverman）就是这样做的。

爱荷华州的夏天酷热难耐，大卫暑假期间在有机番茄田工作，负责管理一群背景各异的人。其中有两名大学生，一名想亲身了解有机农业的教师，一名"上了年纪的绅士"（他涉足过各种职业，觉得这份工作可能会很有意思），还有一名当地健康食品店的员工，他在这个特殊的日子里决定离开有空调的环境来采摘番茄。然而，随着时间的推移，这群人变得士气低落，大卫感觉到他们随时准备放弃。他意识到，他们需要有人关心他们——如果他们要继续下去，就需要得到鼓励。有了这样的顿悟后，大卫说道：

> 首先，我从番茄地里跑出来，给每人拿了一杯冰镇柠檬水。接着，我向他们解释说，我知道工作很辛苦，天气也很热，但我们必须完成番茄的收获工作，避免番茄腐烂在地里。我让他们保持积极的心态。
>
> 然后，我指出了他们实际上很擅长做这件事情。我让他们看看我们已经采摘的所有番茄，我们已经收获了很多，距离完成任务已经很近了。我们是一条船上的人，大家都同样在挥汗劳作。我感谢他们的帮助，并解释说我们完全有能力完成这项任务，而且我们完成得越快，就能越快地去最近的游泳池边享受清凉。

当天下午，他们就完成了工作。大卫说，这次经历使他认识到："当人们情绪低落、士气不高时，他们需要得到鼓励。每个人都需要得到重视，不仅因为他们是一个人，还因为他们对团队做出的贡献。"正如大卫所认识到的，"表现出你关心他人，是一个领导者成功所必需的简单而又常被忽视的品质"。

大卫说得很对。除了这一点，还有一点也是对的，即领导者向他人表达他们的关心的最重要的方式之一，是和他们在一起，就像大卫所做的。感谢信和表达谢意的电子邮件固然重要，但亲临现场会让你更加真实、真诚、平易近人，更有人情味。当你亲自在田间地头挥汗如雨时，当你在现场帮助布置并在活动结束后打扫卫生时，当你出席会议、工作讨论会以及对不是你直接负责的工作提供帮助时，你都表现出了你的关心。你亲自参加，能够帮助你了解事情的实际进展，也表明你在践行你与其他人共同拥有的价值观。当领导者表现出他们的关心时，他们的信誉就会得到提高。

❑ 传播故事

亲身参与表明了你的关心，这提供了一个既能发现又能传达故事的机会，这些故事能让价值观变得有人情味。你所讲述的故事可以让人们近距离了解实践共同价值观和愿望的意义。在这一过程中，你可以树立组织的榜样，让每个人都能与之产生共鸣。你将预期的行为融入真实的环境中。让抽象的价值观变得鲜活起来。你通过讲述的故事，引人入胜地、令人难忘地说明了人们应该如何决策和行动。

讲故事是人们将经验教训代代相传的方式。故事不能是遮遮掩掩的，而是要被讲述出来的。而且因为它们是公开的，所以它们特别适合在庆祝活动中讲。领导者所讲的故事，与父母讲给孩子的故事有着大致相同的影响力，从某种意义上说，所选择的故事提供了一种关于什么是重要的、什么是有意义的观点。故事的内容强调了哪些价值观是核心的，以及基于这些价值观所采取的行动。它们有助于设定道德和实践的指南针。你可以把讲故事看作庆祝活动，也可以把庆祝活动看作讲故事。

你通过亲自参与庆祝团队的成就，让自己成为行动的一部分，从而创造和寻找可以分享的故事。第一人称的例子总是比第三方的例子更有影响力。这就是"我亲眼所见"与"他人告诉我"之间的关键区别。学生领导者要时刻注意"捕捉人们正确的行为"，如果你不在行动现场，你就很难做到这一点。如果你想要快速了解人们应该如何行动和决策，就讲述一个故事吧。

你可以通过讲述故事，实现比 PPT 演示文稿中的要点或文字信息更有效地教育、动员和激励他人的目标。倾听和理解领导者讲述的故事，比任何组织手册、政策或操作指南更能让人们了解一个团队的价值观和文化。讲好故事能有效地触动人们的情感，吸引他们、打动他们。故事能让信息深入人心。故事能模拟实际的亲身经历，让人们以一种引人入胜的方式了解最重要的经历。通过庆祝强化故事，可以加深人与人之间的联系。

❑ 使庆祝活动成为组织生活的一部分

"飓风队"的传统之一是在锦标赛结束后的赛季末举办颁奖宴会。所有的游泳队员都期待着那场幻灯片展示，其中展示了整个夏天里为队员们抓拍的照片。教练凯特琳和凯文也将颁奖宴会视为一个强化整个赛季所传达的价值观和理念的机会，同时也是一个庆祝个人和团队卓越表现的契机。他们说："我们为每位游泳队员制作了一个纸'奖盘'。"

我们在颁发奖盘时，上面附有每位队员本赛季的最终成绩统计数据。此外，奖盘上还有我们根据每位队员独特的个性以及他们对团队的贡献而赋予他们的一个名字或称号。例如，一个总是咯咯笑并且能逗大家开心的八岁小男孩可能会得到"开心果卢卡斯"这样的称号。而一位在本赛季取得巨大进步的游泳队员可能会被称为"动力锯邦妮"。有时候我们觉得，他们对这些奖盘的期待甚至超过了对绶带和奖杯的期待。对我们来说，为这次活动做准备很有趣，而且这也切实强化了夏季游泳联赛的意义所在。

你要把庆祝活动列入你的日程表，就像"飓风队"将颁奖宴会放到日程表中那样。这些计划好的活动是将人们聚集在一起的机会，你可以向他们展示他们是如何成为更大的共同愿景一部分的，以及大家是如何命运与共的。庆祝是确认共同价值观、标志有意义的进步和创建社区的重要方式。

你可能已经把生日、节假日和纪念日都记在日历上了。你同样也应该把团队和组织发展历程中的重要里程碑事件记上去。给这些事件确定一个日期、时间和地点，这向所有人宣告了这些事情的重要性。同时，这也营造出一种期待感。安排庆祝活动并不排除那些自发组织的活动，这只是表明某些特定的场合意义重大，以至于每个人都需要关注它们，并铭记它们为何如此特别。

这就是李·勒伯夫（Lee LeBoeuf）在策划一项新活动时传达的信息，该活动旨在纪念她所在大学毕业班学生在毕业前取得的成就。作为大四年级主席，李带领一个团队为毕业班策划了一场庆祝活动，并且希望这个活动能够年复一年地延续下去。她与同学们探讨了那些对他们当初作为大一新生来说意义非凡的经历。其中一个尤为突出的经历是"迎新通道"活动，这是一个欢迎新生入学的活动。李说："我觉得创办一个活动，让毕业班一起庆祝在校园里共同度过的时光即将结束，这会非常棒，也算是给大学的经历画上一个圆满的句号。"

李和同学们决定举办一场名为"最后一圈"的跑步活动。这是一次具有象征意义的校园巡游，并且在"赛跑"结束后还会举办一场面向所有人开放的派对。即将毕业的大四学生们会在音乐声中绕着校园慢跑一圈。之后，他们会和朋友们以及其他同学相聚，一起享用美食、跳舞庆祝，以此来纪念他们大学生涯的结束。

这是一项比以往任何一次年终庆祝活动都更为浩大的工程。有时候，要让所有人在一整年的时间里都保持积极性并非易事，尤其是当团队成员在大学的时光即将结束的时候。"我努力让我的大四同学们保持积极性，朝着办好这次活动的目标努力，因为他们在校园里的其他职责也即将结束，"李告诉我们，"我的整个团队都是由大四学生组成的，所以在他们想要庆祝自己为本科生涯所付出的所有努力的时候，很难激励他们继续工作。"

李把每一项大任务都进行了分解，比如为"最后一圈"规划路线，拆分成一些更小的任务，比如联系校园的场地维护人员，确定在哪些地方可以通电，以便在路线沿途播放音乐和布置灯光。完成每一项小任务都成为负责该项任务的学生会成员们的一个庆祝节点。

我们庆祝每一个小小的里程碑进展，我们就能看到每一项工作是如何为整个活动做出贡献的。当我们不断取得小小胜利时，一个大活动就不会显得那么令人生畏了。这也让整个筹备过程更加有趣。

她说，活动的重要性激励了团队。

我们有一个故事可以讲述，关于我们大四的这段经历，以及能够在不同背景下重现这段经历对我们整个班级意义非凡。我也可以对我的团队说："瞧，这将是一个我们希望在未来延续下去的经历，这将成为大四毕业学生的新传统，而你们有幸助力开启它。当我们十年后返校参加同学聚会时，人们仍会进行这次'跑步'活动，而且他们会对其进行改进，让它变得更好。"这在很大程度上让每个人都参与其中并保持积极性。

最后，李指出，让学生会成员明白"最后一圈"以及之后的庆祝活动对他们自己和其他毕业生同样重要，这一点很关键。李说："这是我们作为一个团体最后一次狂欢的机会，来庆祝我们所有的努力，并让我们的同龄人看到这些努力的体现。"部分推动动力在于，大家想最后一次一起尽情欢乐和庆祝。

在筹备庆祝活动时，像李这样的学生领导者会决定哪些组织价值观、具有历史意义的事件或显著的成功具有如此重要的意义，值得举办一场特别的仪式、典礼或庆祝活动。也许你想向创立你们组织或举办了一场令人惊叹活动的人致敬。也许你想赞扬那些在社区服务方面达到惊人水平的人，或者感谢团队成员的父母和家人。无论你希望庆祝什么，将其正式化、公布出来，并告诉人们如何获得参与资格。

当领导者"总是寻找有创意的方式来庆祝取得的成就"时，学生们就感受到了庆祝活动的重要性。在那些极少或偶尔举办庆祝活动的学生领导者的同学中，只有3%的学生表示自己的工作效率高或自己在做有意义的事，图 10.2 中呈现出了显著的结果，即领导者"总是寻找有创意的方式来庆祝取得的成就"强烈影响学生们对领导者重视他们工作程度的感受。

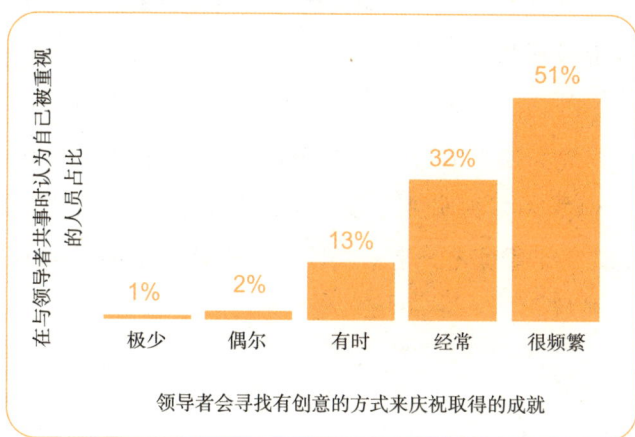

图 10.2   庆祝活动能让人们感到被重视

其实，有很多机会可以让人们聚在一起，共同庆祝团队的价值观实现和胜利。无论是处于顺境还是逆境，大家聚在一起，认可那些做出贡献的人以及促成成功的行动，这向每个人传递了一个信号，即他们的付出和决心是非常值得的。他们以及你的活力、热情和幸福感，都会因此变得更好。

思考和行动：庆祝价值观的实现和胜利

共同庆祝强化了这样一个事实，即卓越的表现是许多人共同努力的结果。学生领导者通过可见、公开地认可团队成就，可以创造一种集体主义精神和团队精神。当学生领导者的庆祝活动与核心价值观一致并认可每一个小小胜利时，他们就能增强和维持人们的注意力。

社交互动会增强个人对群体标准的认同感，并且对人们的幸福感有着深远的影响。当人们被要求走出自己的舒适区时，他人的支持和鼓励会增强他们的复原力与抗压力。

学生领导者要亲身参与，表明表彰和庆祝是一种常态。讲述那些付出了非凡努力并取得卓越成就的个人故事，为其他人树立了可效仿的榜样。这些故事让人们的经历令人难忘，往往甚至以他们未曾预想的方式变得意义深刻，并且还能为未来的行动提供指引。在庆祝的文化氛围中与人们建立个人联系，也能为相关事业以及所涉及的人树立并维持团队成员的信誉。领导者要让人们聚集在一起，共同见证在他们的共同努力下已经取得和将要取得的成就。

❑ 思考

激励人心的第二项是要求领导者通过创造一种集体主义精神来庆祝价值观的实现和胜利。关于典范领导力，你从本章中学到的最重要的观点或经验是什么？

_____

_____

_____

_____

以下是你可以采取的一些行动，以巩固你对庆祝价值观的实现和胜利的承诺：

- 计划在即将到来的团队聚会上留出时间，与大家分享成功的故事。
- 当你召集大家一起庆祝时，务必阐述所尊崇的基本原则。
- 抓住每一个机会，公开讲述小组成员如何超越职责要求做出更大贡献的真实故事。
- 确保每个人都知道自己是"团队的一员"，还有很多人在为团队的成功奋斗，即使他们互不相识。
- 在每次庆祝活动中都重复这句话："我们风雨同舟。"
- 不要等到整个项目完成后才进行庆祝。要为团队实现的小小里程碑目标或团队成员付出的艰苦努力，举办庆祝活动。
- 不管是什么庆祝活动，都要努力让庆祝仪式保持新颖、有意义、真诚和有趣。
- 你要亲自出席并参与庆祝活动。

❑ 行动

在你对所学内容、自己有待改进之处，以及上述建议进行反思之后，在此写下你的计划，至少采取一项行动来帮助自己成为更优秀的领导者：

_____

_____

_____

_____

_____

_____

_____

持续发展领导力

在本书中，我们分享的故事和研究成果都清楚地表明，学生有能力领导他人，为他们的同学和同伴、他们的学校、他们的社区创造非凡之事。我们相信人人都有领导力，只要你愿意，你可以做到我们讲述的一切——请记住，选择权永远在你自己手中。

典范领导者的五种习惯行为为你提供了释放内在领导力的框架。但是，在学生时代发掘自己的领导潜能仅仅只是一个开始。学生时代是了解自己、学会与他人合作以及全身心地做自己认为重要的事情的重要阶段。

塔里克·阿里（Tarek Aly）就是这样一个例子。他刚进入大学的第一周，就获得了第一次担任领导者的机会。他的导师谈到服务他人是成为一名有影响力的领导者的重要组成部分。当时，卡特里娜飓风刚刚袭击了墨西哥湾岸地区。塔里克和一个同学想出了一个主意，那就是举办一个嘉年华来筹集资金支持救灾工作。在短短一个月内，他们举办了"紧急狂欢节"活动，总共筹集了近 2.8 万美元的捐款。

这只是塔里克领导之旅的开始。他想做一些能够长期帮助人们的事情。当地社区正在讨论如何为该地区无家可归的人提供食物。塔里克认为这是一个锻炼机会，可以把学生们聚集在一起，以创新的方式来解决这个问题。每周三，他们都会聚集在塔里克的学校公寓里，制作花生酱和三明治。然后，他们驾驶两辆汽车，寻找露宿大街的人。他们并不只是想为那些无家可归的人提供食物。塔里克说："我们想做些事情帮助他们改变生活。"

这里的重点不是三明治，而是关系。我们希望与被其他大多数人忽略的人进行交流。花生酱和三明治只是开始这种对话的工具。

这就是"希望手拉手"的开端，在短短几个月内，每周三下午都会有一支由学生组成的车队开到街上，与无家可归者聊天。周而复始，随着学生们与这些人见面次数的增加，他们之间的关系也在不断发展。学生们了解了无家可归者的经历和愿望，而这是他们在救济站工作无法体会到的。

当地的企业主也开始在每周三上街帮忙，或倾听学生和无家可归者之间的对话。原本相对隐蔽的人群变成了有名字、有希望的人。两年内，其他学校的学生团体也开始效仿"希望手拉手"计划。

在大学期间，塔里克继续寻找其他改变他人命运的机会。他成为男生联谊会的创始人之一，并在一家社会服务机构担任案件处理经理，处理一些最棘手的青少年案件。他还当选了多元文化学生协会的主席，该协会是所有种族学生团体的校园保护伞组织。在担任该职务期间，他致力于为校园内的多元文化学生建立一个更强大的支持系统。

塔里克的学生领导经历是一个很好的例子，说明了典范领导力的培养是持续发展的旅程。领导不是一个行动，也不是一次活动。它是一种承诺和服务的持续经历。就像深厚的友谊一样，在每一次互动中得到确定，并随着时间的推移而变得更加深厚。塔里克总结说：

> 领导的关键在于用心。如果你的意图纯粹，人们就会支持你，其他一切都会水到渠成。我发现，学习与了解自己作为一个人和一个领导者是同时发生的。我知道了什么对我很重要，以及如何利用这些来改变他人。

本书中深入介绍的典范领导者的五种习惯行为和十大承诺为你提供了释放内在领导力的框架。书中谈到的学生领导者来自全球各地的校园，处于不同的学习生活阶段。你很可能没有读到过他们的文章，也没有在媒体上听到过他们的故事。他们不是公众人物、名人或巨星。他们可能就坐在你旁边的教室里或学生会的另一张桌子旁，住在走廊尽头的宿舍或街对面的公寓里。总之，他们和你是一样的人。

我们关注那些平凡日子里的典范学生领导者，在本质上，领导力与职位或头衔无关。领导力与权力或权威无关。领导力与名利无关。领导力与你出生的家庭或你的文化传统无关。领导力也与超级英雄无关。领导力是一种人际关系，取决于你的所作所为。

了解并应用典范领导者的五种习惯行为作为领导力的操作系统是一个起点。在学生时代探索自己的领导潜能是一个重要的开端。我们从研究中还学到了其他一些重要的经验，在你持续的领导力发展过程中，一定要牢记这些经验。在本书的最后，我们总结了这些经验，其中第一条最为重要：**"你如何所为，其影响甚巨。"**

你如何所为，其影响甚巨

无论你当前是否在学生组织、课堂项目，或社区服务团队中担任正式职务，你都始终在对团队和各个成员产生影响。这种影响有时显而易见，有时即便你不在场也会悄然发生。你的有些行动显得大胆直接，有些则隐藏在细微之处。但无论形式如何，你的行为都会产生非凡的影响。

凯拉·理查德（Kayla Richard）分享了她的那颇具启发性的经历。凯拉在大学篮球队的第一年就遭遇了前十字韧带撕裂，虽然她不得不缺席本赛季余下的比赛，但她相信自己仍能在球队中发挥作用。例如，在每次客场比赛，凯拉因伤不能随行时，她都会在出发前给每位队友写一张纸条，列出队友各自具体的优点，并送上个性化的鼓励话语。"对我来说，"凯拉说，"这是让队友们知道我在精神上与她们同在，我相信她们。我的队友们都很喜欢这些便条！她们真的很感动，告诉我这激励着她们更加努力地参加比赛"。

凯拉和许多其他学生一样认识到，即使领导者的微小举动也能对他人产生重大影响。无论你处于领导力发展的哪个阶段，无论你现在是否担任正式职位，或者将来是否会担任，也无论你扮演什么角色，你同样可以触动并激励他人。毕竟，人们对任何一位领导者真正的期望是什么呢？是提高绩效、改进现状，还是让情况变得更糟呢？人们期望所有领导者都能对成果产生积极影响。这就是为什么在本书的每一章中，我们都提供了案例、实例和实证数据，以展示典范领导者是如何显著影响人们的幸福感、忠诚度、积极性、学业和项目表现，以及他们所在组织的成功的。我们希望你知道，你的领导力至关重要。

作为领导者，你的行为举止很重要，而且非常重要！你的行为举止对你很重要，对你的同学很重要，对你的家人很重要，对你的朋友很重要，对你的邻居也很重要。如图 E.1 所示，数据清楚地表明了这一点：学生报告说领导者践行五种习惯行为越频繁，他们的参与度就越高。对于处于最低的三个五分位数（图 E.1 中 0~59）区间的学生来说，他们的参与程度几乎可以忽略不计，因为他们的领导者很少践行典范领导者的五种习惯行为。

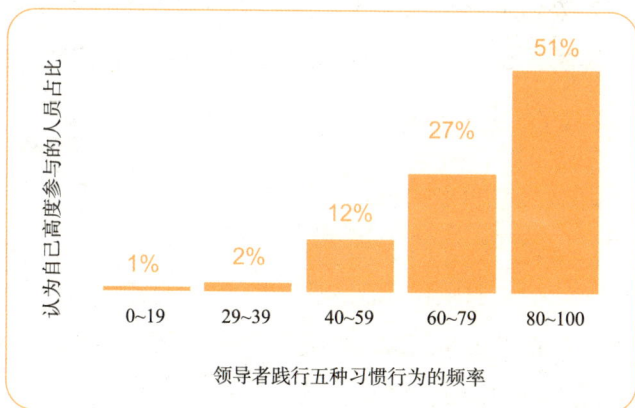

图 E.1　学生的参与度与领导者践行五种习惯行为直接相关

你有潜力对团队成员的生活产生有意义的影响。这取决于你决定你想要产生怎样的影响，你必须提升自己的领导力去实现它。

你是人们身边最重要的领导者

当我们让人们说出谁是他们学习领导力的榜样时，他们提到的都是他们所认识的人，而不是历史人物、公众人物、官员，或者著名的专业人士（比如运动员、演员、艺人或亿万富翁），也不是那些吸引眼球的社交媒体网红。在大多数情况下，他们会选择与自己（现在或过去）关系亲密的人，这个人向他们展示了身为领导者的意义。我们的研究表明，这些个人榜样通常是老师、教练、家长、亲戚和朋友。他们是人们接触最为频繁的人。同样的道理也适用于你。

这意味着，对与你合作的人来说，没有人是比你更重要的领导者。无论你做了什么，都会成为大家的榜样。你的同事、朋友和同学都会以你为榜样，看你是如何挺身而出、实现具有挑战性的目标的，如何应对困难局面、如何处理危机、如何应对挫折或道德困境。一切取决于你自己。就像迈克尔·杰克逊（Michael Jackson）的歌曲《镜中人》（*Man in the Mirror*）里唱的那样，如果你想要带来改变，就必须认识到一切都要从自己做起。正如萨曼莎·莫罗（Samantha Morrow）在她的个人最佳领导经历中所描述的那样：

> 没有职位并不妨碍我发挥领导作用。我只要积极参与，帮助大家确保各项工作有条不紊地进行，我就能成为一名领导者。我可以帮助那些不愿意做自己工作的人工作。我的行为只要能激励其他成员，帮助他人完成原本不愿从事的工作，我就能像那些拥有头衔的人一样发挥领导力。

无论你在团队中处于何种地位，你都必须对团队的领导成效负责。你要对自己的领导表现负责。对于你最亲近的人来说，你是最重要的领导者，你唯一的选择就是成为最好的领导者。但是，你可能会问："任何人（甚至是我）都能学会成为典范领导者吗？"

领导力可以习得

几乎在我们授课、发表演讲或举办研讨会时，总会有人问："领导者是天生的还是后天造就的？"每当被问到这个问题，我们总是面带微笑地回答："我们从未见过不是父母所生的领导者。我们也从未见过不是父母所生的会计师、艺术家、运动员、工程师、律师、医生、教授、教师、作家或动物学家。我们都是父母所生的。这是肯定的。"

你可能会想："你这是在玩文字游戏，每个人当然都是父母所生。"这正是我们的观点。我们每个人都是父母所生的，每个人都具备成为领导者的必要条件。

你和其他人应该问自己的问题不是"我天生就是当领导者的料吗？"，相反，为了成为更优秀的领导者，你应该问一个更具挑战性且更有意义的问题："我明天能比今天成为更出色的领导者吗？"对于这个问题，我们的回答是响亮的"能！"。

让我们明确一点。领导力并非只有少数人拥有而其他人没有的某种神秘特质。领导力不是命中注定的。它不是一种基因，也不是一种特质。没有确凿的证据支持这样的说法，即领导力只铭刻在某些人的基因中，而其他人则与之无缘，注定对领导力一无所知。

还记得承诺 10 中的凯文和凯特琳吗？她们都告诉我们，她们一开始并没有把自己当成领导者。但一路走来，她们必须培养的领导力和迎接的挑战告诉她们，领导力是一门学问，是可以通过实践习得的。

我们收集了全球数百万人的领导力评估数据。我们可以确信无疑地告诉你，在每一种教育环境、每一种职业、每一种类型的组织、每一种宗教、每一个国家，无论老少、男女和种族，你都能发现领导者。那种认为领导力是学不会的——你要么拥有要么没有，是一个错误的观点。在我们的生活中，领导力随处可见。

领导力是一种可观察到的习惯行为和行为模式，是一组可定义的技能和能力。你只要有动机和愿望，再加上刻意实践、获取反馈、榜样引领和教练辅导，就能够学习、强化、磨炼和提高你的领导力。当我们追踪学生在领导力发展项目中的进步时，研究表明，他们会随着时间的推移而不断进步。同样，当研究人员追踪在工作环境中参与领导力发展项目的领导者的进步时，也获得了同样的结果。就像任何一组技能一样，当你投入践行典范领导者的五种习惯行为的各项行动之中，就能更频繁地展示你的领导力，提升你的领导力。

在充满挑战的时代，持续学习已经成为每个人的首要任务。在学校里，尤其是当你进入职场的时候，以及在你的整个职业生涯中，学习领导力必须放在最重要的位置。为什么？很简单，那些最积极参与学习的人，往往也是那些最频繁践行典范领导者的五种习惯行为的人。报告还显示，与那些每周花一小时或更少时间学习领导力的领导者相比，每周学习五小时或更长时间的领导者，在职业生涯中找到明确方向的可能性要高出 74%，在工作中找到奋斗目标的可能性要高出 48%。他们也更快乐。你越努力学习，就越能更好地发挥领导力。显然，最好的领导者就是最好的学习者！

❑ 学习始于内省

工程师有电脑，画家有画布和画笔，音乐家有乐器，而领导者只有自己和自己的经验。领导者的工具是自己，掌握领导的艺术源自对自我的驾驭。领导力的发展就是自我发展，自我发展并非往脑子里塞一大堆新信息或尝试最新的技术。领导力源自你的灵魂深处，它是在释放你内在的领导力。领导力发展要从心开始。你只有首先踏上领导自我的探索之旅，才能领导他人。你要成为自己渴望成为的领导者，就必须花时间退后一步，深刻反思自己的过去、现在和未来。

亚当·谢伦伯格（Adam Schellenberg）在大学毕业前告诉我们：作为一个过去曾与自我怀疑作斗争的人：

> 我曾经不相信自己有能力成为一名领导者。我认为领导者天生就具备许多我根本没有的品质。但是，有了更深入思考个人价值观并明确自己抱负的机会后，我现在有了前进的方向，并且相信自己能够有所作为。

就像亚当一样，你需要对自己有信心。作为一名领导者，你能否出类拔萃，首先取决于你对自己的认识程度。你对自己认识得越多，就越能更好地理解学生每天收到的混淆不清、相互矛盾的信息："做这个，做那个；支持这个，支持那个；决定这个，决定那个；改变这个，改变那个。"在当今高度不确定的环境中，你需要内心的指南来驾驭动荡的局势。

你要成为一名积极的学习者，还需要具备成长型思维。成长型思维认为，人的基本素质可以通过自己的努力得到提高和加强，而固定型思维则认为，人的素质是与生俱来、难以改变的。拥有成长型思维模式，你就会相信自己（以及其他人）可以通过学习成为更好的领导者。持有固定型思维模式的你则会认为，无论怎样的培训或经历都无法使自己变得比现在更好。

我们的研究发现，拥有成长型思维的人比持有固定型思维的人更愿意迎接挑战，在遇到障碍时更坚持不懈，在遇到阻力时也能持续努力。具有成长型思维的人相信人是可以改变和成长的，他们愿意促进创新，并注重从挫折中学习。他们更倾向于支持他人的尝试。持有固定型思维模式的人回避具有挑战性的情境，也不太可能敞开心扉接受反馈。在决定是否接受具有挑战性的情境时，是人们的思维模式而非技能起着至关重要的作用。

你要认识自己，探索自己是谁，明确什么是你的动力，什么对你很重要，你想为谁或为什么服务，以及诸如此类的问题，这没有捷径可走。你需要认真地自我反思，你投入越多，对自己的探索就越多。你越了解自己是谁，就能更容易地与他人沟通，更有效地交流对你重要的事情，你的领导行为就会变得真实可信——因为它是你真实自我的表达，而不是达到目的的某种手段。

❑ 学习领导力的三种方法

虽然领导力是可以习得的，但并不是每个人都愿意学习，也不是所有学习领导力的人都能掌握领导力。为什么呢？因为你要想成为优秀的领导者，就必须要有追求卓越的强烈愿望，坚信自己能够学会新技能，愿意投入刻意实践中，并不断反思和尝试。无论你有多优秀，你总能变得更优秀。

无论你登上过多少高峰，你都必须每天迈出改进的一步——一次一次地反思，一次一次地提问，一次一次地吸取经验教训。你要成为典范领导者，就必须终生坚持每天学习。杰出与良好之间的区别在于持续刻意练习的时间不同。不管是在体育、音乐、医学、计算机编程、数学、领导力还是其他任何领域，你都必须付出持续的努力才能成为优秀的人，而这肯定不是一个周末或上一堂课就能实现的。

任何技能的提高都需要付出时间和努力。领导力也不例外。你要想成为一名优秀的领导者，就必须多加练习。朱莉·吉约曼（Julie Guillaumin）在大学三年级时就告诉我们：

> 令我感叹的是，虽然公司里有晋升的阶梯，但实际上每个人都可以发挥领导力。许多人盲目地在平庸的工作和学校生活中艰难前行，因为太多"忙碌"的事务阻碍了他们进行深刻的反思和主动采取行动。我们忽视了太多在学校和工作中可以成为我们发现和培养领导力的绝佳机会。

你要成为最优秀的领导者，就必须对学习充满热情。你必须乐于接受新的经历，并且能够坦诚地审视自己和他人的表现，尤其是在情况变得艰难或未来充满不确定性的时候。你必须愿意迅速从失败和成功中吸取教训，并毫不犹豫地尝试新的行为方式。你不可能总是正确，也不可能把事情做得尽善尽美，但你将有机会得到发展和成长。

在我们的研究中，作为对个人最佳领导经历调查的一部分，我们询问了人们："你是如何学会领导的？"结果发现，学习领导力并没有一种最佳的方法，但通常有三种不同的学习途径。最常被提及的学习途径是亲身经历，第二种是观察他人，第三种是参加有组织的教育培训项目。

亲身经历：通过试错学习领导力

没有什么能替代从实践中学习。从反复尝试和犯错中学习，也就是人们常说的"从艰苦磨难中汲取教训"（熔炉经历），这可不是一句空话。与其他方法相比，更多的人提到亲身经历是学习领导力的最重要方法。人们提到从亲身经历中学习到的领导力是观察其他领导者的两倍，是参加有组织的教育培训的三倍。

道理很简单：舞者通过跳舞能跳得更好。跑步者通过跑步能跑得更快。作家通过写作能写得更好。领导者通过领导实践能更好地发挥领导力。无论是主持团队会议、带领特别工作组、负责慈善筹款活动，还是主持全校性或年度会议，你获得的领导机会越多，就越有可能培养出领导力，而且你也更有可能学到那些只有从行动的失败和成功中才能获得的至关重要的领导经验。我们发现，学生领导者所报告的他们拥有的领导机会数量，与他们践行典范领导者的五种习惯行为的频率之间存在着很强的正相关性。然而，并非任何经验本身都能促进个人发展。挑战对于学习和职业提升至关重要。

单调乏味、按部就班的任务并不能帮助你提高领导力。你必须挑战自我。你必须寻找机会，通过新的、非常规的任务来检验自己。如果亲身经历中包含了自我挑战的元素，那么这种经历确实可以成为最好的老师。无论何时，当你选择通过实践活动来提升自己的领导表现时，都要选择那些具有挑战性的项目和任务。如果你被安排在一个无法让你得到锻炼的岗位上，那就想办法以不同的方式去做，以便让自己得到提升。

此外，你在实践领导力时，要为自己想要学习的内容设定具体的目标，专注于某个特定的技能或技术，并就自己的表现获得帮助和反馈。如果你的目标是提高主持会议的能力，就请设定一个目标，例如，通过向与会者直接提问，收集至少一半与会者的想法，然后在会议结束时，请与会者告诉你他们在这次会议中的体验是怎样的，包括你在激发他人参与方面做得怎么样？哪些方面可以改进？他们建议你今后怎么做？如果你没有获得对设定目标和使用方法的反馈，你就永远不知道自己取得了多大的进步。

榜样：通过观察他人学习领导力

你不能独自领导，也不能独自学习。每个项目中的优秀人物，包括领导者，都需要寻求他人的支持、建议和忠告。这在很大程度影响着你的成功。

你周围的所有人都是潜在的学习资源。无论学习什么，榜样都至关重要，而在学习如何领导时，榜样更是必不可少的。当你规划自己持续的领导力发展时，要在你的组织或社区中寻找榜样、教练和老师。毫不犹豫地向他们寻求帮助，或者请求他们允许你观察他们的工作实践。请求列席他们主持的会议，或者参加他们的演讲。请他们出去喝杯咖啡，就他们如何处理棘手情况进行采访。请他们就他们所观察到的你与同事的合作方式给出反馈。他们的反馈是了解你工作表现的唯一途径。你只有在相互信任的基础上，才会得到坦诚而真实的反馈。

当你进入职场开始工作时，对你的工作表现影响最大的就是你与直属上司的关系。上司不仅有可能成为你的榜样，而且他们还能提供有益的发展性反馈。最优秀的上司会挑战你、信任你、花时间与你相处，并教练辅导你。如果你有幸遇到一位能成为领导力榜样的上司，要主动把握这段关系，并充分利用它。如果你遇到的是那种堪称"最差十大老板"候选人的上司，那就观察哪些事情是不该做的。记住，上司既能对他人产生积极影响，也可能造成负面影响。你要取其精华，去其糟粕。

同事也是知识、技能和信息的宝贵来源。值得信赖的同事可以充当顾问和参谋，就你的行事风格给出反馈，帮助你衡量自己处理问题的方式方法。如果你有一位同事在你需要提升的领域能力很强，那就请他教你一些他所知道的东西。请同事们分享他们的最佳实践经验，并寻找机会观察他们的实际工作。

教育：通过培训和课程学习领导力

正式的培训和教育能够提升你的领导能力。尽管人们花在这些方面的时间相对少得多，而且参与和学习的机会往往不像直接的在职实践那样多，也并非每个人日常生活的一部分，但它们仍然是重要的机会。如果安排得当，课程、工作坊和研讨会能让你在一段集中的时间里，与一位专注于某一主题和某些特定技能的专家相处。这种专注有助于你更快速地学到知识，而且还有一个好处，就是你能有多次机会在安全的环境中练习新的行为和技能，并获得反馈。学生领导者反馈说，"正式"的领导力培训与实践中的领导机会类似，培训的次数与他们践行五种习惯行为的频率之间也存在着很强的正相关。

越来越多的人在新冠疫情期间发现，你可以通过大量的学习技术来自主进行培训，这些技术包括研讨会、工作坊、演讲、模拟演练、操作指南课程、主题讨论等。即使你的学校或组织不支持这些活动，你也可以利用自主学习的机会，按照自己的时间安排和节奏来完成学习。此外，你可以考虑挑选几本你钦佩的当代或历史人物的传记，读一读他们是如何学习领导力的，以及他们所面临和克服的种种困难。

最后，为了从各种教育经历中获得最大收益，你一定要学以致用、知行合一。你要把培训当作"实验场"。在培训结束之后，你应用培训所学知识的可能性会逐日降低。因此，只要有可能，你就要花时间向老师、导师、教练、上司、同学或同事分享你学到的东西，讲出来的才是你学到的。

这是另一个有效的学习方法，它可以让你迈出重要的第一步，确定如何更好地应用你在课堂上学到的知识或经验。

领导力和傲慢：没有灵丹妙药

请原谅我们没有在本书一开始就指出，即便你可能完美地践行了全部的五种习惯行为和十大承诺，但人们可能仍然不会完全追随你。你仍然可能会被"解雇"，无法拔得头筹，拿不到合同，输掉比赛或选举，或者遭遇其他类似的情况。但你可能早就知道这一点了。我们绝对无法断言，这些领导力实践中的任何一种在任何时候对所有人都能奏效。我们可以肯定的是，它们很有可能会提升你的领导效能，但也没有绝对可靠的承诺。如果有人站在你面前，声称他们有什么领导力三因素、五因素、七因素或九因素理论，能百分之百地确保你取得成果并获得回报，那你最好抓紧自己的钱包赶紧跑。这个世界上根本不存在什么快速致富、瞬间减肥的方案，领导力发展（其实在致富或减肥方面也是如此）也是如此。

请注意。任何领导行为都可能产生负面效果。美德也可能变成恶习。这五种习惯行为中的每一种，如果走向极端，都会让你误入歧途。

例如，尽管明确价值观并树立榜样对于以身作则来说至关重要，但如果过于执着于被视为榜样，就可能导致你过于关注自己的价值观和做事方式。这可能会让你忽视他人的观点，听不进反馈意见。这可能会因为害怕失去隐私或被"揭穿"而使你陷入孤立，还会让你更在意表面形式而非实质内容。

具有前瞻性并能传达清晰而共同的未来愿景，是领导者区别于其他有信誉的人的地方。然而，你只专注于一个未来愿景可能会让你看不到其他的可能性和当前的现实。它可能会让你错过那些在你视线之外的令人兴奋的机会，或者让你长久依赖过时的技术。你过于充分激发他人的能力可能会使他人放弃自己的主见。你的活力、热情和魅力可能具有强大的力量，以至于他人不再独立思考，而是盲目地认同你的观点。

挑战现状对于促进创新和推进变革至关重要。掌握主动和承担风险是学习与不断改进的必要条件。然而，如果你走向极端，就会造成不必要的混乱、困惑和偏执情绪。组织惯例很重要，如果你不愿花足够多的时间培养团队成员获得信心和能力，他们就会失去尝试新事物的动力。为改变而改变与故步自封一样会打击士气。

在当今这个充满活力的世界，你要想成就非凡事业，就需要培养团队协作。然而，过度依赖合作与信任，可能导致对关键问题的回避或判断错误。它可能是在需要担当之时不负责的一种表现。在他人没有做好充分准备的情况下，下放权力和责任可能会成为一种缺乏担当的模式。

个人表彰和集体庆祝可以创造出一种精神和动力，让人们即使在面临严峻挑战时也能带领团队前进。与此同时，如果你总是纠结于谁应该得到表彰，什么时候应该庆祝，你可能会变成一个爱交际的"小丑"。你可能会因为玩得太开心，被各种福利和快乐所吸引，而忘记了这一切的目的，从而忽视了工作目标和紧迫感。

然而，比这些潜在问题更危险的是傲慢自大。成为领导者让你很开心，拥有影响力让你欢欣鼓舞，你的一言一行都会得到无数人的关注，这让你兴奋不已。权力和名望以多种微妙的方式使人受到诱惑。所有邪恶的领导者都会沾染上狂妄自大的毛病，变得自我膨胀，追求自己的险恶目的。你要如何避免这种情况？

谦逊是傲慢自大的解药。你只有认识到自己也是凡人，也需要他人的帮助，才能避免过度骄傲。典范领导者深知自己"无法独自成事"，因此他们会采取相应的行动。他们不会像许多领导者那样骄傲自大，这些领导者虽然在短期内取得了一些成功，但留下的却是一个软弱无力的组织，在他们离开后就无法继续生存。典范领导者关注他人的想法，学习自己不知道的知识。他们坚韧不拔，勇于尝试。他们重视从经历中吸取经验教训，包括从绝望中寻找希望。谦逊的领导者幽默风趣，善于倾听周围人的心声，对他人慷慨真诚，因此，他们的业绩越来越好。

你需要很大的勇气来承认自己并不总是对的，承认自己并不总是能预见到每一种可能性，承认自己并不总是能设想到每一个未来，承认自己并不总是能解决每一个问题，承认自己并不总是能控制每一个变量，承认自己并不总是和蔼可亲，承认自己会犯错误，承认自己是凡人。向他人承认这些需要勇气，但向自己承认这些可能需要更大的勇气。如果你能谦卑地做到这一点，就相当于邀请了他人参与一场勇敢的对话。当你放下戒备，向他人敞开心扉时，你就相当于邀请了他人与你一起创造你无法独自创造的成就。当你变得更加谦逊和朴实无华时，你就相当于能倾听和欣赏他人的建议。

我们的研究表明，任何领导者都不是完美的。领导者不是圣人。他们也是人，他们和其他人一样可能失败。他们也会犯错。也许我们能为所有有抱负的领导者提供的最好建议就是保持谦逊和不卑不亢——始终保持开放的态度，更多地认识自我和拥抱周围的世界。

领导力处处存在

有时，人们把领导力想象得过于勇敢和雄伟——宏伟的愿景、改变世界的壮举、改善数百万人的生活、拯救地球。这些都是崇高的事业，但真实的领导力常常发生在一个个当下的瞬间。你所经历的每一次互动和每一个情境都提供了展现领导力的机会。

谢尔盖·尼基福罗夫（Sergey Nikiforov）是一名研究生，他在回顾自己成为更好的领导者的历程时曾问我们："我想成为更好的领导者，该从哪里做起？"还没等我们回答，他就自己说出了自己简单而深刻的认识：

> 这个问题一直困扰着我。我曾天真地以为，要想成为一名更好的领导者，就必须完成艰巨的任务：移山填海、拯救生命、改变世界。正如你们所指出的，这些崇高而宏大的任务往往是一个

人无法完成的。

后来我突然意识到——我太自私了。我所设想的是瞬间的满足感，以及别人对我技能和才华的认可。尽管工作中的问题与这本书的内容很契合，但我处理问题的方式却远非理想。在大多数情况下，我用错了工具和方法。

我发现，每天我都有机会做出一点小小的改变。我本可以更好地指导他人，本可以更好地倾听，本可以对人更积极一些，本可以更频繁地说"谢谢"，我本可以……这样的事情不胜枚举。起初，我发现自己一天中有那么多机会可以成为更优秀的领导者，这让我有点不知所措。但当我将这些想法付诸实践后，我惊喜地发现，通过更加用心和刻意地去发挥领导力，我取得了很大的进步。

谢尔盖说得没错。我们每天都有无数的机会有所作为。这些机会可能来自与朋友的私下交谈，可能来自与同事的会面，可能是在家庭餐桌上，可能是在学生领导力研讨会上，可能是在听朋友谈论与同伴的冲突时。总之，你每天都有很多这样的时刻可以选择发挥领导力，每天也有许多时刻可以选择创造影响力。每一刻都有可能成为一份永久的印记。

印记不是祈祷的结果。印记是坚定行动的结果。你留下的印记就是你经历的人生。你每天都在领导自己。你每天都在留下印记。你所见到的人、你所做的决定、你所采取的行动，都在讲述你的故事。你所做的一切的总和才是最重要的，而最关键的领导行动就是你现在采取的行动。

是现在，而不是将来的某个时刻，现在你停下来问问自己："我想成为什么样的领导者？"

让我们通过想象这样一个场景来开启你与自己的对话。假设十年后的今天，你在这里举办的一个颁奖典礼上被评为"35 岁以下的 35 位杰出领导者"之一。许多人上台谈论你的领导力，以及你如何给他们的生活带来了积极的影响。请使用图 E.2 中的"L.I.F.E"范式，快速写下你希望那天人们会如何评价你。

经验教训（Lessons）：你希望人们说你传授了哪些重要的经验教训？（例如，我希望他们说："他在教导人们如何以从容和坚定的态度面对逆境，他让我们认识到回报那些曾经帮助我的人很重要。"）

理念（Ideals）：你希望人们说你代表了什么理念——价值观、原则和道德标准？（例如，我希望他们说："他支持自由和正义，鼓励永远要说真话，即使这些话并不总是人们想听的。"）

感受（Feelings）：你希望人们说他们在与你相处时拥有或曾有过怎样的感受呢？（例如，我希望他们会说："当和我一起工作时，他们总是觉得自己能够完成不可能的任务。我让他们觉得自己很重要，并且我说的话值得一听。"）

证据（Evidence）：有哪些证据表明你产生了积极影响呢？人们会说你为他们提供了哪些持久的表现或贡献——无论是有形的还是无形的呢？（例如，我希望他们会说："当其他人都失去希望的时候，我们一起扭转了这个项目/部门/组织的局面，而且我对他人的奉献不仅体现在工作场合，还体现在我为社区所做出的贡献中。"）

图 E.2　L.I.F.E.模式

在你写下对这些问题的回答后，问问自己：现在，即便我还在上学，我在传授这些经验教训、践行这些理念、营造这些感受，以及提供我作为领导者有所贡献的证据方面做得怎么样？不要就此打住！再问问自己：我还能做些什么来做得更好呢？

找一位值得信赖的朋友、同事、教练或导师，与他们分享你的思考。请他们给出反馈。我们从研究中得知，追随自己的志向可以增强你朝着自己想要的方向迈出步伐的决心。

成为典范领导者会从根本上改变你自身。它会改变你与自己的关系。你不再仅仅是一个独自做出贡献的个体。你成了那个带领人们踏上他们从未涉足过的旅程的人。

成为典范领导者会改变你每天的行为方式。人们期待你成为自己和组织价值观的榜样。

- 它会改变你对未来的看法。人们期待你能够想象出令人激动的未来可能性，并将这些可能性传达给他人。
- 它会改变你应对挑战的方式。人们期待你能从容应对不确定性，积极倡导尝试新事物，并从经历中学习。
- 它改变了你与他人相处的方式。人们期望你能建立人际关系、促进协作、赋能他人和建立信任。
- 它会改变你向他人表达感谢之情的方式。人们期望你能真诚地认可他人的贡献，庆祝团队取得的成功。

你永远不知道你可能会影响到谁的生活。你永远不知道自己会带来什么变化，产生什么影响。你永远不知道那个关键时刻何时会到来。但你知道的是，你可以影响他人，成就非凡。你未来会离开这些场景——无论是课堂、项目小组，还是你的宿舍、社区、实习岗位、工作场所或家庭，但他们都会因为你的存在而变得更好。

思考与行动：持续发展你的领导力

无论是现在还是将来，你要想成为最优秀的领导者，就必须认识到自己的重要性。领导力是一种关系，你做出的决定和采取的行动都会对他人产生影响。你想要带来什么样的改变，取决于你自己。

领导力可以习得。它是一组可观察到的技能和能力，可以通过激励、实践、反馈和教练辅导来发展和增强。你要相信自己能够成为更好的领导者。拥有成长型思维是学习领导力的先决条件。

学习领导力的常规方法有三种——你可以从亲身经历、观察和请教他人、参加培训和课程中学习和成长。每种方法都有其好处，你投入的学习时间越多，你就会变得越熟练。

五种习惯行为和十大承诺并不能保证你一定成功，不过它们确实会增加成功的可能性。领导者克服傲慢的良方是保持谦逊。

你未来成为领导的模样并非由你今天的样子决定的，你可以不断地学习成长和改变。成为最好的自己的第一步，是思考你希望他人在未来如何来描述你的经验教训、理念、感受和证据。

最后，成为领导者意味着每天践行典范领导者的五种习惯行为。领导的机会随时存在。你要利用好每一次机会，证明自己在全力以赴留下有意义的印记。

❑ 思考

你的领导力发展之旅已经达到了一个里程碑。祝贺你完成了成为典范领导者的这一阶段学习。请花些时间思考并回答以下问题：

1. 从本章中，你学到的关于持续发展领导力的三个最重要的观点或经验是什么？

_____

_____

_____

_____

2. 考虑到上面的建议和你从本书其他章节中记录下来的收获，如果你要给还没有读过本书的人做一次演讲，你会分享哪三点最重要的收获？

_____

_____

_____

_____

以下是你履行承诺的行动，可以帮助你有效地持续你的领导力发展之旅

- 创建一个私董会——由 4~7 位你尊重和信任的人组成，当你在棘手问题上需要咨询建议、在职场生涯和岗位变动方面需要指导，或者在个人及职业发展方面需要意见时，你可以向他们求助。
- 填空完成这句话："在我思考成为典范领导者需要具备哪些条件时，我对以下几点感到好奇：_____。"
- 每天早上重复这句自我肯定的话语："我是谁，我做什么，以及我如何去做，都会产生影响力。"
- 每天结束时，问问自己"在过去的 24 小时里，我学到的能帮助我成为一名更好的领导者的经验是什么"。请把你的答案记录在日记本上，定期回顾你的记录。为自己学到的所有东西给自己一个鼓励！
- 为自己设定一个近期的、具有挑战性的学习目标。这个目标可以是提高你的公众演讲能力、学习如何解决冲突，或者是与你的同龄人进行艰难的对话。不断督促自己在舒适区之外学习。

❏ 行动

在接下来的几周或几个月里，你可以做哪件小事来运用这些经验支持你的持续领导力发展之旅？例如，什么样的项目能给你一个从经验中学习

的机会？你可以观察谁的领导行为？谁可以教练辅导你发展某项领导行为？你可以参加什么课程或培训来提高你在某个重要方面的能力？

_____

_____

_____

_____

_____

_____

_____

关键在行为

本书简要概述了典范领导者的五种习惯行为和十大承诺，这些行为和承诺是你成为卓越领导者的操作系统。然而，你要想取得实质性的进步，首先需要创建一个领导力的基准，以此为基础来确定和规划你的学习及成长。为此，我们创建了学生领导者习惯行为调查问卷（SLPI®）。

SLPI®是用来测量学生践行产生最佳领导结果的习惯行为的频率。一共 30 个问题，每一种领导者习惯行为对应 6 种具体领导行为。SLPI®评测报告的核心，是可以得到学生当前领导力水平，与全球同年龄学生相比的领导力水平评分。它能让你了解自己的行为，对自己的发展负责，明确需要改进哪些行为。（如果你想完成你的 SLPI®评测、参加学生领导力培训，请联系本书译者。）

以下是学生们通常会问到的有关 SLPI®测评的四个问题。

1. 什么是"正确"答案？

在领导力的问题上，没有放之四海而皆准的"正确"答案。SLPI®评测旨在帮助你描述和发展你的领导力。你在回答每一项描述时越坦诚，其结果就越准确，对你就越有用。

2. 什么是"好"或"坏"的结果？

正如没有"正确"的答案一样，SLPI®测评结果也没有"好"与"坏"之分。测评结果是你领导力发展的基准。最后，请问自己："为了成为更好的领导者，我可以在自己的行为和行动方面做出哪些改进？"你对这个问题的回答将有助于你揭示现在的行为方式，以及在领导力发展过程中，你可以更频繁、更熟练地做什么。

3. 我能改变我的领导行为吗？

当然，即使经验丰富的领导者，也能习得新的技能。如果你能获得关于自己当前领导能力水平的反馈，积极观察榜样示范，为自己设定明确的改进目标，刻意练习这项技能，就自己的表现寻求最新反馈，然后再设定新的目标，那么，你就会大大提高改变自己行为的可能性。使用 SLPI®测评帮助你提升领导力很重要。此外，你还需要有提高这些技能和改变当前行为的意愿和方法。你需要有强烈而真诚的内在渴望想要成就非凡。但仅有热情是不够的，你还需要在渴望成长的每一个领域找到学习和改进的方法。

4. SLPI®测评的可靠性和有效性如何？

SLPI®测评的可靠性问题可以从两个方面来回答。首先，SLPI®测评显示出了良好的心理测量学特性。五种习惯行为中的每一种的测量都具有内部可靠性，这意味着每种习惯行为中的六项具体行为陈述都与其高度相关。其次，多元分析结果表明，与领导者五种习惯行为相比，每种习惯行为中的陈述内容之间的相关性（或关联性），要高于这五种习惯行为彼此之间的相关性。

关于效度——或者说"这些分数能说明什么问题呢？"，SLPI®具有良好的表面效度和预测效度。这表明，首先，测评结果对人们是有意义的。其次，SLPI®的评分结果能够明显区分出高绩效领导者和低绩效领导者。

我们将在附录 A 中介绍其中的一些数据，正如我们在全书中所做的那样。

你如果能够充分利用 SLPI®测评报告中的信息，就能更好地了解自己当前的领导行为状况。你就可以更好地反思哪些领导行为让你感到表现舒适，哪些行为让你感到不舒适。然后，确定你需要改进领导者五种习惯行为中的哪几项具体行为，并采取行动来提高你的领导力，增强你领导他人和团队的信心。

当你通读完本书的各个章节，了解典范学生领导者的五种习惯行为和十大承诺后，在你进一步开始领导力发展之旅的时候，请总结一下你对本书内容的思考。

优势：在领导者五种习惯行为和十大承诺中，你最习惯践行的行为有哪些？为什么？你能否利用这些优势比现在做得更好？

_____

_____

_____

需要改进的方面：领导者五种习惯行为和十大承诺中，你需要改进哪些行为？你怎样才能更频繁地践行这些行为？怎样才能在践行某种领导行为时感觉更舒适？

_____

_____

_____

_____

归根结底，领导是一种选择。没有人能让你成为更好的领导者。这是你自己的选择。同样，我们可以传授领导力，但只有你自己才能选择学习如何成为更好的领导者。

五种习惯行为成就非凡

典范学生领导者的五种习惯行为对学生们的参与度、积极性和工作表现将产生深远的积极影响。在激发学生们高的参与度和高绩效方面，最经常践行典范领导者五种习惯行为的学生领导者比那些不经常或很少践行这些行为的学生领导者的领导效能要高。

换言之，学生领导者的行为与学生们的工作努力程度，以及在工作、项目和计划中的参与程度高度正相关。我们的研究表明，你越多地践行典范领导者的五种习惯行为，你就越有可能对他人、他们的努力以及他们对团队的参与度产生积极影响。这就是所有数据统计的结果。如果你想对他人、组织和社区产生重大影响，你就需要全力以赴地学习这些行为，以成为优秀的领导者。

数据一致表明，学生领导者的同伴和追随者越频繁地观察到这些学生领导者践行五种习惯行为，他们就越表示对这些人的领导力感到满意。在对领导者满意度极高的人群中，这些领导者践行五种习惯行为的频率，比满意度最低的人群高出近27%。同样，学生领导者践行五种习惯行为的频率，与他们的同伴和追随者所感受到被赞赏和重视的程度、对自身努力正产生影响的认同程度以及高工作效率的感受之间，也存在着类似的关联。此外，他人对学生领导者领导效能的评价，直接取决于他们践行五种习惯行为的情况。学生对其领导者领导能力的评估，与他们看到这些领导者践行五种习惯行为的频率之间，存在着显著的关系。研究还揭示了另一个极其重要的发现——个人特征，如性别、年龄、种族和在校年级等个人特征与学生领导者的领导力有效性无关。

这些发现与学生领导者自身的看法非常吻合。例如，与同龄人相比，学生领导者对自己的领导力的评价与他们践行五种习惯行为的频率之间存在着强烈的正相关。那些认为自己的领导力"发展不足"的学生践行五

种习惯行为的频率比那些认为自己的领导力"有些发展不足"的学生低
6%。那些认为自己的领导力"有些发展"的学生领导者践行五种习惯行为
的频率比那些认为自己的领导力"有些发展不足"的学生领导者增加了
7%，而比那些认为自己的领导力"发展不足"的学生领导者践行五种习惯
行为的频率增加了近 14%。与同龄人相比，那些认为自己的领导力"发展
良好"的学生领导者践行五种习惯行为的频率比那些表示自己的领导力
"有些发展"的学生领导者高出 8%，比那些表示自己的领导力"有些发展
不足"的学生领导者高出 15%，比那些认为自己的领导力"发展不佳"的
学生领导者高出 23%。

总而言之，关键在于你的行动和行为表现。

你可以成就非凡

无论你是谁，无论你领导的是什么人，践行典范领导者的五种习惯行
为都会给世界带来显著的不同。作为领导者，你的行为很重要，而且非常
重要。行为创造影响。你可以影响他人，成就非凡。我们认为，每个学生
都有责任、有义务去审视自己的内心，明确自己的信念，秉承这些信念去
行动，让这个世界变得更美好。

关于作者

　　詹姆斯·库泽斯和巴里·波斯纳二人一起合作超过 40 年，研究领导者和领导力，举办领导力发展论坛，并以各种身份提供有关领导力的咨询和培训服务。他们是获奖畅销书《领导力》（*The Leadership Challenge*）的合著者。自 1987 年推出第一版以来，《领导力》在全球售出了近 300 万册，被翻译为 22 种以上的语言。这本书获得了许多奖项，包括美国国家图书评审编辑奖，American Council of Healthcare Executives 和 Fast Company 颁发的年度图书的评论家选择奖。《领导力》一书被列为"有史以来的 100 部最佳商业书籍"，也被评为领导力的十大经典书籍之一。

　　《学生领导力》已成为一本领导力发展的标杆书籍，也是处于初中、高中、本科和研究生阶段的青少年与学生的重要学习资源。现在，已经有 500 多所高校在其领导力课程、研讨会、项目和工作坊中使用《学生领导力》一书和学生领导力测评工具 SLPI®。

　　詹姆斯和巴里开发了一套广泛使用且广受好评的学生领导力评测工具——SLPI®，帮助领导者深入了解他们是如何通过频繁地践行这五种习惯行为，从而激发追随者和团队的最佳表现。目前，全球已有近 100 万名学生完成了 SLPI®测评，有 500 多万人参与了职场版 LPI®测评。

　　基于"典范领导者的五种习惯行为"的框架，全球有超过 1 000 项研究。

　　詹姆斯和巴里获得的荣誉和奖项，包括美国人才与发展协会（ATD）颁发的最高奖项，以表彰他们对职场学习和绩效提升所做出的杰出贡献；

被国际管理理事会评为年度管理/领导力教育家；被领导力教练组织评为全美前 50 位领导力教练之一；被《人力资源》杂志评为最具影响力的全球思想家之一；被著名的 Inc. 杂志评为全球 75 位顶级管理专家之一。

詹姆斯和巴里经常参与各种主题演讲，他们各自为数百家组织开发了领导力发展项目，包括 3M、苹果公司、ARCO、AT&T、美国银行、Bose、Charles Schwab、思科系统公司、德勤会计师事务所、陶氏化学、联邦快递、Google、金宝贝、HP、IBM、强生、Intel、默克公司、诺华公司、甲骨文公司、罗氏生物科学公司、西门子公司、丰田公司、美国邮政局、United Way、USAA、Verizon、VISA、华特迪士尼公司和西太平洋银行。此外，他们还在 100 多个学院和大学举办了研讨会与讲座。

詹姆斯现在是莱斯大学杜尔新领导人研究院的研究员，也是圣克拉拉大学列维商学院领导力系的高级研究员。他为世界各地的公司、政府和非营利组织讲授领导力。他是一位备受尊敬的领导力学者，也是一位经验丰富的企业高管，《华尔街日报》将他列为美国十二位最佳高管教育者之一。詹姆斯获得了教学系统协会颁发的思想领袖奖，培训和发展行业供应商协会颁发的最负盛名的大奖，以及国际演讲协会（Toastmasters International）颁发的最高荣誉——金木槌奖。

你可以通过 jim@kouzes.com 直接联系他。

巴里·波斯纳是圣克拉拉大学列维商学院著名的领导力教授，也是管理与创业系的主任。他曾担任过 6 年主管研究生教育的副院长、6 年高管教育副院长和 12 年商学院院长。他是多所全球著名大学的客座教授，包括香港科技大学、萨班奇大学（伊斯坦布尔）、西澳大利亚大学和奥克兰大学。在圣克拉拉大学，他获得了校长杰出教师奖、大学杰出教师奖，以及其他一系列的杰出教学和学术荣誉。巴里是一位国际知名的学者和教育家，独自或与他人合作发表了 100 多篇专注于领导力研究和实践的文章。他目前还是《领导力与组织发展期刊》、《商业道德期刊》、《行政科学》和《心理学前沿》期刊等的编辑评审委员会委员。

你可以通过 bposner@scu.edu 与巴里取得联系。

领越®学生领导力

全球具有广泛影响力的学生领导力课程

培养学生领导力，就是培养未来的领导者
以领导力培养为核心，同步赋能学生创业与创新能力
培养适应未来的高素质从业者

【适用人群】大学生、高中生、初中生

【课程特色】

- 课程体系成熟，被全球 100 多所大学，以及各类青少年组织、培训机构选为领导力课程。
- 提供图书、课程、评测工具——方便学生学习。
- 提供成熟课程设计、导师培训、教辅材料在内的丰富教学资源——方便教师教学。
- 高互动性课程设计，贴近学生日常学习生活及社会活动。
- 掌握易懂、易学、易应用的领导力提升工具和方法。
- 配套 LPI®360 评测及灵活、模块化的教学资源。无论您是组织学生开展领导力研讨工作坊，还是将其融入现有课程体系，都能为您提供系统专业的支持与实用工具，全方位助力学生成长。

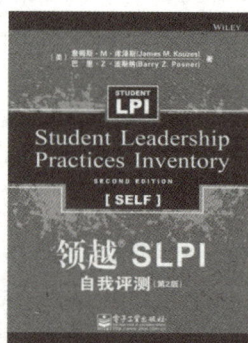

咨询课程及配套资源：电话：010-88254180　　邮箱：cv@phei.com.cn